"新世纪大学发展的多学科视角"研究丛书

从"计划"到"市场"：
法人资产经营与现代大学发展

林群 王大超 孙莉莉 著

中国社会科学出版社

图书在版编目(CIP)数据

从"计划"到"市场":法人资产经营与现代大学发展/林群,王大超,孙莉莉著. —北京:中国社会科学出版社,2018.4

("新世纪大学发展的多学科视角"研究丛书)

ISBN 978-7-5203-1591-3

Ⅰ.①从… Ⅱ.①林…②王…③孙… Ⅲ.①高校管理—研究—中国 Ⅳ.①G647

中国版本图书馆 CIP 数据核字(2017)第 288540 号

出 版 人	赵剑英	
责任编辑	陈肖静	
责任校对	刘 娟	
责任印制	戴 宽	

出 版	中国社会科学出版社	
社 址	北京鼓楼西大街甲 158 号	
邮 编	100720	
网 址	http://www.csspw.cn	
发 行 部	010-84083685	
门 市 部	010-84029450	
经 销	新华书店及其他书店	
印 刷	北京明恒达印务有限公司	
装 订	廊坊市广阳区广增装订厂	
版 次	2018 年 4 月第 1 版	
印 次	2018 年 4 月第 1 次印刷	
开 本	710×1000 1/16	
印 张	16.75	
插 页	2	
字 数	238 千字	
定 价	76.00 元	

凡购买中国社会科学出版社图书,如有质量问题请与本社营销中心联系调换

电话:010-84083683

版权所有 侵权必究

目 录

前言 ……………………………………………………………（1）

第一章 导论
　　——制度经济学视角下的大学资源配置 …………（1）
　一　选题背景 ………………………………………………（1）
　二　研究目的与研究意义 …………………………………（6）
　三　研究内容与研究方法 …………………………………（8）
　四　研究框架 ……………………………………………（11）

第二章 计划经济与大学的资源配置 …………………（13）
　第一节　计划经济体制下的高校职能 …………………（13）
　第二节　全能政府包办下的高等教育与资源管理 ……（21）
　亲历者访谈 ………………………………………………（26）

第三章 经济转轨与大学的资产管理 …………………（31）
　第一节　市场经济体制下政府与大学的关系 …………（31）
　第二节　市场的基础性作用与高校的资源配置 ………（35）
　第三节　中国高校法人地位的确立过程及历史意义 …（41）
　第四节　市场经济条件下大学的法人资产与资产管理 ……（46）
　亲历者访谈 ………………………………………………（63）

第四章　市场经济条件下大学资产经营的理念与实践
　　　　——以沈阳师范大学为例 ………………………………（68）
　第一节　大学跨越式发展与"资源瓶颈"的尖锐矛盾 ………（68）
　第二节　高校教育资源的价值判断 …………………………（87）
　第三节　盘活有形、无形资产与存量吸引增量的实现 ……（107）
　第四节　沈阳师范大学资产经营的效益分析及实践启示 …（110）
　亲历者访谈 ……………………………………………………（130）

第五章　发达国家和地区大学法人资产经营的国际借鉴 ………（147）
　第一节　国家：土地政策及对高校扩张的作用 ……………（147）
　第二节　政府：拨款机制及对法人资产的影响 ……………（152）
　第三节　社会：资本注入及对大学类别的确定 ……………（162）
　第四节　校友：慈善捐助及对大学经费的贡献 ……………（166）
　第五节　大学：资产经营及对自身实力的强化 ……………（186）

第六章　市场的决定性作用与大学资产经营的态势分析 ………（195）
　第一节　市场在资源配置中的基础性作用与决定性作用 …（195）
　第二节　市场的决定性作用与大学资产经营面临的问题 …（201）
　第三节　高等教育市场化与高等教育指令化的极端歧途 …（213）
　第四节　实现大学资产保值增值的制度突破 ………………（220）
　第五节　面向市场的未来大学基金会运作 …………………（233）
　第六节　面向社会的多元投资主体的渐进形成 ……………（241）
　第七节　面向行业企业的产学研一体化的趋势 ……………（246）

参考文献 ……………………………………………………………（261）

前　　言

　　进入21世纪以来，中国的高等教育发生了翻天覆地的变化。这个变化一个显著的标志就是规模的拓展。1998年我国高等教育毛入学率仅为9.8%，在校生340万人，处于国际公认的精英教育阶段。1999年开始扩招，到2002年毛入学率达到15%，在校生1700万人，进入大众化阶段。到2012年，毛入学率达到30%，在校生人数达到3200万人，规模居世界第一，成为高等教育第一大国。

　　伴随着规模的拓展，中国大学办学条件的改善也成为发展的一个亮点。以往中国的大学，给人的印象就是院子小，房舍旧，条件差。而今天中国的大学绝大多数都是宽敞而崭新的，许多大学的规划设计、建设、装备都让人眼前一亮、耳目一新。

　　在硬件条件改善的基础上，大学的内涵发展也有了长足的进步。这种进步是整体的，而一些学校的提升更是令人刮目相看的。在2016年3月22日英国QS全球教育集团发布的"QS世界大学学科排名"中，中国有88所大学的学科进入全球前400强，仅次于美国，位列全球第二，英国则排名第三。

　　这一时期取得的成就的确是令人鼓舞的。当然也伴随着很多问题。而总结经验与教训，以便更好地发展是理论工作者与教育工作者的责任。我曾认真拜读过伯顿·克拉克先生和潘懋元先生以多学科视角研究高等教育的著作，给我以深刻的教育与启发。于是，我不揣冒昧，也想与我的同事一起，对21世纪中国大学的发展进行一次多学科的研究。当然，在这里，我不仅与先生们的起点不同，而且目的也不同。

他们是着眼于高等教育理论体系的构建，而我则在做一项"工作研究"。当然，如果能为理论研究提供"质料"也是让我格外欣慰的。于是，我在学科视角的选择上也与他们不同。我着眼于大学发展的"实践性"，可能带有"实用主义"的色彩。我确定了七个学科研究视角：经济学、管理学、组织行为学、教育学、文化学、社会学、法学。在这个研究过程中，我反复叮嘱我的同事，要站在各自学科的立场上，着眼于变化寻求发展的动因，用科学的理论总结经验和教训，努力为将来的发展提供对策与建议。当然，我的同事绝非等闲之辈：孙绵涛、林群、贾玉明、王大超、朴雪涛、周润智、康翠萍、张君、马焕灵等，他们的学术造诣想必同行都是了解的，在这里我不必自夸，想必他们会有真知灼见呈现给大家的。郝德永教授对这部丛书的出版也格外关注，提出了很好的建议。

　　我还想说为什么选择"沈师"作为研究个案。大家知道，我们的学术研究脱离实际是一个通病，我也担心自己的研究也会掉进这个"坑里"。于是，我要寻找一个现实的"靶子"。"沈师"可以成为这个"靶子"。因为我和我的同事长期生活和工作在这个学校，不仅了解情况，且说深说浅，大家都能"谅解"。"沈师"这些年来的发展也有让人称道的地方。比如：在学校资产经营方面，运用级差地租原理，以异地资产置换方式建设新校园，那是2000年的事情，曾一度被政府和媒体称为"沈师模式"。省政府也专门召开了现场会推广经验，从而揭开了辽宁高校换建新校园的序幕。在大学制度建设方面，积极推进内部治理结构改革，理顺了党委、行政、学术之间的关系，构建了具有学术事务决策权的学术委员会；整合学科资源，试行了学部制改革；理顺了管理体制，试行了机关大部制改革等。在学校内涵发展方面，在辽宁省高校中率先确立了打造学校核心竞争力的发展目标，学校"十二五"规划确定的"支柱性专业与学科省内一流，标志性学科与专业全国一流"的发展愿景，都是符合国家要求，也符合学校发展实际的，经过几年的努力，学校的内涵建设上了一个新台阶。但是，学校发展也不尽如人意，有很多方面应该很好地总结和梳理。但愿这个总结能给人以启发,不仅让我们避免再走过去的弯路,而且未来能发展得更好。

我期望这个说明能够帮助您走进各位专家的书中。他们研究思路是这样的:

《从计划到市场:现代大学发展与法人资产经营》(林群、王大超等)该书以我国由计划经济到市场经济转型为背景,深入分析了市场经济在资源配置中起决定性作用给大学发展带来的根本性变化。市场经济条件下,大学的资产经营问题是大学管理者或者是整个大学,更是大学管理者面临的一个首要的问题,不会经营,不懂经营,大学的发展独处难行。该书从经济学的学科视角,对大学资源配置制度变迁过程进行了梳理和反思,并对计划经济体制下大学资源配置方式与市场经济体制下资产配置的方式的变化给大学带来的影响,进行了对比分析,并以沈阳师范大学资产经营的理念与实践为个案进行了深入分析,运用国别比较研究方法,对发达国家大学法人资产经营的典型经验进行了系统梳理,在上述研究的基础上,对我国大学资产经营在市场发挥决定性作用的宏观态势下进行了展望,并针对大学资产经营范畴中的关键议题,提出了有一定参考价值的政策建言。

《从人本到人性:大学发展的队伍建设研究》(孙绵涛等)该书从教师队伍、管理干部队伍、校领导班子等三个层面对大学队伍建设情况进行了分类研究,通过综合运用个案研究法、文献法、比较研究法、访谈法等研究方法,着重从组织行为学的视角来审视大学组织中的个体行为、群体行为、领导行为,以"人性"作为研究的逻辑起点,以"自我实现人"为逻辑主线来组织研究内容,涵括了队伍建设与大学发展的关系、沈阳师范大学队伍建设的剖析、大学队伍建设的人性理论阐释、大学队伍建设的反思与展望四个板块。该书以问题为导向,注重大学在这方面走过的弯路和存在的问题,凸显了大学队伍建设过程中尊重"人性"的人事制度改革取向,并在此基础上得出了大学队伍建设要回归和尊重人性的共识性结论,并从学理和实践上进一步厘清了大学教师、管理干部、领导班子不同类型大学人的人性,并最终将队伍建设的人性定位为"自我实现人",为高校探索队伍建设方略提供了路径启示。

《从管理到治理:现代大学制度建设研究》(贾玉明、康翠萍等)该书从中国高校改革发展从管理走向治理的大背景出发,以管理学为学科视角,综合运用了公共选择理论、新公共管理、新制度经济学等理论分析工具,采用了访谈、案例、政策文本分析等质性研究方法,从历史演进的视角阐述了大学治理与大学发展的应然关联,并以沈阳师范大学探索现代大学制度建设改革探索为个案,深入解构了现代大学治理的实践逻辑和学理逻辑,并最终提出了大学治理和现代大学制度建设的基本方略。

《从一元到多维:新世纪大学发展的文化逻辑》(朴雪涛等)该书以文化是大学赖以生存发展的重要根基和血脉为其立论之基。从文化学的视角解析了大学发展的意蕴,阐述了文化与大学发展的逻辑关联与大学发展文化机理。该书深入分析了大学文化变革的理论基础、历史基础、社会基础,阐释了大学文化生成与变革内在机制,并在此基础上以"沈师文化现象"为个案,从标志性器物文化、大学理念、精神气质、包容性文化品位等多个层面全面审视了"沈师文化"的典型性、代表性、特殊性,诠释了大学文化建设与学校内涵发展的律动规则,并最终析出了大学文化变革可行进路。

《从庸常到卓越:沈阳师范大学内涵发展的叙事研究》(张君等)该书以大学内涵建设研究为主线,将其聚焦在大学学科专业建设上。该书采用了特色鲜明叙事研究的范式,旨在借一所大学看一个时代的高等教育内涵发展样态和价值取向。该书以沈阳师范大学步入21世纪十余年的内涵发展为研究对象,基于教育学的学科立场,围绕沈阳师范大学学科专业建设的成就经验进行了梳理与叙事、意义诠释与反思、经验升华与前瞻,回答了内涵发展背景下,大学发展是什么,大学发展为什么,大学如何发展三大基本理论和实践命题,最后对专业、学科作为大学内涵发展核心旨趣,提出了新诠释,起到了以点带面,解剖"麻雀"可见一斑之效。

《从客体到主体：超越对政府依附关系的大学发展之路》（周润智等）以大学与政府的关系为逻辑主线，基于社会学的学科视角，运用结构功能主义理论框架研究两者的互动关系、律动规则。该书首先从对社会学理论及相关概念，大学与政府组织特征、大学与政府关系的范畴等重要概念界定入手，梳理了新中国成立以来我国政府与大学关系的演变历程及其机理，并结合沈阳师范大学建校以来艰难曲折的办学心路历程，以口述史的形式进行了深描和呈现并作为印证，在此基础上析出了当前我国政府与大学关系存在的主要问题及成因，最后基于结构功能主义的学术旨趣，进一步厘清了政府与大学关系，从而形成了构建新型政府和大学关系的基本构想。

《从人治到法治：大学发展的秩序逻辑》（马焕灵）该书以秩序是大学存在的基础和功能实现的保障为理论根基，综合运用了文献法、案例法、比较法等研究方法，来探寻大学的治理之道。该书在分析人治秩序的大学治理非理性风险与法治秩序的大学发展理性化治理担当的基础上，以沈阳师范大学为例，总结梳理了以法治思维引领大学发展、以法治程序规范大学发展、以法治方式推进大学发展、以法治形式保障大学发展等沈师走向法治秩序的成就与经验。在分析大学法治建构的机遇与挑战和借鉴国际一流大学法治秩序建设经验基础上，提出了高校法治秩序重构的新动向。

本丛书付梓之际，正值沈阳师范大学65周年华诞和"十二五"规划圆满收官，"十三五"规划开局起步之时，谨以此丛书与学界同人共勉！

于文明
2016年3月29日

第一章 导论
——制度经济学视角下的大学资源配置

一 选题背景

新制度经济学理论认为，在决定一个国家经济增长和社会发展方面，制度具有决定性作用。这种决定性作用同样适用于一个国家的高等教育事业，特别是大学的资源配置。资源配置形式决定着大学的办学模式、办学特色和办学水平，决定着大学现实与未来的竞争力。

1998年5月，在北京大学100周年校庆上，时任国家主席江泽民宣布我国要建设一批具有世界先进水平的一流大学，1999年"985工程"正式启动。此后，我国于2015年又出台了《统筹推进世界一流大学和一流学科建设总体方案》。中国经济在经历几十年的高速增长之后，为我国高等教育的发展奠定了一定的经济基础，中华民族文化源远流长，这些都使得我国建设世界一流大学成为可能[1]。然而，事实是十多年的时间过去了，我国真正意义上的世界一流大学却屈指可数。为什么在发展中国家建设世界一流大学会如此困难？为什么世界一流大学可以成为一流？这是我们需要研究的问题。建设世界一流大学必然困难重重，纵观世界一流大学的发展历程，虽然每个大学有其各自的发展特点，但其中不乏很多共性的东西。雄厚的经济实力是加速世界一流大学诞生的不可或缺的条件，大学的资产经营能力已成为

---

[1] 王大中：《关于在中国建设世界一流大学的若干问题》，《清华大学教育研究》2000年第1期。

2　从"计划"到"市场"

衡量现代大学发展水平和未来潜力的新标准。

现代大学起源于中世纪，历经文艺复兴，经过曲折发展以及一系列风风雨雨的改革，在世界各国逐渐成长与发展起来。在人们的传统观念中，大学是孕育人才的地方，是实现价值增值的地方，是排除一切杂念专心于学术的地方，然而，抛开必要的条件搞教育、搞学术，历史证明是行不通的，至少"经济"因素是抛不开的，因为它是现代大学发展的最重要的条件之一。

（一）办学经费充足可使后来者居上

作为QS2014年世界大学排名第38位的悉尼大学从1850年开始筹建，1852年正式招生，虽有殖民地政府拨款资助，但资金短缺问题依然突出。是一笔巨额捐赠缓解了悉尼大学的资金紧张问题。1889年，约翰·亨利·查理斯（John Henry Challis）将20万英镑的遗产捐赠给了悉尼大学，从而有效促进了悉尼大学的发展。校长威廉姆·曼宁（William Montagu Manning）在这次捐赠中功不可没，他与英国税收专员们斡旋力争，才避免了巨额的遗产税，从而保全了这份资金。此后，悉尼大学成立了查理斯基金会（Challis Fund），是以约翰·亨利·查理斯的名字命名的。据统计，到1916年底，该基金会的总资产达到316000英镑，为悉尼大学的进一步发展做出了巨大的贡献。悉尼大学费舍尔图书馆（Fisher Library）的建成也是来自费舍尔（Fisher）的捐赠，捐赠额为41000英镑。正是这些捐赠资金使悉尼大学得以生存，并取得了飞速发展。[①]

在澳大利亚稍晚于悉尼大学的是墨尔本大学，它是维多利亚州的第一所大学。该校于1854年7月奠基，在起初的师资队伍当中，最初的四名教授因为较高的工资和待遇才来到墨尔本大学。因1851年至1860年在墨尔本附近发现金矿，政府经济实力增强，因此在拨款数额上相对较多。墨尔本政府对大学的津贴达到每年9000英镑，而且金额

[①] Knibbs, George Handley. Official Year Book of the Commonwealth of Australia, Canberra: Commonwealth Bureau of Census and Statistics, 1907, p. 859.

每年都在不断增加。由于政府的大力支持，墨尔本大学开设了更广泛的课程科目，拥有更多的专业人员，同时随着私人捐赠数量的增加，墨尔本大学陆续设立了法学院、工程与建筑学院以及医学院等几所新的学院。而悉尼大学的情况则不然，悉尼大学由于资金匮乏，是在困难重重的情况下很晚才建立起这些学院的。从学生数量的对比来看，1872年，墨尔本大学有250名学生，而悉尼大学仅有74名学生，这一年距离悉尼大学开始招生已经有20年的时间了。从悉尼大学和墨尔本大学的发展比较中我们可以看到，在19世纪早期澳大利亚的大学面临着艰难的处境，事实证明：大学的发展不可能单凭创立者的热情和努力，如果没有足够的公共拨款或私人捐赠，是无法保证大学的迅速发展的。毋庸置疑，墨尔本大学在其创办之初便能够取得飞速的发展离不开维多利亚政府慷慨的公共资助。

（二）经费不足是全球高等教育的共性问题

大学缺少资金，政府对高校的资金支持力度不足，一直是困扰各大学特别是地方大学的难以破解的问题。而这种情况不仅仅发生在我国和一些发展中国家，发达国家的大学也会遇到同样的问题，资金匮乏是全球高等教育面临的共性问题。作为发达资本主义国家的代表，美国的许多大学也经常面临资金短缺，政府拨款不足的问题。无论是学校的初始筹建还是学校的日后发展，政府的资金支持都是有限的，更多的必须依靠学校自身筹款。

美国早期的高校在建设初期基本都面临着财政挑战。建于1793年的威廉姆斯学院就是在尤弗莱姆·威廉姆斯上校的一笔数额不大的遗产资助下建立的一所自由学院；建于1794年的鲍登学院得到的第一笔重要馈赠是来自詹姆斯·鲍登的1000美元和1000英亩土地；建于1800年的明德学院是靠康涅狄格州市民的小额捐赠凑起来的4000美元起家的；艾姆赫斯特学院原本只是一个由认捐建起的专科学校，后来通过累计总值达52244美元的小额捐款的慈善基金，终于在1821年得以发展成学院；建于1835年的奥柏林学院始于价值750美元的500英亩土地和公众小额的捐赠；同年建成的玛丽埃塔学院筹集到了8000

美元的公众捐赠，它随后建好了第二栋大楼，靠的是每人 2 美元的公众捐赠筹措来的资金。①

当年斯坦福大学提出要建成国际一流大学的目标后，若不是凭借向社会各界筹资 40 亿美元，很难想象其日后能真正成为世界一流大学。从这个意义上讲，我们可以得出结论：历史上在许多一流大学的创建和发展过程中，并不是政府在办大学，而是社会办大学，不建立全社会多渠道筹资的理念，任何大学都难以避免资金短缺、运营不畅的窘境。

（三）像企业那样学会生存

现代大学的发展要求大学要有企业的经营理念，通过法人资产经营实现大学资产的保值增值。世界一流大学除了拥有大批的学术大师、顶尖的学科专业、良好的学术声誉之外，还要拥有一流的实验室、图书馆、博物馆和丰富的馆藏资料，为师生提供良好的科研和学习环境。充裕的科研经费以及办学经费是绝对不可少的。世界一流大学每年的经费投入都在数亿甚至数十亿美元以上，这巨额经费的来源主要靠的不是政府，社会以及校友的捐赠在其中占有较大的比例，同时，大学还进行着资产的经营和资金运作，使学校的资产实现保值和增值，这就要求高校要学会像企业一样生存。

充足的资金是建设世界一流大学最重要的基础之一，这一点在美国大学中已经达成了共识。《美国新闻与世界报道》自 1983 年以来，开始对美国大学及其院系进行排名，该排名具有较高的知名度，从历年的大学排名结果可以发现资金实力对大学水平的影响，排位靠前的学校几乎无例外地均拥有巨额的学校基金。全球熟知的哈佛大学学校基金在 2008 年总资产规模就已经达到了 360 亿美元，成为全美仅次于盖茨基金会的第二大非营利组织。哈佛大学捐赠基金的日常投资管理以及财务支出均由专门机构负责，在资金的运作方面是十分专业和慎

---

① ［美］弗兰克·H. 奥利弗：《象牙塔里的乞丐——美国高等教育筹款史》，许东黎、陈峰（译校），广西师范大学出版社 2011 年版。

重的。哈佛大学的捐赠基金不断升值，使该校成为世界上最富有的大学。另外，大学还可通过获得销售和服务收入等方式来补充经费。可以肯定地说，如果没有企业的经营理念及经营行为，就不会有诸如哈佛大学等高校的雄厚的学校基金；没有如此雄厚的资金实力，就绝不会诞生出今天如此出类拔萃的世界一流大学。

（四）大师大楼都重要

著名学者丁学良在北京大学的一次演讲中说道："在21世纪，一个中等规模以上的国家，如果不拥有世界水平的大学，那么它就永远只能充当国际分工的小配角，捡人家的残余，当'大脑国家'的'手脚'。要看21世纪究竟是谁的世纪，不看别的，就看谁拥有更多世界水平的大学。"历史证明了，世界一流大学的出现会带动其所在区域和国家的迅速发展。博洛尼亚大学造就了文艺复兴基地的意大利，近代大学在英国的兴起带动了第一次工业革命，德国研究型大学的发展推动了第二次工业革命，而美国特色的高等教育成就了美国20世纪初的"黄金十年"，并在随后的第三次技术革命中发挥着任何领域或机构都不可替代的作用。

中华民族要实现伟大复兴，首先从教育领域，要打造一批世界一流大学，使自己的软实力得以迅速提升。正是基于这一视角思考问题，2015年国务院《统筹推进世界一流大学和一流学科建设总体方案》才进一步明确了不同阶段我国部分大学的发展目标：到2020年，我国若干所大学和一批学科进入世界一流行列，若干学科进入世界一流学科前列；到2030年，更多的大学和学科进入世界一流行列，若干所大学进入世界一流大学前列，一批学科进入世界一流学科前列，高等教育整体实力显著提升；到21世纪中叶，一流大学和一流学科的数量和实力进入世界前列，基本建成高等教育强国。

我国高校和世界一流大学的差距到底在哪里？可以说既体现在以"大师"的数量、质量为参照系的学术水平、教育思想和教学模式，也体现在以"大楼"层次、水平为指标的经费额度、办学条件，特别是实验条件上。世界一流大学的发展，既需要世界一流"大师"，也需要世界一流"大楼"的构建;"大师"引领着当今世界的学术方向;"大楼"则可吸引诸多"大师"云集,为其各自学术领域的发展和人才培养提供不可或缺的条件。虽然目前我国众多高校无论在资金实力还是在学术水平上都与世界一流大学存在差距,但是,我们有理由相信,随着我们对高校发展规律的逐渐把握和相关政策的逐步出台,在"双一流"方面缩小差距并实现赶超是可能的。

二 研究目的与研究意义

改革开放以来,高素质人才的培养和高水平科技的发展要求高等教育事业的大发展与之相适应,这具体表现为高等教育大规模的扩招。进入21世纪后,中国高等教育历经扩大招生、规模拓展,快速进入了大众化阶段。为了适应大众化阶段发展的需求,我国大学的发展经历了特殊的外延发展阶段,而且在特定的历史条件下,许多高校都以外延发展为第一要务。学生人数的增加促使教师队伍的壮大,师生人数的增加要求相应地增加宿舍、食堂的数量以满足广大师生食宿的需求。同时,学生人数的增加也需要增加更多的设施,这不仅体现在对已有的教学楼、科研场所进行扩建和改造,同时还需要不断更新设施设备,比如计算机、大型实验室、体育场馆等以满足学生发展的需要。对于一些高校而言,急速扩大办学规模的前提是要有足够的土地,这使得校园扩展成为必然。而教学条件的改善、教学质量的提高,必须要有充足的资金作为保障。高校资金来源主要包括政府财政拨款、学费收入、科研经费、社会捐赠以及其他法人资产经营收入。对于高校而言,政府的投入是有限的,学费也不能无限度地增长,高校迫切需要通过其他途径解决自身发展的资金瓶颈问题。尤其是对于我国这样的发展中国家来说,政府对高校的教育经费投入比重较低,而学费的增加又受到政策方面的限制,高校如何有效地筹集资金便成为现期发展面临的重要课题。从长远来看,解决了资金问题,高校才有可能向更高层次发展,向着世界一流大学迈进。大学的资金运作能力、资产管理水平既决定着大学的发展方向和速度,又体现着大学的经营理念、办学层次和管理水平。因此对于高校法人资产经营问题的研究具有重要的现实意义。

大学的发展时刻离不开资源配置，而资源配置方式却受制于国家的经济体制。21世纪我国大学的改革与发展是市场经济改革逐步深化的结果，如果没有摆脱计划经济的桎梏，这个发展是无法实现的。随着改革的不断深入，中国共产党第十八届三中全会提出要发挥市场在资源配置中的决定性作用，大学管理者应转变办学观念，树立经营理念，既要精业务懂教育，又要会管理善经营。大学资产经营对大学发展愈来愈重要，这就需要从经济学的角度来研究大学资产经营问题，实现大学投入产出绩效最大化、最优化的目标，此乃选择经济学视角对该课题进行研究的缘由。

截至2014年，辽宁高校几乎都进行了换建或者扩建（除中国刑警学院以外），以改善学校的办学条件。从辽宁省来看，各高校基本上都遵循着自我创新、资产置换、引进资金、贷款发展的发展路径。目前，资产置换这项工作有的学校早已结束，有的刚刚完成，有的还在进行中。沈阳师范大学是辽宁省内开展校园置换最早的高校之一，作为省属本科院校，沈阳师范大学现已发展成为涵盖哲学、经济学、法学、教育学、文学、理学、工学、管理学和艺术学等九大门类的多科性大学。学校始建于1951年，其前身为东北教育学院。1953年，更名为沈阳师范学院，是当时东北地区创办最早的两所本科师范院校之一。1965年更名为辽宁第一师范学院。1978年恢复沈阳师范学院校名。至1999年末，沈阳师范学院占地面积不足200亩，随着国家高校扩招政策的实施，沈阳师范大学自身产生了危机感，学校领导班子充分认识到如果不寻求新的出路，学校未来的发展将步履维艰。此时的选择是：要么自强不息、创业创新；要么因循守旧，坐失良机。如果持续走老路，即计划经济条件下的"等、要、靠"，在国家经济实力较弱的情况下，学校发展不可能有根本性的转变。于是校领导仿效生产企业做法，并深度走访调研了大连大学、吉林大学以及烟台大学和鲁东大学，总结经验，开始了一项对于沈阳师范大学乃至全省高等教育事业具有深远意义的变革——校园土地置换！2002年省政府决定并经教育部批准，沈阳师范学院与辽宁教育学院合并组建沈阳师范大学。经过土地置换，截至2015年，学校占地面积达到1890亩，建筑面积80余万平方米，藏书188余万册。学校共有全日制本科生22000人，硕士研究生3300人，长短期留学生930人。[①] 现已为国家培养了大量德才兼备的师资及各类人才，为东北特别是辽宁的教育事业做出了重要贡献。沈阳师范大学十五年前的资产置换带来了学校的跨越式发展，同时也产生了巨大的溢出效应，在此过程中，我们有许多经验值得总结，但也有一些不足需要反思。作为辽宁省较早完成校园置换的高校，沈师大的校园置换是比较成功的，而置换之后围绕着资产经营沈师大进行了有益的尝试。高校在贷款进行校园置换之后普遍面临新的难题，那就是接续发展的还贷压力以及由此带来的资金短缺问题，在破解这些问题方面，沈阳师范大学又走在了前面！沈阳师范大学尝试创新资产经营模式，率先开展中外合作办学以及引进社会资金办学，有效地解决了新校园建设后发展资金不足的问题。然而在此过程中，也有相当一部分高校在发展过程中形成了很大的债务包袱乃至经济上的纠纷，给学校的长远发展、可持续发展带来了严重的问题。

本课题将在规范分析的基础上，对沈阳师范大学的校园置换及资产经营进行总结，以推动学校事业的进一步发展，更希望通过对沈师大模式的总结为其他高校提供可借鉴的经验，以使兄弟院校少走弯路，为我国高等教育事业的发展尽绵薄之力。

三　研究内容与研究方法

（一）研究内容

本课题主要围绕高校的法人资产经营问题进行研究，研究内容共分为六章。

第一章是导论，主要介绍选题背景、研究目的与意义、研究内容

---

① 数据为2015年统计数据。

与研究方法，以及研究框架与写作结构。

第二章是计划经济与大学的资源配置。首先分析计划经济体制下高校的职能。高校是人才培养的场所，而政府的职能则表现为举办大学、办学和管理三位一体，高校则处于从属的地位。在此模式下，高校的经费来源主要是"等、靠、要"，形成了我国特殊时期的政府与高校的关系，政府起到了资源配置的决定性作用。政府对于高等教育资源的配置具有权威性、强制性、高度计划性等特点。单一拨款机制决定了高校对于政府必须是高度服从。对于高校来讲，就是单纯地接受拨款，进行规划和预算，在预算的基础上执行计划，高校所能做的仅此而已。如果说高校可以做得更深入一些的，那就是研究如何节约，如何花好钱，如何反对浪费，这是高校在资源管理过程中能主动承担的工作。

第三章是讨论计划经济向市场经济过渡状态下大学的资产管理。在经济转轨条件下，市场经济体制的确立是一个过程，政府和高校之间的关系也随之发生着微妙的变化。时至今日，高校与政府的关系仍然有着千丝万缕的联系，高校成为计划经济体制的"最后一个堡垒"。从招生、专业配置、学科设置等各个方面，政府还在起决定性作用。所以高校改革的过程是一个漫长的过程。实现高校去行政化的目标仍然任重而道远。不可否认，高校的改革在市场起基础性作用这个方面确实得到了体现。高校进行了分型、分类，高校有了收费权，现在的资源配置具有了更加突出的特殊性，既有高度的计划性，又有灵活的市场起到的基础性作用。特别是《高等教育法》出台之后，相应的法律法规明确了大学的法人地位，把高校的法人资产经营问题提到了议事日程上来。

第四章着重讨论市场经济条件下大学资产经营的理念与实践。这一章主要以沈阳师范大学为例，总结沈阳师范大学校园置换、合作办学的成功经验，在此基础上得出重要启示。

资金短缺、人才短缺、项目短缺、教育资源短缺是办学过程中的突出问题，也是一个不争的事实。高校的老校区多处于繁华地段，对于商业开发而言价值较大，但对于高校而言，其商业价值却难以得到充分体现。高校需要的是相对辽阔、僻静的办学区域。这正是级差地租所阐述的问题。沈师大的改革经历了一个过程：有形资产盘活与无形资产盘活两个阶段。前期是有形资产盘活，主要表现为出售老校区土地，通过校园置换，实现办学空间的数倍扩增；后期是利用沈阳师范大学这一无形资产去吸引更广泛的合作资源。一个是后勤社会化进程中社会资金的注入，另一个就是国际合作办学过程中国外优质教育资源的引进。即用存量吸引增量。沈师大作为沈阳地区高校中第一个开展校园土地置换的大学，是第一个尝试者、实践者，也是第一个面临偿还贷款压力的高校。在这个过程中，沈师大有其可贵的经验，同时也遇到了特别大的困难。总结出来，具有一定的现实意义。

第五章是发达国家和地区大学法人资产经营的国际借鉴。本章主要从国家、政府、社会、校友、大学五个角度总结美国、英国、中国香港等发达国家和地区高校法人资产经营的成功经验。

第六章是市场的决定性作用与大学资产经营的态势分析。本章主要分析市场在高校资源配置中的作用，以及市场的决定性作用与大学资产经营面临的问题。目前社会上普遍存在两种极端观点，即高等教育市场化和高等教育指令化，这两种极端的做法会把我国高等教育带入发展歧途。如何平衡市场化与指令化是我们需要研究的问题。而这一切归根到底是制度的问题，实现大学资产保值增值、实现大学的可持续发展需要进行制度突破。未来中国高校发展的着力点应该是面向市场的未来大学基金会运作、面向社会的多元投资主体的形成以及面向行业企业的产学研一体化的趋势。

（二）研究方法

本课题综合运用了调查法、文献研究法、实证研究法、定性分析法、个案研究法等研究方法，通过实地调研、访谈等有目的、有计划、系统地搜集有关沈阳师范大学校园置换及合作办学的历史和现实状况等材料，并在此基础上查阅搜集大量相关文献，进行分析、综合、比较、归纳，分析我国高校资源配置在不同历史时期的具体情况，运用个案分析的方法对发达国家和地区高校法人资产经营案例进行解析，从实证的角度总结国外高校在资产经营方面的有益经验。同时，本课题将新制度经济学的理论与分析方法也引入了高校资产经营的研究之中，通过对制度的分析、比较，对市场作用的定性与定量研究，预测未来大学资产经营的发展态势。

四　研究框架

本课题选取了三个时间节点，在导论的基础上，分别论述了新中国成立至1992年、1992年至1998年以及1999年至今三个阶段我国高校资产经营的具体情况。在计划经济时代，高校根本谈不上资产经营，高校只需要而且仅仅能做的就是节约使用拨款，反对浪费。在转轨经济时代，政府和大学之间的关系发生了变化，大学开始有意识地进行法人资产管理。在市场经济条件下，随着大学自主权的放开，大学法人资产经营能力成为决定高校发展的重要因素，经济实力成为高校在竞争中取胜的重要砝码，在此阶段以沈阳师范大学为例，归纳和梳理了沈师大法人资产经营的经验与不足。在对三个阶段我国高校资产经营探讨的基础上，总结发达国家和地区高校法人资产经营的成功经验，从而深入剖析市场在高校资源配置中的决定性作用，并对高校资产经营的未来发展态势进行预测分析。

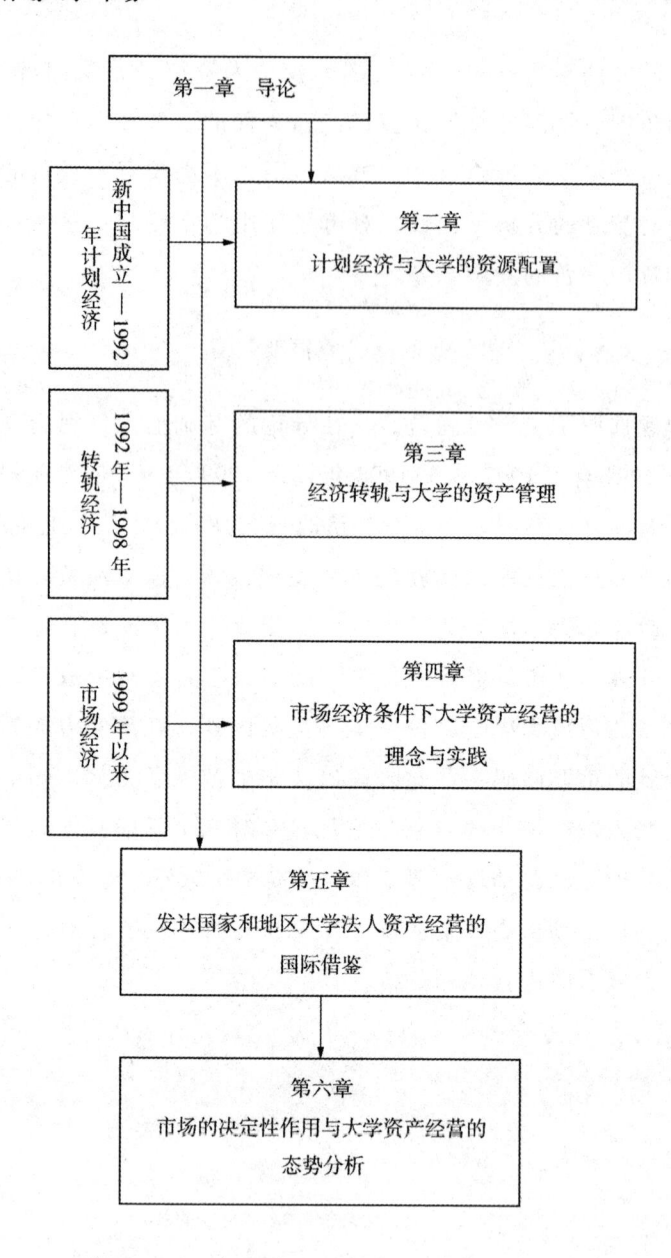

```
                    ┌─────────────────┐
                    │  第一章  导论    │
                    └────────┬────────┘
                             │
┌──────────┐                 ▼
│新        │        ┌─────────────────┐
│中国      │───────▶│    第二章        │
│成立      │        │ 计划经济与大学的 │
│——1992   │        │   资源配置       │
│年计划经济│        └─────────────────┘
└──────────┘

┌──────────┐        ┌─────────────────┐
│1992年    │───────▶│    第三章        │
│——1998年  │        │ 经济转轨与大学的 │
│转轨经济  │        │   资产管理       │
└──────────┘        └─────────────────┘

┌──────────┐        ┌─────────────────┐
│1999年    │───────▶│    第四章        │
│以来      │        │市场经济条件下大学│
│市场经济  │        │资产经营的理念与  │
│          │        │     实践         │
└──────────┘        └─────────────────┘
                             │
                             ▼
                    ┌─────────────────┐
                    │    第五章        │
                    │发达国家和地区大学│
                    │法人资产经营的    │
                    │   国际借鉴       │
                    └────────┬────────┘
                             │
                             ▼
                    ┌─────────────────┐
                    │    第六章        │
                    │市场的决定性作用与│
                    │大学资产经营的    │
                    │   态势分析       │
                    └─────────────────┘
```

第二章 计划经济与大学的资源配置

第一节 计划经济体制下的高校职能

一 中国近代大学制度的萌芽与发展

1902年8月15日,清政府颁布了《钦定学堂章程》,是中国近代由国家颁布的第一个规定学制系统的文件。由清末京师大学堂管学大臣张百熙主持拟订,详细规定了各级各类学堂的目标、性质、年限、入学条件、课程设置及相互衔接关系。这是中国正式颁布的第一个现代学制,亦称"壬寅学制"。"壬寅学制"中,按蒙学堂、小学堂、中学堂、高等学堂、京师大学堂(北京大学的前身)等五级升阶教育。其中京师大学堂是学制规定的唯一大学堂。

1903年(光绪二十九年)7月清政府命张百熙、荣庆、张之洞以日本学制为蓝本,重新拟订学堂章程,于1904年1月公布,即《奏定学堂章程》,是年为旧历癸卯年,故称"癸卯学制"。这是我国第一个正式执行的现代学制。癸卯学制提出的教育目的是"忠君、尊孔、尚公、尚武",反映了"中学为体、西学为用"的思想,规定男女不能同校,体现了半殖民地半封建社会的特点。

1911年辛亥革命后,以孙中山为首的南京临时政府,对教育开始了一系列适应资产阶级需要的改革。关于学校的系统问题,教育部曾规定了一个学校体系,并附有9条说明,于1912年9月公布,称为

"壬子学制",后经补充和修改发展成"壬子癸丑学制"。该学制规定：初等小学校（4年）为义务教育，毕业后得入高等小学校（3年）或乙种实业学校（3年）。高小毕业后得入中学校（4年）、师范学校（本科4年、预科1年）或甲种实业学校（3年）。中学校毕业后得入大学（本科3至4年，预科3年）、专门学校（本科3至4年，预科1年）或高等师范学校（本科3年，预科1年）。全部教育年限为18年，6岁入学。该学制为参照日本明治维新后新学制拟定，施行到1922年。废除了教育上的性别和职业限制。除高师外，允许开办私立学校。1920年10月，以资产阶级教育家为主干的全国教育会联合会第六次代表大会在江苏召开，会上提出了改革学制系统案。1921年10月，联合会第七次代表大会在广州召开，把通过的《学制系统草案》向各省区教育会和各高等教育机关征询意见。1922年9月，"北洋政府"召开学制会议，就全国教育会联合会整理的草案做了修订。1922年11月，中华民国北洋政府以大总统令颁布了《学校系统改革案》，此中规定的学制系统称为"壬戌学制"，又称新学制。《学校系统改革案》的主要内容包括：第一，发挥平民教育精神；注意个性之发展；力图教育普及；注重生活教育；多留伸缩余地，以适应地方情形与需要；顾及国民经济力；兼顾旧制，使改革易于着手。第二，1922年制定的新学制，主要是采取当时美国一些州已经实行了十多年的"六三三制"，即初级小学四年（从6岁开始），高级小学二年；初级中学三年；高级中学三年；大学四至六年，这表明中国现代教育制度从效法日本转向了效法美国，但它并非盲从美制，而是中国教育界经过长期酝酿、集思广益的结晶。第三，为使青年个性易于发展，采用选科制；为适应特殊之智能，对于天才者之教育应特别注重，其修业年限得予以变通；对于精神及身体上有缺陷者，应施以特殊教育；对于年长学者，应进行补习教育。新学制的颁布和实施，标志着中国资产阶级新教育制度的确立，标志着中国近代以来的学制体系建设的基本完成。

此后，国民政府为了顺应国情在壬戌学制的基础上，根据时局做出了一些相应变动，出台了戌辰学制，俗称现行学制。戌辰学制的主要改革方面是高等教育。

1928年，清华学堂正式更名为国立清华大学，中国的现代大学正式建立。蔡元培等老一辈教育家，作为大学校长，广泛吸收世界先进国家的大学教育理念和办学经验，并结合中国国情，经过理性思考和辨别，形成了近代大学教育共同的理念。在这全新理念的指引下，构建了中国近代大学教育体系的框架，规定了近代大学教育的发展方向，诞生了一批有别于封建教育的近代大学。

大学的办学宗旨应该是"研究学问，培养人才"。北大的蔡元培提出了"大学者，研究高深学问者也。""大学学生，当以研究学术为天职，不当以大学为升官发财之阶梯。"蒋梦麟强调"学校之唯一生命在学术事业"。"学术衰，则精神怠，则文明进步失主动力矣。故学术者，社会进化之基础也。""大学及高等教育者，所以养成平民主义之领袖者也。"张伯苓根据多年的教育活动经验和对当时中国大学教育现状的思考，主持制定了《南开大学发展方案》，在方案中明确提出中国大学的主要任务，一是传播知识，二是培养人才。"知中国"，"服务中国"，成为南开大学一以贯之的办学理念，更可贵的是对"大学是什么"作出了符合当时中国国情的准确价值判断。

二 "苏联模式"对中国大学制度的影响

新中国成立前夕，毛泽东主席提出了"以俄为师"，从1952年起，中国高校学习仿效苏联高等教育的做法，改革中国高等教育，即所谓的"苏联模式"，对后来中国高等教育模式的确立产生了极其深刻的影响。

（一）院系调整

新中国成立以后，为了支持社会主义建设，苏联对我国开展了大规模的援助工程项目，这些项目的运行迫切需要大量的专门人才，而中国高校在系、学科的设置方面以及培养的人才不能满足要求。因此，教育部于1949年12月在京召开了第一次全国教育工作会议，会上明确了我国高等教育调整改革方针。首先，在大学类型的划分上，我国选取和苏联相同的标准，将大学分为综合性大学和专科大学，其中，综合性大学设立文理两个学科。在大学的数量上，要求各大行政区中综合性大学最少要有1所，最多4所，对于专科大学国家采取的是随机原则，具体数量要视情况而定。在此基础上，我国又开始了以优先发展重工业为指导原则的大规模的院系调整，鼓励发展专门学院。最突出的是我国工学院的数量区域分布不平衡，主要集中在东南沿海地区和部分大城市，培养学生的数量不能满足需求。因此集中对华北、华东和中南地区的高校进行了系和专业的合并和调整，并进一步明确了国家要主要发展专门学院，特别是单科性的专门学院，整顿和加强综合性大学。中国的很多专门学院都是在这个时期设立的。[①]

（二）学制改革

1951年10月1日，政务院颁布《关于改革学制的决定》，成为新中国成立之后的第一个学制。旧学制被认为是"先抄日本的，后抄美国的，虽然有一些修改，但一般说，还是属于资本主义的教育制度"，新中国成立以后，我国的学制问题开始由仿效资本主义教育制度转向社会主义教育制度，明确的学习对象就是苏联。新学制体系将教育分为幼儿教育、初等教育、中等教育、高等教育以及各种政治学校、训练班等。初等教育小学的修业年限为五年，工农速成初等学校修业年限为两至三年；中等教育中学的修业年限为六年，工农速成中学修业年限为三至四年，业余中学修业年限为三至四年；高等教育中大学和专门学院的修业年限为三至五年，专科学校修业年限为两至三年。

（三）教学改革

我国高校教学改革方面也学习了苏联的经验。首先，采用苏联的专业目录设置专业。在专业设置上突出的特点就是重理轻文和重实轻学。理工类专业数量增加，而文科类专业数量减少，经过一系列调整之后，我国取消了社会学学科。其次，在全国范围内使用统一的教科

[①] 《中央人民政府教育部关于全国工学院调整方案的报告》，《人民日报》1952年4月16日。

书，各高校的教学计划也是相同的，而且各高校在教学方法的使用和教学内容上也要保持一致。再次，学习苏联模式的一个最直接的表现就是我国高校直接采用苏联的教材。当时有近万名苏联专家在中国从事不同的工作，有大约600人在高校任教，包括为中国开设新的课程，参加编撰新教材的工作。不可否认的是，在特殊的历史时期，他们为中国的高等教育事业的发展做出了巨大的贡献。

与此同时，苏联也影响着中国高教改革的方向。1950年初，教育部聘请的苏联总顾问阿尔辛杰夫到任，成为中国高等教育改革的规划者，他认为中国学习人文社会科学是帝国主义的阴谋，在其主导下，中国第一次高等教育会议提出三项基本方针：首先，高等教育要为国家服务，要为社会主义经济建设服务；其次，高等教育要向无产阶级工人、农民开放，公立高校应该免收学费；最后，高等教育体制必须向计划经济过渡。

三 "苏联模式"的特点

苏联的高等教育模式为专才教育，这不同于欧美国家的通才教育。这种专才教育模式能够很好地适应计划经济体制对于人才的需求。根据国民经济建设计划设置相应的院系和专业，学生统招统分，同时，高等教育由国家管理，全部免费。

对于"前苏联高等学校制度"，胡建华在《现代中国大学制度的原点：50年代初期的大学改革》中将"前苏联模式的社会主义大学制度"概括为：（1）大学体制构成包括单科大学与文理科综合大学；（2）大学的内部组织结构特点是"大学—系"、系内设专业、教学研究组；（3）课程体系的设置以培养专门人才为基本目标，以专业为中心、按照统一的教学计划开展教学活动的教学制度；（4）高校重视政治理论课程的教学。[①]

[①] 胡建华：《现代中国大学制度的原点：50年代初期的大学改革》，南京师范大学出版社2001年版，第282—283页。

(一) 高度集中统一的计划管理

苏联的整个高等教育系统由苏共中央、苏联部长会议进行垂直领导。高等教育发展路线、方针和政策会在定期召开的党代表大会上讨论并得到批准通过。决议的具体实施则由苏联高等和中等专业教育部负责。除此之外，苏联高等和中等专业教育部还负责审核预算、招生、院系设置、员工薪资、学生费用和奖助学金、教学改革以及对外交往等事项。[①]

这种教育模式强调高度的集中统一，人才培养只有一种模式，全国实行统一的专业设置、统一的教学计划、统一的教材、统一的教学大纲、统一的教学管理，学校办学没有主动权。这种"大一统"的培养模式，使得学术思想僵化，学校缺乏经费自主权和集中统一计划之外的办学自主权，不利于师生学习主动性和创造性的发挥，更不利于优秀人才的培养。

(二) 院系设置与国民经济建设紧密联系

在苏共第十四次和第十五次代表大会的各项决议中，政府制定了使高等学校成为国家工业化和农业集体化培养干部场所的明确纲领。在联共（布）中央七月（1928年）和十一月（1929年）全会上，专门研究了在新的条件下培养专家的途径，通过了关于扩大新型的、为适应某些工业部门需要专门化程度很高的高等学校网的决定。苏维埃国家遵照党的指示，加强了高校管理机构，并建立了高校同国民经济各部门的牢固联系。[②] 在高校的院系设置上也充分体现出促进国民经济发展的初衷。尤其是二战后，由于苏联建设需要大量专家和科学技术人才，因此，苏联大量设置了工科院校和其他单科院校，在专业的设置上偏重于国民经济建设急需人才的培养。

(三) 实施专才教育

从高等教育的培养目标看，由于苏联高等教育是专门教育，因此

[①] 龙杏云：《苏联高等教育的领导和管理体制》，《国际观察》1982年第2期。

[②] ［俄］维·彼·叶留金：《苏维埃社会主义共和国联盟社会政治体系中的高等学校》，毛信仁译，《当代高等学校》1983年第1期。

其培养目标的重要指向是高级专家。高等学校的主要任务是培养国家日益需要的能在共产主义建设所要求的水平上积极参加经济、科学和文化的发展工作，并能起到苏联共产党的理论和实践的捍卫者和传播者作用的专门人才。这一点从苏联的高校类别设置上可以体现出来。20 世纪 50 年代初，苏联的高等学校分为三类：综合大学、技术学院和专门学院。综合大学的任务主要是培养自然科学、人文科学的科学研究干部和一部分中学教师。课程偏重理论的研究。这一类大学在苏联只有三十三所，例如著名的莫斯科大学、列宁格勒大学等。技术学院的任务是培养工业建设各方面所需要的技术干部。这也是综合性的高等学院，在一所学校内可以分设建筑工程、机械工程、水利工程、电力、冶金等许多院系。这一类学校在全国共有三十五所。苏联规模最大的是专门学院，专门学院的任务是培养生产建设某一方面的专门人才，相对于技术学院更加专业化。例如针对建筑就专门设立了建筑学院，冶金方面有专门的冶金学院等。建筑学院下设更加细化的系，如工业建筑系、城市交通系、公路建筑系、民用建筑系等。当时苏联专门学院的数量达到近 800 所，[①] 足见苏联专才教育的特征之明显。

（四）重理轻文

苏联的专业设置具有明显的重理轻文特点，以苏联最著名的莫斯科大学为例，其文科院系哲学系和经济系仅设置了哲学、社会主义和社会政治科学两个专业以及政治经济学、经济和社会计划、经济控制论三个专业方向。相比之下，农工类专业数量合计达到 300 多个，差距甚大。苏联的人文社会科学发展受到极度限制，形成了重点发展"为人民服务、为当前的革命斗争与建设服务"的工科的局面。

四 计划经济体制下高校职能的具体体现

在计划经济体制下，教育的一切内容均由国家掌控，大到教育经费的支出、招生与就业分配、专业审批与建设、管理干部任命，小到

---

① 程今吾：《苏联高等教育情况介绍》，《人民教育》1951 年第 3 期。

教学计划、教学大纲的编制……全部由国家控制，学校完全是国家的附属机构，没有任何自主权。

（一）执行计划

1956年我国完成了三大改造，公有制占据统治地位，对于教育也进行了社会主义改造，建立了中央集权的高等教育制度。在这种背景下，高校所要做的而且所能做的就是执行上级的计划安排，合理运用国家教育经费，按照计划培养出一大批"标准化人才"。而此时的教育也不需要考虑人才的适用性，因为所有人才都是"定制化生产"，只要满足量的要求即可，这就达到了高等教育的目的。

（二）维护政权

新中国成立以后，国家出于稳固政权的考虑，迫切需要得到广大民众的政治认同，新的意识形态的形成需要教育这一强有力的手段来完成，教育成为政治工具，在阶级斗争中发挥着重要作用。国家在1958年《中共中央、国务院关于教育工作的指示》中明确指出，教育是为无产阶级政治服务的，教育工作必须由党来领导。随着教育政治化的不断加速，高校出现了党政不分、以党代政、机构臃肿的现象。

（三）特定规格的人才培养

随着"文化大革命"的结束以及中国共产党第十一届三中全会的召开，中国进入了一个全新的经济发展时期，在新的历史背景下，中国的高等教育方针也随之发生变化。我国教育培养要"三个面向"，要培养"四有"新人。进入20世纪90年代，我国改革开放和现代化建设的步伐明显加快，党和国家又及时制定了新的教育方针政策。1993年2月，中共中央、国务院印发《中国教育改革和发展纲要》规定："各级各类学校要认真贯彻'教育必须为社会主义现代化建设服务，必须与生产劳动相结合，培养德、智、体全面发展的建设者和接班人'的方针。""教育工作的任务是：遵照党的十四大精神，以建设有中国特色的社会主义理论为指导，坚持党的基本路线，全面贯彻教育方针，面向现代化，面向世界，面向未来，加快教育的改革和发展，进一步提高劳动者素质，培养大批人才，建立适应社会主义市场经济体制和政治、科技体制改革需要的教育体制，更好地为社会主义现代化建设服务。"

第二节　全能政府包办下的高等教育与资源管理

自1949年中华人民共和国成立，中国的教育工作在中国共产党和人民政府的领导下，经历了一个曲折的发展历程。这期间虽然在工作中有不少失误，特别是在"文化大革命"期间，曾遭到严重破坏；但是从全局来看，还是取得了巨大的成就，这些成就是值得充分肯定的。1949—1983年，中国普通高等学校由1949年的205所增加到805所；本、专科在校学生达到了120.68万人，比1949年增加9倍多，共计培养本、专科毕业生411.02万人，等于旧中国36年毕业生总数的19.5倍。与此同时，高校逐步改善了办学条件，特别是校舍和设备。政府为各级各类学校修建了大批校舍、购置了各种教学设备和图书资料。1977年起，按照中共中央、国务院的指示，逐年增加了教育经费。1979—1981年，教育经费在国家事业经费中的比重由9.95%提高到13.5%；教育基本建设投资占国家基本建设投资总额的比重，从1%提高到了3%。

但是，在计划经济体制下，高等教育作为政府指令性计划的产物，有着明显的计划约束性，高校完全处于从属地位。教育管理是政府的行政行为，从法律角度来说，行政行为是指行政主体行使行政职权，作出的能够产生行政法律效果的行为。

一　政府全能包办的特点

(一) 大学"行政化"

在计划经济时代，大学和政府之间是行政隶属关系，即我们常说的大学"行政化"。所谓大学"行政化"是指大学在组织机构的结构设置、运行、管理模式等方面完全依照行政机关标准进行。一个最典型的例子就是，在新中国成立之初，大学校长、党委书记的任命完全是由国家决定的，到了"文化大革命"之后，本科大学的校长、党委书记均给予正厅（局）级行政级别，专科学校的校长和党委书记给予副厅（局）级行政级别。在20世纪90年代以后，我国有31所大学被认定为副部级高校。从20世纪50年代开始，我国高等学校就设立了专门负责党务工作和行政工作的干部职位，而不进行教学和科研。1961年，我国开始实行《教育部直属高等学校暂行工作条例》（即《高教六十条》）。《高教六十条》第7条明确规定：《教育部直属高等学校暂行工作条例》的核心原则是集中管理。"教育部直属高等学校，行政上受教育部领导，党的工作受省、市、自治区党委领导。""教育部直属高等学校规模的确定与改变，学制的改变与改革，都必须经过教育部批准。"这一规定限制了地方政府和高校的自主权，高校在教学、专业设置、师资、招生等各个方面必须遵守国家的指令性规定。《高教六十条》标志着中国大学"行政化"体制的最终确立，大学实际上只是政府的附属机构。大学作为学术机构的独特性和独立性客观上是难以实现的。

"文革"结束后，在对高校工作总结和反思的过程中，人们发现《高教六十条》在改革开放的时代难以适应高等教育形势发展的需要，各高校的办学活力明显不足。因此各方开始呼吁我国应该提高大学办学自主权。1985年，《中共中央关于教育体制改革的决定》出台，第一次由中共中央明确提出要落实大学办学自主权。这是在特殊的历史时期针对大学"行政化"问题中央所作出的第一次明确性表态。然而，"行政化"问题伴随着中国大学由来已久，其中的问题与改革的阻力远比想象的复杂。

时至今日，我国政府对高校的行政干预仍有突出表现，以政府对大学的拨款为例，目前采用的是"综合定额"加"专项补贴"的方式进行直接划拨，"211工程"和"985工程"高校都是典型的"专项补贴"项目，高校对政府的依赖性高。与此同时，大学的行政级别仍然存在。高校中学术事务有时在行政化氛围中进行，学校的经费使用、院系设置、教师职称评定、招生规模确定等事务均由行政权力决定,"去行政化"改革势在必行。1998年,我国颁布《高等教育法》,标志着我国高校"去行政化"改革正式开始。《高等教育法》在七个方面规定了大学具有自主权,分别是"调节系科招生比例""设置和调整学科和专业""制订教学计划、选编教材、组织和实施教学活动""开展科研活动,技术开发和社会服务""开展国际交流与合作""设置内部机构和聘任人员""管理和使用学校财产"。但是,现实中法律规定的这些高校应有的办学自主权仍然没有得到全面落实。

(二) 一切按计划办事

计划经济体制下,一切按计划办事的理念根深蒂固,我国的高等教育也没能"例外"。诚然,一切按计划有其好的方面,例如便于管理、便于比较,但是整个国家的高等教育全部采用一样的计划,一样的衡量标准,而没有地区个体差异,其结果必然会在一定程度上制约高等教育的发展。高校要发展就需要考虑人才培养问题,而这些内容均在国家的计划中,高校只需要按计划执行即可,即便是遇到与该校不适应的规定,也只能按政府指令完成任务。相对于某些高校的无奈,这种按计划办事也滋生了惰性,某些高校不创新、不进取,甚至对改革不重视。高等教育发展到今天,仍然留存着计划经济体制下的观念。有些人觉得传统的、常规的、不变的教育才是真正的教育,而认为那种随市场变化而进行调整和改革的高等教育是短视和不规范的。这种教育观念无疑在严重制约着现代高等教育的发展。从另一个角度来看,统一就代表着没有特色,就意味着不能因地制宜地培养人才。而对于高校而言,缺乏特色便意味着缺乏核心竞争力。

二 高等教育资源的指令性配置

如何更好地"优化"教育资源配置是教育资源配置亟待解决的核心问题。一般来说,优化可以从三个方面入手。首先是怎么分的问题,在分配教育资源方面要做到合理,合理既包括教育资源在政府、社会和个人之间的配置,又包括各级各类学校之间的配置,更要细化到学校内部的资源配置。既要考虑到数量的均衡，又要保证重点。其次是怎么用的问题，在教育资源的使用过程中一定要减少浪费，避免重复建设，取消与教学、科研无关的各类费用支出。再次是效用最大化的问题，依据经济学中投入产出概念，应以有限的资源投入，获得尽可能多的优质产出，即培养出更多更好的人才。此外，优化科技资源配置也具有同样重要的意义。这里的科技资源主要是指高校中的智力资源（人才和知识）和无形资产（信息、技术、发明和创造），要将这些资源合理充分利用起来，有效地发挥科学技术作为第一生产力的作用。

我们所说的教育资源配置，其实质就是资源从效益较低处流向效益较高处，教育资源分配到成果多、对经济社会发展贡献大的学校或学校内部的其他环节，使教育资源的使用效率进一步提高，使有限的教育资源带来效用的最大化。这个过程不可能自发进行，需要配合相应的手段、方法及措施。

在计划经济时代，我国采取的高等教育资源配置方式是计划方式，是由政府对教育规模和教育投资做出强制性安排的一种指令性配置。

（一）资源配置具有高度计划性

新中国成立以后，政府对高等教育实行垄断控制，对高等教育的"投入"和"产出"采取计划管理的方式。1980年以前，高校的各项权利均集中在国家手中，各项教育经费均由国家财政统一调配，教育经费列入国家预算，实行统一领导、中央、省、市、县分级管理的体制。而由于当时我国经济发展水平较低，社会资金力量薄弱，民间投资办学形式难以开展，所以国家计划统一安排的财政拨款也就成为高校资金来源的主渠道。1980年以前，普通高校几乎只有财政性教育经费，这是与传统的计划经济体制相适应的。

单一拨款机制决定了高校对于政府必须是高度服从。对于高校来讲，就是单纯被动地接受拨款，进行规划和预算，在预算的基础上执行计划，高校所能做的仅此而已。如果说高校可以做得更主动、更深入一些的，那就是研究如何节约，如何花好国家下拨的每一分钱，如何反对浪费，这是高校在资源管理过程中能主动承担的工作。

长期以来，资金短缺是许多高校面临的一个常态性的问题。高校对于有限的资金支持必须尽可能地节约使用，提高资金的使用效率。在无法开源的情况下，高校所能做的就是节流。例如，高校在经费使用方面需要做系统预算、认真审核和严格审计，尽量避免不必要的支出。

计划经济体制下，高校财务基本上根据"核算型报账制"，将常态性的工作定位于根据国家拨款进行预算，根据预算执行各项计划和任务，在此过程中实施监督和管理，在记账、算账和报账过程中努力做到精打细算，想尽一切办法延长仪器、设备等资产的使用年限，想尽各种办法提高资金使用效率。

（二）高校缺乏自我发展的主动性

在高度集中的计划经济体制下，我国高校缺乏自主创新自谋发展的原动力，一切听命于政府，一切依赖于政府，高校就是政府的附属物。一方面，高校的资源分配由政府统一控制，高校没有自主权，这在很大程度上限制了高校发展的空间。而另一方面，高校也不具有自我发展意识，"等、靠、要"的思想普遍存在，高校不必为教育发展资金犯愁，一切资金问题由政府出面解决。[①] 在这种情况下，政府对资源配置恰恰起到决定性作用。

（三）招生与分配的指令性

自1950年开始，结合当时国家的经济发展水平和教育发展水平，国家尝试实行大行政区分别制定招生方案，为日后国家计划管理统筹大学招生做好铺垫工作。1952年6月，我国结合试点的实践，开始在全国高校范围内向统一招生过渡。1961年，高校招生已受到"大跃进"的影响，党中央纠正教育政策方面的过错，正式实现全国高校统一考试招生，并制定高校招生方针政策和名额计划。然而"文化大革

---

① 史秋衡、冯典：《转变政府调控方式、优化高校分层分类》，《高等教育研究》2005年第12期。

命"一度使高等教育被充当阶级斗争的工具，全国停止招生。"文化大革命"结束以后，部分高校才恢复招生。而此时的招生没有采用统一考试制度，而是通过自愿报名，结合群众推荐的方式，经领导批准和学校复审之后方可入学。到了1977年，《关于1977年高等学校招生工作的意见》得到国务院批转，我国的高等教学招生制度才得到重新确立。

计划经济体制下高校毕业生的去向也具有典型的指令性。一方面国家的计划部门提出不同地区、不同行业、不同企事业单位的岗位需求；另一方面，作为指令性计划培养出的教育成果，毕业生个体根本没有根据自己的专业情况以及对岗位的好恶进行自主择业的机会和权利，个体的意志必须无条件地服从组织的安排。人力资源在计划分配中造成浪费，毕业生必须服从于百分之百就业的指令性要求。

亲历者访谈

访谈者：教务长您好！感谢您老能抽出时间接受我们的访谈。首先，请您为我们介绍一下在计划经济体制下，高校的资源配置情况是什么样的？

教务长：新中国成立以后，百废待兴，亟须恢复和发展国民经济，恢复和兴办各种社会事业。当时，由于帝国主义封锁和包围，只能"一边倒"，向原苏联开放，向原苏联学习。按照原苏联的经验，国家进行高等学校大规模地院系调整，建立了一大批单科类性质高校。沈阳师范学院就是按照国家的计划和统一部署，在东北地区建立较早的高校之一，是一所专门培养中学教师的高等师范院校，学制本科四年。先后设置了汉语言文学、政治教育、俄语言文学、英语言文学、历史学、地理学、数学、物理学、化学、生物学等专业。1958年辽宁省决定成立辽宁大学，把沈阳师范学院部分系和专业合并到辽宁大学；并决定在沈阳师范学院原建制上，与沈阳教师进修学院合并，重新组建沈阳师范学院，重新设置上述八个系和专业。1962年，辽宁省决定贯彻"调整、巩固、充实、提高"八字方针，重新调整省内高校的布局。决定沈阳师范学院只保留中文、外语、政教、数学等系专业，其他各系专业予以调整。1965年，辽宁省根据"备战"方针的要求，按照国家的部署，决定将沈阳师范学院下迁到朝阳农村办学，更名为"辽宁第一师范学院"，贯彻"两种教育制度"，培养"半耕半读"的农村中学教师，除了中文系、外语系、政教系和数学系相关专业外，新设置了农村技术专业。1978年，粉碎"四人帮"以后，辽宁省又决定学校回迁沈阳，恢复"沈阳师范学院"校名和建制。沈阳师范学院在极为困难的条件下，再次创业。直到20世纪80年代，学校才逐步恢复元气，发展起来。

访谈者：在计划经济体制下，高校办学是否有自主权呢？

教务长：当然没有。从沈阳师范学院办学经历来看，这个过程是几起几伏、曲折多变的。从管理体制角度看，学校的设立和发展变迁，定位和服务面向，建制和学位，体制和规模，以及系专业设置，都是根据国家的计划和政策要求在政府统管下进行，是在行政化管理的框架下办学的。

访谈者：那个时候不可以自己做些更改吗？

教务长：不可以。沈阳师范学院是一所单科类专门培养中学教师的高等师范院校。为了保证中学教师的需求，在招生和毕业分配上实行统招统分制度，按照国家计划，统一考试招生，毕业国家统一分配。

访谈者：具体的做法是什么样的？

教务长：为了保证中学教师的需求和生源质量，更多地吸收优秀高中生考入高等师范院校，高等师范教育实行助学金和奖学金制度。为师范生提供助学金，基本上满足师范生书本费、住宿和伙食费。对于优秀的师范生实行奖学金。与此同时，对师范生毕业分配到中学任教，有服务年限的要求。为了解决农村、边远贫困落后地区的教师缺乏问题，国家实行定向培养制度，把招生指标分配到县，经过考试选拔、录取，等学成毕业后，回原地区工作。这些制度的实施对于保证中学教师的要求和质量，稳定中学教师队伍起到一定的积极作用。

访谈者：那个时期对教师的教学、科研有什么要求吗？

教务长：有，特别是在计划经济的时候，在咱们这个院校对教学是特别注重的。

访谈者：有什么形式？具体的指标有哪些？

教务长：新教师来校后必须过教学关，来了以后需要试讲，针对备课、讲课的情况，大家来评议。刚进学校需要做一段助教，最少半年，一般都是一年。首先过教学关和科研关，过教学关通过写教案、试讲，并定期组织教师听课、评课，另外，当时对教研室来说都采取集体备课，备课统一每门课的主要教学目的、教学重点，确定教学难点，作业分配，基本要求应该是一致的。教师不能擅自各取所需，不能自己擅长哪里就只讲哪一部分。所以集体备课还是对于青年教师有好处的，可以让他尽快进入角色，掌握好基本的教学模式。

访谈者：当时的沈阳师范学院在办学模式改革方面做出了哪些努力呢？

教务长：改变高等师范教育单一、封闭的办学模式，已势在必行。八十年代，沈阳师范学院就开始在这方面进行探索，先后设置社会学、法学、旅游学等非师范专业，原师范专业也开始拓宽专业方向，设置非师范专业方向，逐步改变成为以师范教育为主，师范教育和非师范教育相结合的开放性、多元化的办学模式。

访谈者：好的，今天的访谈就到这，打扰您老了，谢谢您。

（受访者为沈师原教务长　胡传廷）

访谈者：鲁书记，您好！今天想请您谈谈在计划经济时期，政府和高校之间的关系是怎样的？

鲁书记：领导关系。计划经济时期和改革开放的转轨阶段，政府是领导高校的。比如说，师范学院搬到朝阳是省委省政府决定的。建小三线的时候，有些学校就搬走了。当时师范学院内部意见并不一致，但需要服从决定，下迁到朝阳和回沈阳都是省委省政府决定的。当时师范学院的学生要求回沈阳，群众代表和学校领导也要求，在这种情况下省里部分领导也赞成回来，但是师范学院回来不能搞基建，要搞基建就不能让回来，没钱啊。回来的时候师范学院在乡下待了一段，等 33 中把部分校舍腾出来了，师范学院就从农村搬回来了。那时候学校的领导是何书记，决定师范学院搬回沈阳。增设专业都需要行政批准，有些问题要经过教育厅和高校局批准，有的需要省委省政府批准。

访谈者：高校的财政拨款是什么形式下达的？

鲁书记：由省财政厅拨款。

访谈者：省财政拨款资金够用吗？有别的途径筹集资金吗？

鲁书记：就是有多少资金就用多少，节约使用。没有基建任务，没有基建专项，就只能在基础上维持。举个例子，80 年代的时候，有些学校领导陆续出国了，学习外国的经验，原来咱们是关门办学啊，根本不和外界沟通。我们也要求出去，那时候高教局长就说了，你们师范学院那么穷，那么破烂，和外国建立关系，那不是给中国人丢脸吗？所以不同意我们出国，也不同意我们和国外建立关系，那时候我积极张罗怎么和国外大学建立关系。但是呢，后来还是建立了，怎么建立的呢？教育厅的厅长和教育学院的老师出国了，并带回了一个美国的博士到辽宁参观学习。这时候教育厅厅长就找我，问我想不想和美国的大学建立关系，我说我想啊，这回的机会让我们之间的大学建立了关系。然后我们就陆续送出去几个优秀的老师出国去进修。通过这个契机我们就和国外建立了关系。

访谈者：我们的老师出去谁拿钱？

鲁书记：学校拿钱，到外国去进修只拿路费和住宿，吃是自己拿钱。

访谈者：一般出国学习多久？

鲁书记：一般是一年，也有久一点的。

访谈者：资金使用是谁说的算呢？谁来做决定？

鲁书记：行政上研究，之后党委会通过一下。拨款也是学校统一统管的。需要花钱的地方要到院长那边报。

访谈者：那个时候有创收的途径吗？

鲁书记：没有。那时候其他学校招研究生，收学费这种就算创收了，但我们学院还没有。我们学院是教育系教科所争取了一个教育硕士学位点，建立的很早，别的系都没有。另外，我们增加了社会学系，这也是增加收入的办法。增加一个系就增加了经费拨款，教科所成立以后，教育厅研究以后说要成立社会学系，所以就找到我，辽大没拿去，我们沈师拿来了，当时辽大、辽师大都比我们位置高。但是我们先知道就先办下来了，动作快啊。

访谈者：当时大学校长的职责是什么呢？

鲁书记：我在任的时候，在师范学院八个年头，我们那时候，行政的事情基本上是院长决定的，但一些大事像设立专业、搞硕士点、干部安排等，都是要经过党委会的，院长一个人说了不算。

访谈者：鲁书记，今天访谈就到这里了，谢谢您。

（受访者为沈师原党委书记　鲁振昌）

第三章 经济转轨与大学的资产管理

第一节 市场经济体制下政府与大学的关系

一 经济转轨背景下政府与高校关系的微妙变化

中国实施改革开放后，市场机制逐渐被引入经济领域中，市场逐渐成为社会资源配置的重要手段。在高等教育领域，政府对高等学校的直接行政管理开始松动，高等学校也开始要求有更多的办学自主权。1985年，中共中央发布了具有重大意义的《关于教育体制改革的决定》，提出"当前高等教育体制改革的关键，就是改变政府对高等学校统得过多的管理体制……"1992年，中国共产党第十四次全国代表大会确定了建立社会主义市场经济体制的目标，加速了改革和经济建设的步伐。大会向全党、全国人民发出号召："我们必须把教育摆在优先发展的战略地位，努力提高全民族的思想道德和科学文化水平，这是实现我国现代化建设的根本大计。"在党的代表大会上，明确提出要把教育摆在优先发展的战略地位，这在中国共产党的执政史上还是第一次。1993年，中共中央、国务院印发了《中国教育改革和发展纲要》。《纲要》明确提出："在政府与学校的关系上，要按照政事分开的原则，通过立法，明确高等学校的权利和义务，使高等学校真正成为面向社会自主办学的法人实体。要在招生、专业调整、机构设置、干部任免、经费使用、职称评定、工资分配和国际合作交流等方面，分别不同情况,进一步扩大高等学校的办学自主权。学校要善于行使自己的权力,承担应负的责任,建立起主动适应经济建设和社会发展需要的自我发展、自我约束的运行机制。""政府要转变职能,由对学校的直接行政管理,转变为运用立法、拨款、规划、信息服务、政策指导和必要的行政手段,进行宏观管理。要重视和加强决策研究工作,建立有教育和社会各界专家参加的咨询、审议、评估等机构,对高等教育方针政策、发展战略和规划等提出咨询建议,形成民主的、科学的决策程序。"《纲要》的出台,意味着计划经济时代全能包办的政府职能将有所改变。这主要体现在《纲要》作出的如下规定。

(一)高校办学体制

1993年的《中国教育改革和发展纲要》提出了要改变政府包揽办学的格局,逐步建立以政府办学为主体、社会各界共同参与办学的体制。高等教育要逐步形成以中央、省(自治区、直辖市)两级政府办学为主、社会各界参与办学的新格局。职业技术教育和成人教育主要依靠行业、企业、事业单位办学和社会各方面联合办学。国家对社会团体和公民个人依法办学,采取积极鼓励、大力支持、正确引导、加强管理的方针。国家欢迎港、澳、台同胞、海外侨胞和外国友好人士捐资助学。在国家有关法律和法规的范围内进行国际合作办学。举办具有颁发国家承认的学历文凭资格的各类学校,按国家有关规定办理审批手续。

(二)招生与就业制度

1992年,我国确定了建立社会主义市场经济体制的目标,加速了经济建设步伐。随着经济社会的发展,社会各界对大学毕业生需求量也不断加大,由于市场的介入,高等教育在扩大招生总数的同时,进一步加大了调剂的比重。1993年的《中国教育改革和发展纲要》,提出"高校招生不再区分两种计划形式"。首先,改变全部按国家统一计划招生的体制,实行国家任务计划和调节性计划相结合。其次,改革学生上大学由国家包下来的做法,逐步实行收费制度。高等教育是非义务教育,学生上大学原则上均应缴费。设立贷学金,对家庭经济有困难的学生提供帮助；国家、企事业单位、社会团体和学校均可设立奖学金，对品学兼优的学生和报考国家重点保证的、特殊的、条件艰苦的专业的学生给予奖励。1994年，以国家教委所属的40余所高等学校率先进行了招生并轨改革试点，到1997年，我国普通高校的招生并轨工作基本完成。

1993年的《纲要》对我国高校毕业生就业制度也提出了改革方案。改革高等毕业生"统包统分"和"包当干部"的就业制度，实行少数毕业生由国家安排就业，多数由学生"自主择业"的就业制度。国家下达任务计划招收的学生原则上仍由国家负责在一定范围内安排就业，实行学校与用人单位"供需见面"，落实毕业生就业方案，并逐步推行毕业生与用人单位"双向选择"的办法；委托和定向培养的学生按合同就业；自费生自主择业。随着社会主义市场经济体制的逐步建立和劳动人事制度的改革，除对师范学科和某些艰苦行业、边远地区的毕业生，实行在一定范围内定向就业外，大部分毕业生实行在国家方针政策指导下，通过人才劳务市场，采取"自主择业"的办法就业。

（三）财政拨款机制

对高等学校的财政拨款机制进行改革，充分发挥拨款手段的宏观调控作用。对于不同层次和科类的学校，拨款标准和拨款方法有所区别。改革按学生人数拨款的方法，逐步实行基金制，在国家和地方预算下达的教育经费之外，明确规定学校可依法筹集资金。

除此之外，我国还逐步确立了高等学校分为教学科研型和教学型两大类的思想。李岚清副总理曾于1995年7月在西安与高校书记、校长座谈时强调指出：我们的大学要分类指导，不能办成一个模式。国家要有若干所科研教学型的院校，但不能所有的高校都办成科研教学型，一类是科研教学型的，这是少数；另一类是教学型的，这是多数，大部分高校应当办成教学型，去培养与社会主义建设相适应的本、专科生。从实际出发，实事求是地把办学方向定下来，这样，我们的教育经费和教育资源才可能有效地用到该用的地方，这样我们才能少花钱，多办事，办好事。对主要培养本专科生的大学来说，有了钱应当充实先进的教学设备，培养高质量的本、专科生。为了进一步提高高等教育资源的使用效率，高等学校的分类便由此被官方提出。这种分类方式对今天高校的转型发展仍有重要意义。

以上变化表明我国政府职能已经开始由"划桨者"向"掌舵者"转变。美国学者 E.S. 萨瓦斯从词源上考察了政府的原有含义，他认为，"政府这个词的词根来自希腊文，意思是'操舵'。即政府的职责是掌舵而不是划桨。直接提供服务就是划桨，可政府并不擅长于划桨"。其真实含义是，政府的角色是政策法规的制定者，而不是执行者，其主要负责政策制定的功能，是航行方向的指导者；具体执行、提供服务应尽量由企业、事业和其他社会组织去负责。

实践业已证明，多掌舵少划桨的政府往往是强有力的，这是因为掌舵的人对目的地的影响远比那些划桨的人要大得多。新公共管理理论也明确提出，政府是"掌舵"而不是"划桨"。公共管理者被要求去寻找新的创新途径来取得成果，或者将先前由政府履行的职能民营化。他们被邀去"掌舵，而不是划桨"，这同样意味着，政府不应该亲自去承担提供所有服务的责任，而应该尽可能地通过承包或其他类似的安排来确定由别人去具体实施的项目。

在公共教育领域中，政府的角色同样是"掌舵"，而不是"划桨"。"划桨"角色可交由市场、第三部门等去实施和履行，政府没有必要集公共教育的举办、经营和管理于一身，教育需要分权，高等教育更需要"掌舵"与"划桨"职责的划分。

具体来说，就是政府的"掌舵"抑或"导航"的角色表现为只需主要负责制定教育方针、教育培养目标，以及各级各类教育政策、教育法律和法规等指导性文件；教育经营权和管理权可交给"以私利促进公益"的市场、"志愿公益"的非营利性组织或者是民间企业、个人等第三部门去执行。只要这些组织和个人遵循教育法规、教育政策和教育的基本规律去从事教育活动就是合法的经营者。教育民营化反映出政府"划桨"教育角色的现实转变，克服了在以往大部分教育改革中，国家教育权充其量只是在政府部门之间横向和纵向再分配的弊端。经由政府教育角色转变，进行教育分权，加强了同地区、学区和地方、学校以及家长、学生之间联系，建立起公私部门的伙伴关系，并且教育放权是遵循教育的基本规律，不断改善和提升公共教育质量，提高投入产出绩效的必然选择。①

二 政府与高校关系改革的不彻底性

在政府与大学的关系上，《中华人民共和国高等教育法》也做出了明确的法律规定，例如第十一条规定"高等学校应当面向社会，依法自主办学，实行民主管理。"第三十二条规定"高等学校根据社会需求、办学条件和国家核定的办学规模，制定招生方案，自主调节系科招生比例。"第三十三条规定"高等学校依法自主设置和调整学科、专业。"第三十四条规定"高等学校根据教学需要，自主制定教学计划、选编教材、组织实施教学活动。"第三十五条规定"高等学校根据自身条件，自主开展科学研究、技术开发和社会服务"等等。但高校多年来改革和发展的实践证明，法律所规定的大学自主权往往是大学管理者可望而不可即的文字规定，在大学实际运行过程中，许多方面都难以落实。大学日益行政化，严重的计划管理体制、僵化的干部人事制度，造成大学始终难以回避这一悖论：大学的公益性要求有较强的计划管理，而大学自身发展又不能不改革这些僵化的干部人事制度，尽可能废除现有的计划体制，以降低成本、提高效率。大学管理上的这种悖论，使公办高校资源配置普遍存在较大的浪费及较低的效率。

第二节 市场的基础性作用与高校的资源配置

一 市场在高校资源配置中的作用

资源是指社会经济活动中人力、物力和财力的总和，是社会经济

---

① 江赛蓉：《政府在公共教育体系中的定位及角色转变》，《重庆社会科学》2008 年第 5 期。

发展的基本物质条件。资源配置属于经济学领域的概念，它是指对相对稀缺的资源在各种不同用途上加以比较做出的选择。在社会经济发展的一定阶段上，相对于人们的需求而言，资源总是表现出相对的稀缺性，从而要求人们对有限的、相对稀缺的资源进行合理配置，以便用最少的资源耗费，生产出最适用的商品和劳务，获取最佳的效益。在市场经济体制下，市场机制是资源配置的决定性力量。但市场配置资源客观上存在不足，不可能使资源配置尽善尽美。当一定时期资源配置出现问题的时候，政府就需要通过一些手段进行调控。

美国学者伯顿·克拉克在《高等教育系统：学术组织的跨国研究》中建构了高等教育发展的政府、市场和学术权威"三角形协调模式"。他认为，高等教育发展主要受政府、市场和学术权威三支力量的影响。政府、市场和学术权威这三种力量组成一个协调三角形。三角形的每个角代表一种模式的极端和其他两种模式的最低限度，三角形内部的各个位置代表三种成分不同程度的结合。他指出，不同国家的高等教育系统偏重于使用不同的模式进行协调。[①]

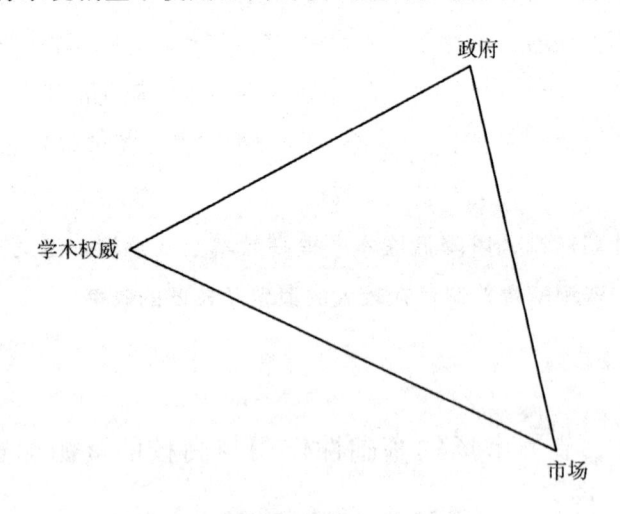

图 3-1 高等教育三角形协调模式

---

① [美]伯顿·R. 克拉克：《高等教育系统：学术组织的跨国研究》，杭州大学出版社 1994 年版。

教育资源是学校存在和发展的基础。高校教育资源主要有人力资源、物力资源、财力资源、学科专业资源、信息资源、市场资源、声望资源。① 一个学校的教育资源存量大小以及配置和运作如何,直接影响到教育质量和效益。其中以人力资源、物力资源、财力资源配置利用状况对教学质量和办学效益影响最大。在计划经济时代,我国对高校教育资源配置表现出来的是政府权力占主导,政府的指令性计划决定高校人、财、物的配置及办学模式。在计划经济向市场经济转轨时期,我国高等教育领域资源配置中市场的作用得到了提升。党的十四大把建立社会主义市场经济体制确立为经济体制改革的目标,提出要使市场在社会主义国家宏观调控下对资源配置起"基础性作用",通过经济杠杆和竞争机制的功能,把资源配置到效益较好的环节中去;运用市场对各种经济信号反应比较灵敏的优点,促进生产和需求的及时协调。党的十四大以来,政府沿着这个方向不断把改革推向深入,在资源配置方式上实现了由以国家计划配置为主向以市场配置为主的转变,市场配置资源的基础性作用得到日益充分的体现,对增强经济活力、促进经济持续快速健康发展起到了重要作用。而这一结论在高等教育领域同样适用。

二　高校资源配置高度计划性与市场灵活性的结合

　　改革开放以来高等教育资源配置具有了更加显著的特点,既有高度计划性的存在,又有灵活的市场起着基础性作用。市场经济自己不可能发育完善,它需要很好的制度设计。这种制度设计体现在微观层面上,主要表现在政府对高校自主权的让渡。纵观我国颁布的高等教育政策法规及法律文本可以看出,我国高校自主权在制度变迁方面大体可以分为三个阶段。第一阶段为产权主体不变阶段,时间大致为1985年至1991年,在此阶段,仍然强调在政府的计划经济体制框架下行事,高校有校内事务运行权力。第二阶段为产权主体分化阶段,

---

① 赵小琴:《优化高校教育资源配置,提高办学质量和效益》,《赣南医学院学报》2000年第6期。

时间大致为 1992 年至 1998 年，以主管行政部门发布的 16 条（《关于国家教委直属高校深化改革，扩大办学自主权的若干意见》）为标志，我国高校在人、财、物的管理权限上有限度地予以让渡，市场要素开始进入大学资源配置的整个过程。在此阶段，大学的产权关系以及学术组织的法律地位仍然不明确。第三阶段为产权主体基本明确阶段，时间大致为 1999 年至 2003 年，以《高等教育法》的正式实施为标志，大学组织的性质确定为独立法人，学术组织的法律地位也得到明确，大学组织可以依法享有民事权利，同时，大学的学术自治得到了法律保护。但《高等教育法》没能对大学的所有权归属问题做出解释，政府继续作为管理者以所有者的身份对法人地位的学校行使经营权、使用权、分配权、处置权等等；而且对于政府的权力范围也没有明确规定，这种无上限的权力对于高校改革的进程无疑会产生阻碍。①

表 3 – 1　　改革开放以来我国高等学校扩大办学自主权的制度变迁

时间	文件	内容
1985 年 5 月 27 日	《中共中央关于教育体制改革的决定》	改革高等学校的招生计划和毕业生分配制度，扩大高等学校办学自主权
1992 年 8 月 21 日	《关于国家教委直属高校深化改革，扩大办学自主权的若干意见》（16 条）	一、学校可在学校现设置的本、专科专业内确定与调整专业方向；可依据国家教委制定的高校专业目录设置、调整本科专业；设置、调整与学校现有本科专业相近的专科专业。 二、学校可适当增加调节性的招生计划。 三、学校在办学条件允许的前提下，可依据经济建设和社会发展需要，在国家教委核定的学校年度本、专科招生计划总数的基础上增招 5% 的委托培养和自费生。 四、在年度研究生招生计划数内，学校可根据实际情况调整在职研究生、定向研究生的比例；学校可适当招收符合国家录取标准的计划外委托培养、学校自筹经费研究生和自费研究生，国家不负责安排工作。 五、学校可根据学校所承担的科研任务，自行确定和调整校内科研机构和专职科研编制，创办科技产业实体。 六、学校可依据社会需要举办多种形式和层次的继续教育及岗位培训等非学历教育；成人高等学历教育在办学条件允许和适当提高录取标准的前提下，可在年度招生计划数的 20% 以内增加计划外招生人数。

---

①　康宁：《高等教育资源配置：规律与变迁趋势——学术、市场、政府在优化高等教育资源配置中制衡的约束条件》，《教育研究》2004 年第 2 期。

续表

时间	文件	内容
		七、在基建投资总额包干的前提下，经国家教委批准授权，学校可以根据批准的设计任务书自行审定生活用房及部分教学用房的设计文件。 八、学校可根据办学的实际需要和所在地经济发展与群众收入水平的情况，提出年度学杂费、委培生、自费生等收费的标准，报国家教委核批。 九、学校按照"包干使用，超支不补，结余留用，自求平衡"的经费预算管理原则以及有关法规，自主统筹安排使用学校的预算内事业经费和预算外经费。 十、学校在执行国家工资法规和实行工资总额包干的前提下，有权确定适合本校实际的校内分配办法和津贴标准。 十一、学校有权依据校内各方面承担的任务和工作性质不同，选择不同的用人制度和管理体制。 十二、学校有权依据教学、科研任务和师资队伍建设的需要，设置和调整专业技术职务岗位，有权依据有关规定自主进行专业技术职务评聘工作。 十三、除中央和国务院明确规定的必设机构外，学校有权依据实际需要确定校内机构的设置及其人员的配备，可不参照主管部门对口设置校内机构。 十四、学校可按有关规定，提名并考察副校长人选，报国家教委批准任免。学校有权任免副校级以下干部。 十五、学校可根据国家教委的委托和有关规定，由党委书记和校长代行审批出国留学人员；代行审批副校长以下出国进行合作科研、参加国际会议以及校际交流等活动的人员；代行审批来华讲学的外籍人员。 十六、在国家分配下达的来华留学生经费及来华留学生计划指标内，学校可直接录取来华留学生；在办学条件允许的前提下，可直接招收录取自费来华留学生，并规定其学费标准。
1998年8月29日	《中华人民共和国高等教育法》	第一章第十一条　高等学校应当面向社会，依法自主办学，实行民主管理。 第四章第三十二条　高等学校根据社会需求、办学条件和国家核定的办学规模，制定招生方案，自主调节系科招生比例。 第三十三条　高等学校依法自主设置和调整学科、专业。 第三十四条　高等学校根据教学需要，自主制定教学计划、选编教材、组织实施教学活动。 第三十五条　高等学校根据自身条件，自主开展科学研究、技术开发和社会服务。 第三十六条　高等学校按照国家有关规定，自主开展与境外高等学校之间的科学技术文化交流与合作。 第三十七条　高等学校根据实际需要和精简、效能的原则，自主确定教学、科学研究、行政职能部门等内部组织机构的设置和人员配备；按照国家有关规定，评聘教师和其他专业技术人员的职务，调整津贴及工资分配。 第三十八条　高等学校对举办者提供的财产、国家财政性资助、受捐赠财产依法自主管理和使用。高等学校不得将用于教学和科学研究活动的财产挪作他用。

续表

时间	文件	内容
1999年1月13日	《面向21世纪教育振兴行动计划》	第30条 切实落实《高等教育法》关于"高等学校应当面向社会，依法自主办学，实行民主管理"的规定，扩大高校办学自主权。
1999年6月13日	《中共中央国务院关于深化教育改革全面推进素质教育的决定》	第11条 进一步简政放权，加大省级人民政府发展和管理本地区教育的权力以及统筹力度，促进教育与当地经济社会发展紧密结合。 按照《中华人民共和国高等教育法》的规定，切实落实和扩大高等学校的办学自主权，增强学校适应当地经济社会发展的活力。进一步扩大高等学校招生、专业设置等自主权，高等学校可以到外地合作办学。
1999年9月15日	《教育部关于当前深化高等学校人事分配制度改革的若干意见》	第五部分 落实高校内部管理自主权 第13条 要严格依法落实高等学校的内部管理自主权。根据《教育法》和《高等教育法》的有关规定，学校依法自主、有效地管理学校内部事务，并承担相应的义务和责任。政府部门不对学校办学自主权范围内的事务进行干预，使高等学校真正拥有办学、用人和分配等方面的内部管理权。 第14条 根据学校实际需要和精简、效能的原则，学校自主确定和调整学校的教学、科研组织机构及其管理体制。在国家规定的学校内设管理机构限额内，学校自主确定内部职能机构的设置。在主管部门核定下达的人员编制定额内，学校自主确定人员配备和各类人员的构成比例，决定人员的使用。 第15条 高等学校有权依据校内各方面承担的任务和工作性质，选择不同形式的用人制度和管理体制。高等学校有权依据教学、科研等任务和国家的有关规定，自主设置和调整专业技术职务岗位，按照授权自主进行专业技术职务聘任工作。在实行工资总额包干的前提下，确定适合本校实际的工资津贴分配办法和标准。
1999年9月14日	《教育部关于印发〈高等学校本科专业设置规定（1999年颁布）〉的通知》	第十一条 高等学校依据高等学校本科专业目录，在核定的专业设置数和学科门类内自主设置、调整专业。设置、调整核定的学科门类范围外的专业，由学校主管部门审批，报教育部备案。 第十二条 高等学校设置、调整专业目录外的专业，由学校主管部门按规定程序组织专家论证并审核，报教育部批准。 第十三条 高等学校设置、调整国家控制布点的专业，由学校主管部门审核，报教育部批准。
2000年6月2日	《中共中央组织部、人事部、教育部关于印发〈关于深化高等学校人事制度改革的实施意见〉的通知》	第2条 深化高等学校人事制度改革的目标是，通过规范政府及其职能部门、高等学校主管部门与高等学校的职责权限，理顺政事关系，下放管理权限，落实高等学校办学自主权，为高等学校的改革和发展创造良好的社会环境；逐步建立符合高等学校特点的学校自主用人、人员自主择业、政府依法监督、配套措施完善的人事管理新体制；进一步健全高等学校内部的竞争机制和激励机制，转换人事管理的运行机制，搞活用人制度和分配制度。

续表

时间	文件	内容
		第16条 积极推进高等学校分配制度改革。在国家政策指导下，进一步加大搞活学校内部分配的力度，扩大学校分配自主权，建立重实绩、重贡献、向高层次人才和重点岗位倾斜的分配激励机制。高等学校主管部门根据国家工资管理的有关规定，通过实行工资总额动态包干管理等办法，搞活高等学校内部分配。 第23条 在高等学校人事制度改革过程中，要认真贯彻《教育法》和《高等教育法》，进一步落实高等学校办学自主权。学校作为具有独立法人资格的事业单位主体，依法自主、有效地管理学校内部事务，承担相应的义务和责任。各级政府及其职能部门，都不得干预学校自主办学权范围内的事务。
2001年7月26日	《教育部关于印发〈全国教育事业第十个五年计划〉的通知》	进一步理顺学校和政府的关系，依法落实和规范学校的办学自主权。

第三节 中国高校法人地位的确立过程及历史意义

一 法人制度概述

我国《民法通则》明确规定："法人是具有民事权利能力和民事行为能力，并能依法独立享有民事权利和民事义务的组织。"具体包括：法人是社会组织，法人与自然人一样具有民事权利能力，法人与自然人一样具有民事行为能力，法人能依法独立享有民事权利和承担民事义务。

法人制度是商品经济的产物。早期的商品经济活动是由自然人作为民事权利主体来进行的。随着商品经济的发展，自然人之间的交易已逐渐不能适应商品经济向更大规模、更宽领域发展的需要，从而出现了合伙、作坊、行会等组织形式。但以法律的形式规范法人的活动则是在资本主义垄断时期。1900年颁布实施的《德国民法典》，标志着法人制度的最终确立。在中国封建社会，自给自足自然经济一直处于主导地位。因此，受商品经济影响的法人和法人制度不曾出现。直到清朝末年，清政府起草民法，方将法人制度引入中国。新中国成立后，1986年颁布实施《民法通则》全面明确规定了法人制度内容。我国法人制度的确立完善，具有四个方面的重要意义。确立法人的独立地位，保护法人的合法权益；确保政企分开，企业有真正的经营自主权，国家也不再无限承担企业亏损；有利于社会主义市场经济的建立与完善；法人制度的确立对开放我国市场、进入国际市场具有一定的积极作用。

我国《民法通则》以法人的活动性质为标准，将法人分为两类：企业法人和非企业法人。企业法人是以营利为目的，从事经济活动的法人。非企业法人是主要从事国家行政管理、社会政治、经济、文化等非经济活动、不以营利为目的的法人，它们同时也进行某些必要的民事活动，成为民事活动的主体。非企业法人具体又包括三类：机关法人、事业单位法人和社会团体法人。

二　中国高校法人地位的确立过程

（一）《国家教委关于直属高校内部管理体制改革的意见》与"法人"高校的界定

法人组织是建立现代大学制度的基础。法人是一种享有民事主体资格的组织。我国直到1986年《中华人民共和国民法通则》颁布才正式确立了法人制度。《民法通则》第36条规定："法人是具有民事权利能力和民事行为能力，依法享有民事权利和承担民事义务的组织。"由于国家没有相应的立法，因此，我国高校建立之初从法律上并没有明确的法人地位。这种状况一直持续到20世纪90年代。

1992年8月，国家教委发布了《国家教委关于直属高校内部管理体制改革的意见》，《意见》提出为全面贯彻党的教育方针，深化高校综合改革，推动学校办学的整体水平再上一个新台阶，适应国家经济和社会发展的需要，国家教委直属高校要积极稳妥地推行校内管理体制改革。改革的内容包括：校内人事制度改革、校内分配制度改革、校内住房、医疗、退休保险制度改革以及学校内部管理的权限。其中，第18条规定：国家教委直属高校是由国家教委直接管理的教育实体，具有法人地位。学校应以国家赋予的权力，有效地管理学校内部事务，同时也要承担相应的义务和责任。国家教委有关职能部门不对学校自主办学权范围内的事务进行行政干预。这是国家首次提出"直属高校"的"法人"地位。应当强调的是，在这一阶段，我国对于高校法人的界定仅限于直属高校。

（二）《中国教育改革和发展纲要》与高校的"法人实体"

中国共产党第十四次全国代表大会在建设有中国特色社会主义理论的指导下，确定了20世纪90年代我国改革和建设的主要任务，明确提出"必须把教育摆在优先发展的战略地位，努力提高全民族的思想道德和科学文化水平，这是实现我国现代化的根本大计"。为了实现党的十四大所确定的战略任务，1993年2月13日，中共中央、国务院印发了《中国教育改革和发展纲要》，这是指导我国20世纪90年代乃至21世纪初教育改革和发展的纲领性文件。《纲要》第三部分教育体制改革中，第18条提出深化高等教育体制改革，这种教育体制改革，主要是解决政府与高等学校、中央与地方、国家教委与中央各业务部门之间的关系，逐步建立政府宏观管理、学校面向社会自主办学的体制。指出："通过立法，明确高等学校的权利和义务，使高等学校真正成为面向社会自主办学的法人实体。"《中国教育改革和发展纲要》虽然提出高等学校是"法人实体"，但并没有具体提出哪一类高校具有法人实体特征。

（三）《中华人民共和国教育法》与学校的"法人资格"

1995年通过的《中华人民共和国教育法》首次以法律的形式明确了我国各类学校的法律地位，其中第31条规定"学校及其他教育机构具备法人条件的，自批准设立或者登记注册之日起取得法人资格"。《中华人民共和国教育法》规定了各种高校均具有法人资格。这种法人资格的明确规定，对我国各类学校特别是高等学校的发展具有划时代的意义。

（四）《高等教育法》与高校的"法人地位"

1998年8月29日颁布了新中国成立以来的第一部《高等教育

法》，其中第30条规定："高等学校自批准设立之日起取得法人资格。高等学校的校长为高等学校的法定代表人。高等学校在民事活动中依法享有民事权利，承担民事责任。"这就直接明确了高等学校的法人地位。至此，高校的法人地位得以确立。2002年颁布的《民办教育促进法》第九条规定："民办学校应当具备法人条件。"第三十五条规定："民办学校对举办者投入民办学校的资产、国有资产、受赠的财产以及办学积累，享有法人财产权。"从而确立了民办高校的法人地位。民办高校法人地位的确立，为民办高校未来争取平等的发展机会提供了法律依据。

但是，我国高校的法人性质在《中华人民共和国教育法》和《高等教育法》这两项重要的法律文件中都没有明确解释。

我国的高等学校属于事业单位法人，而不是企业法人。所谓的事业单位法人是指按照国家法律、法规、规章的规定设立，具备法人条件，经事业单位登记管理机关核准登记成立的面向社会直接为国民经济和社会提供服务，以社会公益为主要目的的社会组织。我国公立高等院校完全符合要求。然而对于民办高校，我国有着一定的特殊性。长期以来，我国高校主要为公立性质，民办高校数量微乎其微，因此，在法律实践中，公立高校被界定为事业单位法人，而民办高校却被界定为"非企业单位法人"，两者存在较大差异。确认包括公办高校与民办高校在内的各类学校的事业单位法人地位，不仅符合学校的社会服务公益属性，而且与现有的《民法通则》的法人分类相匹配，是适当和必要的。[①] 只有在这一问题上达成共识并进一步明确各事业单位法人地位，民办高校才能真正取得与公办高校平等的竞争机会和发展机会。

三 中国高校法人地位确立的历史意义

（一）有益于明晰高校与政府的法律关系

确认高等学校的法人地位，使其成为具有独立主体资格的办学实

[①] 穆晓霞、马燕：《论依法治校与高校法人地位》，《陕西行政学院学报》2008年第4期。

体，有益于明晰高校与政府的法律关系。长期以来，我国高校作为政府的附属物，权利和职能都是有限的。政府作为高校的主办者、管理者与事实上的办学者，全面垄断了国家教育权。由此产生了一系列的问题，如教育腐败、学术腐败、教育权寻租等等，制约了公立高校的自主发展。高校法人地位的确立能够从法律角度明确高校的性质和政府的职能：首先，政府主要是从宏观角度统筹全国教育事业发展，政府是公立高校的创办人，是全国教育事业的管理者。其次，因国有资产的所有权是归属于国家的，政府还应承担其应尽的义务，包括为公立高校提供必要的经费，为高校发展提供必需的国有资产，同时为高校培育良好的政策法规环境。

（二）扩大并保障高等学校的自主权

《教育法》及《高等教育法》的颁布明确了公立高校的法人地位，法律赋予了高校办学自主权。这其中最主要的部分就是高校的自主经营权。从法律角度来看，我国原来由政府行使的学校经营权需要退还给高校，由高校自行行使。《教育法》第二十八条第九款明确规定，学校及其他教育机构拒绝任何组织和个人对教育教学活动的非法干涉。同时，高校的义务也是法定的，政府不得随意要求高校履行法律未作规定的义务。如若不然，政府的行为则构成侵权，高校可以提出异议并通过包括诉讼在内的手段要求政府改正甚至赔偿损失。[①] 高校的这种自主权对于其适应市场经济的发展，对于其内生动力的形成至关重要。

（三）适应市场经济体制改革

十一届三中全会以来，随着改革开放步伐的加快，我国经济发展取得了骄人的成绩。我国经济体制实现了从计划经济向市场经济的转变。在计划经济体制下，高等学校几乎割断了与社会的联系，无论是招生还是人才培养，一切行为面向政府。高等学校的民事活动是有限的，因此，是否具有法人资格在计划经济体制下的重要性并没有体现。

---

① 朱新梅：《重构政府与公立高校之间的法律关系》，《北京师范大学学报》（社会科学版）2004年第4期。

然而，在市场经济体制下，人才竞争加剧，高校的人才培养要面向社会，与此同时，高校的资金来源也不再是单一地依靠政府，高校为了谋求更高的发展需要拓宽融资渠道，除了政府以外，社会融资显得尤为重要。高校与社会的关系越来越密切，此时，对于高等学校的法人资格就提出了要求，只有具有独立的法人资格，才能更好地面向社会办学。

第四节　市场经济条件下大学的法人资产与资产管理

一　高等教育产品的准公共物品属性

公共产品是属于公共经济学研究范畴内的一个基础概念。众多经济学家从不同的角度对其进行解释，普遍接受的是萨缪尔森的定义。萨缪尔森指出："公共产品是一种社会全体成员同时享用的产品，每个人对这种产品的消费都不会导致其他人对该产品消费的减少。"[1] 同时，斯蒂格利茨从成本的角度进一步强调，公共产品在排除他人分享时需要花费巨额成本，但是增加分享人数，却不会增加成本。因此，公共产品具有非竞争性和非排他性的特点。

除此之外，还有一些特殊类别的产品，例如公路、图书馆、学校等，这些产品本身具有非排他性，但当消费者人数达到某一临界值时，就会体现出竞争性，这类产品称为准公共产品。准公共物品是指介于纯公共物品和私人物品之间，在消费过程中具有不完全非竞争性和有限的非排他性的产品。从理论上看，我国的高等教育产品从性质上属于准公共产品。

（一）高等教育产品的特殊性

马克思在认识教育的特殊性方面曾有过专门的论述，认为教育"也会生产出一种'可卖的商品'，即劳动力本身，作为代替。这种服

---

[1] 余斌、张钟之：《试析公共产品的本质属性》，《高校理论战线》2007年第1期。

务，将会加入到劳动力的生产费用或再生产费用中去"①。这种将劳动力本身作为一种可卖的商品，清楚地表明了教育产品的特殊性。公共经济学研究中把高等教育界定为准公共产品，高等教育产品包括教学、科研成果转化、培训和为社会服务等，与一般公共服务比较具有自身的特殊性。

第一，高等教育产品兼具公共性和私人性。

高等教育服务是高等教育产品的一种形式，通过竞争实现高等教育有限资源的最优化配置是高等教育服务的目标，从这个意义上来说，高等教育产品的供给方式应该按照私人产品的供给方式，引入竞争，绩优者可以优先选择享受优质教育资源，但这种方式存在不公平性，因为教育产品的消费者由于多种因素影响存在差异。如果从公平性角度出发，使每一个服务消费者享受教育服务的机会均等，即按照公共产品方式进行配置，则会降低高等教育的效率。效率与公平之间的矛盾只能依靠政府来调解，通过制定相关政策来引导，在高等教育产品的供给上采取政府和私人共同承担的方式。

第二，高等教育产品兼具公益性和商品性。

公共经济学将服务分为两类，分别是公益性服务和商品性服务。所谓公益性服务是指服务应满足全社会整体利益的需要，而商品性服务是主要针对个体提供利益性服务，但是也会间接对社会产生影响。高等教育服务同时具备了公益性和商品性，但是对于国家而言，高等教育的公益性是需要优先考虑的，在服务全社会整体利益的基础上，满足个体利益要求。高等教育为社会培养输送各类人才，从而促进国民经济发展，而个人接受高等教育则可实现个人人力资本的提升。

第三，高等教育产品兼具生产性和消费性。

高等教育服务通过教学、科研、管理及其他活动形式进行"生产"，在此过程中，需要有教学、教辅等高质量劳动力的投入，同时，还需要大量的资金和财物的投入，从而"生产"出满足社会经济发展

---

① 马克思：《资本论》第1卷，人民出版社1975年版，第182页。

需要的"产品",即人才。高等教育的生产过程同其他生产行业类似,兼具生产性和消费性。

(二) 高等教育资源的稀缺性

"资源"泛指社会财富的源泉,"教育资源"是人类社会资源之一。教育资源包括在长期的文明进化和教育实践中所创造积累的教育知识、教育经验、教育技能、教育资产、教育费用、教育制度、教育品牌、教育人格、教育理念、教育设施以及教育领域内外人际关系的总和。[①] 教育资源是学校谋求发展的基础。具体来讲,高校教育资源包括教育师资、教育设施、教育资产以及高校本身具有的无形资产。其中教育师资是关键,教育设施是基础,教育投资是保障,随着大学历史积淀的不断深厚,大学品牌的市场价值、社会价值往往也随之不断提升。高校本身所含有的无形资产将呈现出越来越高的价值,它是教育资源的重要组成部分。

高等教育资源具有稀缺性的特征。这种稀缺性包含两个方面:一方面是高等教育本身的稀缺,即学校数量的有限性难以满足适龄的、有欲望的全部个体想接受高等教育的愿望;另一方面,教育师资和教育经费的短缺也造成了教育资源的稀缺。

(三) 高等教育服务的市场化运作

高等教育市场化是旨在改变政府垄断高等教育的传统管理模式,引入市场机制,加大高校的自主权,以强化高等教育的效率观念,充分发挥高等教育在社会发展中的作用。市场机制的特征内涵是有效引入价格制度和竞争机制;高等院校的自主权主要涉及高校的一些内部活动及一些必要的外部交往活动,包括教学、科研、人事、财务、基建、招生、对外交流等方面的自主权。值得注意的是,高等教育市场化不是纯粹的市场化,高等教育市场化的本质是引进市场机制使高校的办学和管理具有某种程度的市场特征,引入市场机制有"度"的要求。此外,在强调高校自主权的同时,政府对于高等教育的宏观调控

---

① 百度百科 http://baike.baidu.com/.

作用是不可忽视的。目前，高等教育市场化运作在我国的发展，主要表现为四个方面。

第一，多样化的办学体制和教育服务。国家不再是计划经济体制下的教育服务垄断者，当然作为高等教育的主要提供者的地位没有改变。自20世纪80年代中期实行管理权下放政策以来，我国已经出现了各种类型的大学，尤其是由非政府部门开办的大学。办学体制已由过去的"国家直接计划及政府直接管理"变为"公办与民办并立"。

第二，多元化的教育资金来源。我国高等教育经费的筹措渠道不断扩大，经费来源主要包括财政拨款、社会团体和公民个人对教育的投资。

第三，激烈的高校竞争。高校之间为了争取各类经费和各种立项，争取优秀生源和师资，争取专业建设和学科建设的比较优势，在教育资源、教育质量、学生录取、师资聘任等方面展开了竞争。政府为了提高资源的利用效率和提升大学质量，也通过一系列评估手段及奖惩措施激励大学之间展开各种形式的竞争。

第四，传统人事制度的改革。近些年来，我国高校开始实行人事制度改革，在教师聘用过程中引进竞争机制，通过公开招聘、岗位聘任等方式聘用教师，在吸引人才方面，甚至采用非常规手段，其力度之大前所未有。高校教师自由流动的机制也开始逐步确立。

高等教育市场化在很大程度上增强了高校与社会的联系，大学提供的教育服务和科研成果更能符合社会需求，充分发挥了高校促进社会发展的积极作用。

首先，高等教育市场化会使得高等教育对社会需求的反应和适应更为敏感、快捷。当市场上对某种人才的需求发生变化时，高等院校和个人便会跟随这种变化按照自身利益，及时调整自身活动，以在市场竞争中求得生存和发展。

其次，高等教育市场化促使大学之间进一步分层、分化，使大学体系更加多样、丰富多彩，从而满足社会对不同人才的需求。公平竞争、优胜劣汰作为市场经济的基本法则,同样也影响和规范着高等教育市场化的行为。

再次,高等教育市场化的大学更加贴近社会,贴近市场。在现代市场经济社会,高等教育崇尚真理、追求学问的基本精神没有改变,但是大学的发展已经与社会发展紧密联系在一起,大学必须在充满竞争的市场环境中学会生存与发展。大学通过课程改革、人才培养模式改革和招生、就业模式改革等,提高自身的办学效率,为社会输送优秀的人才。

最后,市场化的高等教育的价值创造易于得到社会的认可。由于高等院校具有创造新知识、新价值的能力,具有在市场上与其他商品交换其使用价值的功能,才使得在当今社会形成了尊重知识、尊重人才、重视高等教育的风气,并使越来越多的有识之士和社会机构愿意投资高等教育。

美国高等教育已经建立起相对成熟的市场化运行模式。他们的许多做法值得认真研究,像高校发展的多样化和投资的多元化,政府间接管理下的学校内部运行机制,有关教师的聘任、评估和考核方式,实践性教学和服务社会以及社区学院的办学功能等等,对我国社会主义市场经济体制下的高校改革,具有重要的启发和借鉴意义。

二 大学法人资产的多元形态及属性特征

高校不同于政府,更不是企业,是以实现社会效益为宗旨的非营利组织。高校国有资产主要包括高校接收的国家各级财政拨款、上级主管单位的补助、高校自身采取各种投资方式所取得的资产,以及高校接收的其他可以定性为国家所有的资产。[1] 高校国有资产是高校赖以生存和发展的物质基础,是高校进行教学、科研、人才培养、社会服务活动的有力保障。

高校国有资产可以分为固定资产、流动资产、无形资产和外延资

---

[1] 沈彤:《高校国有资产管理研究》,《科技信息》2011年第1期。

产等。固定资产是指一般设备在500元以上，专用设备在800元以上，使用年限在一年以上，并在使用过程中保持其原有物质形态的资产。包括房屋及建筑物、专用设备、一般设备、文物和陈列品、图书资料、其他校属固定资产。2014年1月1日施行的《高等学校财务制度》第42条规定：高校"固定资产是指使用期限超过一年，单位价值在1000元以上（其中专用设备价值在1500元以上）的资产，单位价值虽未达到规定标准，但是耐用时间在一年以上的大批同类物资，作为固定资产管理。"根据新的《高等学校财务制度》，"高等学校固定资产分为六类：房屋及构筑物；未用设备；通用设备；文物及陈列品；图书、档案；家具、用具、装具及动植物。"高校的流动资产是指可以在一年内变现或者耗用的资产，包括货币资金、存货、应收及暂付款、借出款等。无形资产是指不具有实物形态、能在社会经济活动中持续发挥作用并能为持有者提供较为稳定和超过同行业一般收益的经济资源，具有无形性、资源性、高效性、长期性、不确定性等特点，比如校名、校徽等。外延资产是指高校以货币、仪器设备等形式，向学校以外地区投入后所转化形成的财物收益。高校对外延资产的投入与管理，应以投资回报为目的，紧紧围绕投资项目的直接目标、盈利能力、回收能力、偿还能力来进行，应尽可能地回收投资、提高效益，用以进一步推动高校教育事业的可持续发展。

对于公立高校资产的另一种常见分类方式是把高校资产分为非经营性国有资产和经营性国有资产。

（一）大学的非经营性资产

公立高校属于事业单位，高校的非经营性国有资产是指由国家所有，但使用权归高校，主要用于从事教学、科研活动的各种财产资源的总和。经营性资产最显著的特点就是这部分资产是具有非营利性质的，其不能为高校直接创造收益，但是，高校作为事业单位，与行政单位相比，国有资产来源的限制性较低，渠道更为广泛，政府也鼓励企业及个人对高校进行资助。而且，随着高校规模及产业化的快速发展，越来越多的非经营性国有资产被用于经营用途，这说明高校非经营性国有资产具有相对性及双重性的特点。① 同时，这部分资产归国家所有，因此是国有产权，具有先天的产权不明晰的缺陷。

高校非经营性资产按是否具有实物形态可以分为有形资产和无形资产。有形资产是指具有实物形态的高校非经营性国有资产，例如土地、教学楼、实验室、仪器设备、办公设备、教学设备、图书、文物等等。无形资产是指各项科研成果（例如专利、专有技术、商标权等）、学校的影响力等不具备实物形态的，由高校所支配的非经营性国有资产。由于高校是传授、创造知识的地方，科学知识密集，创造出来的许多科研成果具有较高的理论及实践价值，因此高校对于无形资产的保护就显得极为重要，而这也是当前高校非经营性国有资产管理中常常被人们忽视的问题。

（二）大学的经营性资产

经营性资产是在生产和流通中能够为社会提供商品或劳务的资产。其使用单位一般是具有法人地位的企业，其运营往往以追求经济效益为原则。从会计的角度看，所谓经营性资产，主要指企业因营利目的而持有且实际也具有盈利能力的资产。②

高校的经营性资产是指高校按照国家有关规定，在保证完成本单位的教学、科研等正常工作前提下，以投资、入股、出租、出借等形式从事产品生产、商品流通和经营服务等活动，以营利为主要目的的资产。高校经营性资产主要有以下几种形式：（1）利用非经营性资产通过资产评估转作经营性资产，以此作为初始资本进行投资、入股、合资、合作、联营或者兴办具有法人资格的经济实体，按照追求利润最大化的市场经济规则进行运作。（2）高校作为高新技术的重要创造者和拥有者，为使技术成果尽快转化为现实生产力，取得较好的经济效益，高校按照科技改革工作的价值取向形成一批拥有高新技术企业和以技术转让、咨询、培训、服务为主要内容的知识型第三产业。

---

① 吴红卫：《非经营性国有资产管理研究》，法律出版社2010年版，第212—213页。
② 百度百科 http://baike.baidu.com。

（3）高校将闲置资产和精度降低的资产依照法定程序，采用协议形式对外出租、出借给法人企业、其他经济组织或个人，收取租金。（4）高校利用学校资源为法人企业、其他经济组织提供技术服务的合作式资产。（5）高校内部单位从事经营盈利活动的资产。①

高校在保证学校工作正常进行的前提下，积极参与国家经济建设，将部分国有资产用于生产经营活动，并获得一定的资本收益，可以在一定程度上解决高校教育经费不足的问题，改善学校办学条件，增强学校自我发展能力。这在支持学校改革、改善教学和科研条件等方面，起了很大作用。

（三）高校资产的特点

高校资产具有一般资产的共性特点，例如可以用货币计量、有所有权和使用权特征、有资产形态等，除此之外，高校资产还具有三个明显的个性特点。

一是高校的资产主要是非经营性资产。

高校的主体事业活动是教学和科研，凡在服务教学、科研活动过程中所占用的资产均属于非经营性资产，这些资产并不为学校带来直接的经济效益，但在高校总资产中却占有相当大比例。高校的资产主要服务于人才培养和科学研究，其配置和利用的目的在于培养出更多更好的满足社会需要的合格人才，以及研发出适应经济社会发展的科技成果。但是近些年，高校的经营性资产规模不断扩大，这在很大程度上弥补了科研经费短缺问题，对高校发展产生了积极和重要的影响。提高经营性资产管理水平，可避免高校的国有资产流失，充分发挥经营性资产对高校发展的促进作用。

二是高校资产基本上是无偿获得的。

学校的各类资产的获取方式主要包括国家（地方）拨款、事业收入以及社会捐赠等形式。毫无疑问，国家的财政拨款是无偿获得的，事业收入主要是由政府核准收取用于办学的，因此基本也是无偿的，

---

① 接志波：《当前高校经营性资产管理工作存在的问题及对策》，《科技风》2008年第9期。

社会捐赠更是无偿获得。

三是高校资产的处置和核算方法有所不同。

高校资产以获得时的价值计入资产总额，在核算上只采用账面价值，只要该项资产仍处于使用之中，这种账面价值就不会被改变。新《高等学校财务制度》出台前，学校的资产没有折旧和补偿的概念，也没有使用相应的管理方法。新《高等学校财务制度》出台后，提出要对固定资产计提折旧，并设置"累计折旧"科目，但在如何确定高校固定资产折旧基数问题上，目前矛盾还非常突出。①

高校的资产经营就是将高校可以支配的非经营性资产的一部分转化为经营性资产，用于投资、经营活动，从而获得一定盈利的行为。简单来说，就是高校将具有投资功能、增值能力的资产剥离出来进行经营。在资产经营过程中，首先要注重价值形态的管理，价值收益对于高校资产经营的意义远远超过单纯追求利润的最大化。高校的资产经营要求最大限度地支配和使用资产，注重投资和经营的实效性和保全性，不仅要进行内部资源的组合优化，还要利用一切市场和非市场因素、环境因素等来达到优化配置、合理经营，并促进非经营性资产的合理配置和使用的目标。同时，要重视资产的流动性，选择流动性强的资产以便降低投资风险。以此为出发点，旨在充分利用闲置资产，盘活存量资产。

三 公立高校法人资产的产权

（一）相关概念的界定

1. 产权

产权是经济所有制关系的法律表现形式。它包括财产的所有权、占有权、支配权、使用权、收益权和处置权。产权具有排他性。相应的高等学校的产权就是高等学校的财产所有权，以及由此产生的财产占有权、使用权、收益权和处分权等排他性的权利。

---

① 龚涛：《论高校经营性资产的经营管理机制》，《中国高校科技与产业化》2008年第Z1期。

2. 公立高校产权

公立高校（Public Colleges and Universities）是指国家政府或地方政府资助创立维持的大学，与其相对应的是民间资本为主的私立大学。公立高校强调投资人是国家、地方政府或代表国家实现某种职能的国有组织，是传统意义上的大学组织形式。公立高校是从事高等学历教育，以教学、科学研究和社会服务为职能的公益性法人组织。从制度经济学的角度看，公立高校是一种国有产权的高等教育实体，国家承担投资风险（人才培养质量、科研成果产出、就业状况等），享有投资收益（人才供给、技术创新、科研成果转化等）。

公立高校产权是指公立高校主体对于高校教育财产所拥有的各种权利及义务的统称，其产权结构是由产权主体、产权客体和产权主客体之间所形成的产权关系构成。

3. 公立高校产权的归属

公立高校的产权归属分为两个方面，其中高校的财产所有权归国家，而由此派生的管理权、使用权、收益权、转让权、安全权以及与学校财产相关的招生权、人事权、办事权等归高等学校。正是高校产权归属的这一特点，才使高校的某些办学自主权得以实现和体现。

4. 公立高校产权效率

（1）产权残缺导致低效率

产权包括财产的所有权、占有权、支配权、使用权、收益权和处置权。在企业产权中，剩余资产的索取权是企业激励机制的主要体现。然而在公立高校产权中，资产所有权归属于政府，资产使用权和支配权归高校，但是高校没有剩余索取权，这就构成了产权缺失，加之高等教育的非营利性，缺乏激励机制的高校运营必然低效率。

（2）产权模糊导致低效率

《教育法》中对政府和学校的产权关系界定为："各级人民政府及其教育行政部门应当加强对学校及其他教育机构教育经费的监督管理，提高教育投资收益。"可见，这种关系界定只是原则性的，而各地方政府的具体规定却具有较大的变动性，从而造成政府与学校间权责不清。学校产权的不明晰,导致了我国高校交易成本偏高,并使学校在运营和管理过程中不可避免地出现低效率的情况。政府与学校之间权责分离,权责不清,这就出现了一个难以回避的问题,享受权利的人可以不承担后果,但是承担责任的一方(通常是学校)则往往难以拥有应有的权利。由此高校缺乏提高办学效率的动力。

(二)法人产权是现代大学制度的核心内容

随着《国家中长期教育改革和发展规划纲要》的颁布实施,建立现代大学制度被正式提上日程。2010年12月国务院办公厅印发了《关于开展国家教育体制改革试点的通知》,明确提出从专项改革、重点领域综合改革和省级政府教育统筹综合改革三个层面,确定了改革试点的十大任务,其中很重要的一项工作就是建立现代大学制度。

高等教育有其自身的规律性,现代大学制度是在社会发展逐步依赖知识生产的历史进程中,借以促进大学高度社会化并维护大学组织健康发展的结构功能组织体系。其主旨是促进大学与社会更加密切和稳定的联系,主要内容包括平衡大学与政府间关系、完善大学与社会间关系、规范大学与大学间关系和提高大学自身管理水平等。[1] 然而,我们不能忽视的一点是,产权问题是现代大学制度的重要内容。中国改革开放30多年,学校法人财产权利是基本没有被触动的"计划经济"的最后堡垒。人们时常诟病的学校政事不分、管办不分、管评不分、法人主体地位缺失、国有资产流失严重和学校已成为政府附属物等诸多乱象的根源皆在于此。可以说产权问题是现代大学制度建设中的一个至关重要的问题,对于高校改革和我国高等教育发展来说,这个问题是解决高校管理体制、办学体制、运行机制、人才培养模式等一系列问题的根源。

现代大学制度要求高校面向社会,依法自主办学,实行科学管理。现代大学制度包含了多方面内容,是一项综合性制度,包括法人财产

---

[1] 吕长江、杜明娥:《明确学校法人财产权才能建立现代大学制度》,http://www.edu.cn/gao_ jiao_ news_ 367/20120823/t20120823_ 832749.shtml。

权利、办学体制、学校章程、社会评价机制、社会责任、管理体制、运行机制等多方面内容，而这其中，法人财产权利是基础。关于公立高校的法人财产权，学术界有诸多观点，有一种观点认为，公立高校的资产经营以取得社会效益为主，经济效益为辅，因此，公立高校不具有完全的法人财产权，对于这种观点本课题组并不赞同。学校同企业一样，在法人财产权利层面是一致的。中国高校的法人实体地位已经确立，学校作为法人主体，确认其法人财产权利是明确办学主体、理顺管理体制和运行机制的必要前提。现代大学制度不能是无源之水和无本之木，目前我国公立学校基本上实行党委领导下的校长负责制，其任命机制具有国有独资或国有控股的基本属性。如果高校法人财产权利代表者缺位就如同大树丢掉了根基，这也是迄今为止，我国大学在许多方面尚不尽如人意的重要原因之一，因为高校校长还不是真正意义上的法人代表，因而在法人代表身上所应体现出的责任和权利尚不能完整而充分的体现。

四 "大楼"与"大师"之争

（一）"大师"与"大楼"的时代内涵

"大师"与"大楼"语出清华大学第一任校长、著名教育家梅贻琦先生。他在1931年12月3日到清华大学任校长当天，在全校大会上发表的就职演说中就明确观点："大学之大，非大楼之大，乃大师之大。"

何谓"大师"？《现代汉语词典》上给"大师"的定义是：在学问或艺术上有很深造诣，为大家所尊崇的人。"大师"是国家之师、民族之师。高校中的"大师"主要是指具备深厚的理论功底和学术修养，同时以自身的文化修养和道德品格为学生树立典范，进而带动整个高校发展的人。我国为了培养高校"大师"，相继推出了"两院院士"、国家"千人计划"、"973"计划、"长江计划"、"国家级教学名师"等顶级学术人才及教书育人典范的评选方案。

"大楼"是一种形象的说法，其有广义和狭义之分。狭义的大楼是指高校各类建筑物的统称，而广义的"大楼"并不是简单的楼宇等建筑物，而是高校整个物质实力的形象概括。本课题中的"大楼"是取其广义。

（二）"大师"与"大楼"的辩证关系

从传统意义上讲，过去大学普遍规模较小，办学的硬件条件有限，"大师"的作用更重要。但是对于现代大学而言，"大楼"已成为大学发展不可缺少的要素，是大学发展的基础。与"大师"一样，"大楼"在大学发展中的作用与地位不断凸显，现已成为决定现代大学办学层次、竞争优势与发展速度的核心要素。

在有些人看来，对于高校而言，"大师"的培养过程是漫长且艰难的，而"大楼"的建成只要有充足的资金投入即可。"大师"的培养难度是"大楼"建设所无法比拟的。"大楼"建设不能与"大师"培养同等对待，不应过于在"大楼"建设上做文章。很显然，持这种观点的人认为"大师"在高校发展中的作用更重。

"大师"是高校办学水平和科研实力的重要体现，然而，现实的问题是，没有"大楼"的高校很可能引不来"大师"！没有梧桐树，难以招来金凤凰！"大楼"是"大学"的基本条件和外在表现，也是"大师"从事科学研究的必要保障，我们可以看到，世界上的一流大学不单是有一大批享誉世界的"大师"，另外，这些大学的"大楼"条件在世界上也是屈指可数的。

对于现代大学而言，"大楼"和"大师"是同等重要的。只有"大楼"没有"大师"，大楼就是一堆空壳，大学也不可能有巨大的发展；而没有"大楼"的大学不可能为"大师"提供各类研究的物质条件，因此，也吸引不来所需的"大师"。两者相辅相成，缺一不可。

作为世界排名第26位的香港大学，如何在短短的20年发展成为世界一流大学？港大校长徐立之先生回答了这个问题。一个学校有三件事情互相有关：第一是老师的国际名气、教学态度；第二是学生的质量；第三是大学的设备。有好的设备可以吸引好的学生，有好的学生可以吸引好的老师，有好的老师可以促进增加好的设备，这是一个良性循环，互相吸引。学校的知名度和国际排名也是看这三样。我又加了一样，就是第四，社会的支持。社会人士对学校捐助，是对我们的肯定，好像告诉人家"嗯，这个学校不错，某某先生都支持"。我们筹来的钱，计划多做一些基金，用投资收入和利息去资助教授，这些教授被称为"明德教授"，因为我们的校训是"明德格物"，他们每年至少有 60 万元去做自己的研究。目前一共有 23 位"明德教授"，我们的目标是 100 位。其他做成基金的，还有奖学金。两者的数额大致一比一。足可见"大楼"和"大师"在现代大学发展中的密切关系及重要作用。

(三)"大楼"：高等教育跨越式发展的先决条件

在高等教育跨越式发展的过程中，"大楼"的作用至关重要，它是学校进行科研及教学的载体，更是高等教育实现跨越式发展的先决条件。

关于"大楼"与"大师"的关系，曾在社会上引起了热论。有些人认为很多大学或科研机构"大楼多了，大师少了"，这种观点有失偏颇，容易被误解为，是大学的楼建多了导致大师少了，实则不然。大楼里缺失大师，是多种原因造成的，不能简单归咎于大楼建多了。

一方面，大楼是高校发展的先决条件。在大楼缺失的情况下，会对科研及教学造成严重的限制和障碍，发挥大师应有的作用更是妄谈，更不会造就越来越多的大师。加之，随着社会的快速发展，如今高校及科研机构的数量、建制、发展水平已经今非昔比，没有足够的大楼难以对之形成有力的支撑。

另一方面，大楼与大师是相辅相成、唇齿相依的关系。高校盖楼与吸引、培养大师并不是对立或者此消彼长的关系。

大楼是吸引大师、成就大师的重要因素。就吸引大师而言，大楼是学校实力的象征，如果没有适量的大楼，所谓"良禽择木而栖"，吸引大师又何从谈起?! 当然，建设大楼必须有度，量体裁衣，杜绝浪费、奢靡之风。"山不在高，有仙则灵"，应将重点放在大师的吸引及培养方面。在大师的培养和造就方面，大楼的作用也至关重要。随着社会的发展，物质条件不断改善，科研的方法和手段也在与时俱进，这就更需要适量的大楼做其载体，与之匹配，才能使科研日益精进。当年著名的数学家陈景润是在6平方米的斗室里进行"1+2"的科学研究的，设想如果当时能提供给他更大的科研空间和相应的科研设备，其哥德巴赫猜想的科研效率则可能会显著提升，其在数学领域里的突破可能会更多，甚至可能成为全球范围内的超级数学大师。鉴于此，越来越多的成功人士深谙其道，频行善举，资助学校建设大楼，改善学校的教学科研条件，而部分学校在获赠后则冠其名以谢之。

再者，大师的成就也会彰显大楼的光环。功成名就的大师越多，会愈加凸显大楼的重要地位，使大楼的存在更有意义，两者相得益彰、相互促进。

(四)"大楼"建设：现代大学发展水平的重要标志

1. 大学排名的重要指标

QS世界大学排名与泰晤士高等教育世界大学排名是全球目前公认的最具影响力的全球性大学排名。

(1) 泰晤士高等教育世界大学排名

泰晤士高等教育世界大学排名主要依据五大指标和十三个观测点。五大指标分别为教学、研究、论文引用、国际化程度和企业经费。其中，教学包含：教学声誉调查（占比15%）、师生比（占比4.5%）、博士学位——学士学位授予比（占比2.25%）、学科门类齐全度（占比6%）、师均学校收入（占比2.25%），合计占比30%，教学指标的设置主要是考察一所学校的教学水准。研究包含：学术声誉调查（占比18%）、研究经费（占比6%）、师均论文发表数（占比6%），合计占比30%，该项指标的设置旨在考察高校的整体研发实力。论文引用项下只有一个观测点，即师均论文引用量，占比30%，主要表明高校在研究领域的影响力。国际化程度指标下设三个观测点，分别为：国际教员比例（占比2.5%）、国际学生比例（占比2.5%）、开展国际间合作研究的比例（占比2.5%），合计占比7.5%，此项指标主要考查高校的国际化程度，泰晤士高等教育认为国际化的程度对一所学校的发展是很有影响的。企业经费指标同样只有一个小项是创新（占比2.5%），这一指标主要考察一所学校的研究与工商业界的联系。

在一所大学的发展中，教学条件、科研条件直接决定学校的教学声誉和论文的数量与质量，从泰晤士高等教育对世界大学排名设立的指标可以清楚地看到，大学的教学、研究、论文引用，特别是"师均学校收入"以及"企业经费"这几项充分说明了经济实力在大学综合排名中的重要地位。现代大学发展水平的高低与"大楼"密不可分。

（2）QS世界大学排名

QS世界大学排名为QS（Quacquarelli Symonds）组织所发表的年度世界大学排名。排名包括主要的世界大学综合排名及学科排名，目前新增了独立的地区性排名，即从2009年开始发表的QS亚洲大学排名、2011年的QS拉丁美洲大学排名以及2013年的QS金砖五国大学排名。QS开始是和泰晤士高等教育组织合作，双方于2004年起每年都联合发表泰晤士高等教育—QS世界大学排名。2009年正式宣布解散，在2010年开始推出各自的排名。泰晤士修改了排名准则，而QS则继续采用固有的标准。

QS世界大学排名主要通过五个方面的指标来衡量世界大学，分别是学术领域的同行评价（Academic peer review），占比设置为40%；学生就业评价，这个指标为基于雇佣者的评价（Recruiter review），占比为10%；教师/学生比例（Faculty student ratio），占比20%；单位教职的引用率（Citations per faculty），占比20%；国际教师和国际学生占总教师、总学生数的比例（International orientation），占比10%，总计100%。

分析QS世界大学排名的指标，虽然指标表面上与大学的经济实力无关，但深入分析后我们不难发现，如前文所述，大学教师的教学及科研水平是与高校的"大楼"建设直接相关的，如果没有"大楼"保障，教师的科研学术活动很难开展，更难于吸引国际教师和国际学生的加入。

2. 全国高校评估的重要指标

我国自1985年颁布《关于开展高等工程教育评估研究和试点工作的通知》起，全国逐渐开始启动高等院校办学水平、专业、课程的评估试点工作。1990年，国家教委颁布了《普通高等学校教育评估暂行规定》，这是中国第一部关于高等教育评估的法规，该《规定》就高等教育评估性质、目的、任务、指导思想、基本形式等做了明确规定。具体的评估形式可以分为三个阶段。

（1）合格评估

1994年，我国开始有组织地对高等院校的本科教学开展合格评估。顾名思义，即对高校的基本办学水平进行评估，主要是针对1976年以后建立的、发展基础相对薄弱的学校，开展评估的目的是帮助目标高校明确办学思想、加强教学建设，并提高教育教学水平。

（2）优秀评估

优秀评估开始于1996年，主要针对100所左右本科教育历史较长、基础较好、工作水平较高的高校。优秀评估主要目的是促进这类学校深化教育教学改革，提高办校特色，目标高校由国家教委根据学校申请确定。

（3）随机性水平评估

随机性水平评估开始于1999年，主要是针对介于上述两类学校之间的普通院校，目标高校由教育部随机抽取确定。

2002年，教育部将合格评估、优秀评估和随机性水平评估三种方案合并为一个方案，即现行的《普通高等学校本科教学工作水平评估方案》。普通高等学校本科教学工作水平评估的结论分为优秀、良好、合格和不合格四种。2003年，教育部在《2003—2007年教育振兴行动计划》中明确提出实行"五年一轮"的普通高等学校教学工作水平评估制度。"五年一轮"的评估制度标志着中国高等教育的教学评估工作开始走向规范化、科学化、制度化和专业化的发展阶段。

2012年，教育部初印发了《普通高等学校本科教学工作合格评估指标体系》，该指标体系中一共设立了7个一级指标和20个二级指标。

"教学条件与利用"属于一级指标,在其下面分别设立了"教学基本设施"和"经费投入"两个二级指标,同时,在"教学基本设施"项下又设置了三个观测点。主要包括实验室、实习场所建设与利用;图书资料和校园网建设与利用;校舍、运动场所、活动场所及设施建设与利用。在"经费投入"项下设置了教学经费投入观测点,并作出了明确规定。教学日常运行支出占经常性预算内教育事业费拨款与学费收入之和的比例应大于13%,生均年教学日常运行支出应多于1200元人民币,两项数据应依据教育事业经费的增值而提高。

毋庸多言,从这两项一级指标的设立上就充分证明了"大楼"建设在现代大学发展中的重要地位,之所以设立这两项指标也体现出了"大楼"建设是现代大学发展水平的重要标志。

亲历者访谈

访谈者:胡书记,您好!请问沈阳师范学院当年为什么要进行校园置换?

胡书记:起源是这样的,我原来在省教育厅工作,之后是我自己要求下到学校去的,当时有两个学校可以选择,一个是辽师大,另一个就是我们沈师。我选择了沈师,因为我爱人在沈阳工作。到学校的时候是95年,到学校以后,看到学校面积太小,不像个大学,操场、宿舍都很小、简陋,它原来是一个中学的校址,沈师最早的校址在现在的辽宁中医药大学,后来"文革"备战备荒,要求高校迁到三线去,怕苏联打过来高校都破坏了。当时就选择了沈师到朝阳一个山沟里头去建校了,建校都是平房,这个校园就给别人了。"文化大革命"以后,这些老师认为这里交通不便,不利于人员交流,招聘一些高级人员也都不愿意去,所以就跟省政府打报告要求搬回。但是原来的校园没了,所以就给了一个中学的校园。这样呢就挺小,不到一百亩地,我到了以后就看了,就觉得不像个大学,但当时我还没决定建新校,后来有些同志提出来这个问题，特别是你们现在的于书记，他就建议换地方，正好他的提议也符合我的思想。于是，我就对他的建议比较积极，他当时就设想把北面的宿舍区先动迁了，卖了，然后到外面买地。

访谈者：打断一下胡书记，那时候学校可以自己卖土地吗？

胡书记：不行。当时我们就是这样想啊，因为想跟政府借钱是不太可能的。想把北面的地卖掉，但是后来一想不行啊，这样一来学生上课或者住宿就会成问题，于是就放弃了这个想法，最后决定全部搬迁，利用级差地租原理，城里的地比农村贵多了，这样呢，把它卖掉，可以买更大的。最后大家就都形成了这样的思路，学校党委就研究决定了这个事情。

访谈者：那这个事情政府同意吗？

胡书记：这样以后，我们当时跟管文教的副省长就提出来这个想法，他来我们学校，我们汇报工作的时候，由于我的年龄比较大了，五六年就要退休了，所以一般我都让另一位年轻领导汇报工作。后来他就把学校工作汇报给了文教副省长，当时文教副省长就一把拍死了我们的想法，说现在就是内涵发展，不搞扩大外延，直接否决了我们的想法。

访谈者：当时有先例吗？

胡书记：没有先例。但是形势所逼我们提了这个想法，但是一下就拍死了，当时全国都没有换建。后来开党委会，大伙都犹豫不决，我说了一句话，我说这事，我们偷偷地干，不告诉上级，办成了就好，如果办不成出了问题就都往我身上推，反正我要退休了，实在不行就回家呗，但是你们都年轻还有前途呢。当时我就这样说了，之后大伙都同意了。但当开始实施的时候就遇到了很多困难，当时教育厅也知道了。刚开始我们找了很多开发商，所有开发商的意见就是说我们必须把北面腾出来，我们先开发，然后在北面出钱买地。因为我们资金周转困难，我们开发了以后把宿舍建起来卖了就有钱了啊，好多开发商，找了一年的时间都是这个意见。

访谈者：我们是什么方式找呢？是招标还是其他方式？

胡书记：不能公开啊，他们都来我们沈师谈。后来我们考虑政府那边不同意，如果办不成的话，一边是宿舍，一边是工地，这样一来就没办法上课了。施工的话上课会受影响，办不成的话就会暴露，就更成问题了，政府也会出面，那时我们就不好办了。后来就开始决定要换就整个都换，而且当时党委研究决定，那边必须房子建好了，这边我们才能把房子给腾出了给你们开发，就这样我们有了这个思路了。后来就有一个开发商同意了，找到我们，我们看了一下对方的资产总额是一亿多，就合作签协议了。到这为止政府都不知道。后来就到了我们现在学校附近开始买地，我的意见就是再往北一点，因为便宜。但是当时大伙不同意，觉得太远了，好像又走回农村一样，之后就决定在现在这个地方谈，最后同意了。地价就是两万多三万一亩，现在的话一百万都买不来，办完手续交完各种费用还不到四万一亩。当时我们就买了不到一千一百七八十亩，然后开发商就开建了。

访谈者：投资的这家公司当时不知道政府是不知道的吗？

胡书记：他们不知道。

访谈者：他们如果知道的话也不敢做这个事情啊，也没想到我们沈师胆子这么大呢！

胡书记：他们知道就肯定不敢干啊，还有就是我本身就属于做工作不按常规办事啊。因为我原来在中学，那个中学就是给学生布置作业很多，做不完，当时我去了以后，就实施了一个措施，就是高三这一年休四次假，包括寒假，一次放一个礼拜到两个礼拜，并且布置作业要经过我，当时我是校长，那个时候布置作业是需要油印的，学校有油印机。有一个当时全省有名的特级教师就找到我，说这样做升学率下降的话问我是否能付得起这个责任。后来我说，我是校长啊，是否决定怎样做都是我需要负责的啊。由于作业少了，学生有看书消化的时间了，第二年的升学率是百分之百。这样以后，我在沈阳就全省闻名了，再加上我原来就是培养的后备干部，所以一下就上去了，调到大学了。所以我就是不按常规办事，就是需要实事求是，到沈师以后不也是这样。投资公司需要买地，需要他们建好我们才会搬家，所以就没有风险了。后来我们还成立了一个基建小组，有专门的人负责。

访谈者：是哪一年买的地？

胡书记：1996年前后。2000年秋天快入冬的时候建好了。我们就验收了。开始建起了的时候政府就肯定知道了，一施工就知道了。但是当时政府还是不同意，但当时的计委就同意，就是现在的发改委，教育厅不同意，后来文教省长上施工现场看了以后也同意。后来我们也贷了一点款，卖地的钱不够。

访谈者：建设教学楼的资金都是投资公司出的吗？

胡书记：嗯，都是他们拿的。就是中间的这一圈都是，博文楼、汇文楼、信息技术都包括。北面和南面的宿舍都是那时候建的，南面宿舍当时是招标的，北面也是招标的，又建了食堂，北面南面都建了食堂，又建了一个留学生食堂、教工食堂，这样学生就可以自己选择了，也避免了食堂的垄断，哄抬菜价。然后在还没建好的时候，记者要来采访，但是教育厅不允许。

访谈者：当时进行校园置换的主要阻力来自哪里呢？

胡书记：第一个阻力是上面，不准扩大外延，不准换建，全国都没有先例。第二个就是下面的老师不同意，老师都是朝阳的农村山沟搬过来的，现在看我们师大很繁华的样子，其实那时候就是农村，所以那些老师就觉得从农村又到了农村，反对的呼声相当激烈。于是他们就找到了院长，院长大多数都是老教师的学生，这就是阻力。后来发展到部分老师在原住址不肯搬家，在这过程当中他们就写信上告到了国务院副总理李岚清那里。告到那里以后，听说有批示，然后我说你们就实事求是地写一下我们换建是怎么回事，写完以后，李岚清什么都没有回复，这个事情也就过去了。后来我们建成那一年2000年秋天就搬过来了，我待了一年到2001年就退休了。后来李岚清到辽宁视察的时候特意到了我们学校看了，当时的教育部长陈至立也跟着去了，大约2001年春天的时候，对我们大加赞扬。教育部长回去以后在全国推广沈师换建的事情，在一次中央党校的会上还让我们的代表介绍了我们学校的换建。

访谈者：当时为什么其他学校都没有考虑换建呢？

胡书记：那是因为他们校园还过得去，不像我们这么小，再就是上面不同意，他们不敢干。但是沈师如果不这样做的话就需要和其他学校合并，哪有这么小的大学，除非你是尖子大学，但我们也不是名牌大学。

访谈者：胡书记您觉得沈师校园置换可以总结出哪些经验呢？

胡书记：第一个需要实事求是，不要因为上面的阻力就停滞；第二个就是领导必须把事业放到第一位，有胆量去创新。

访谈者：目前很多高校的债务负担都比较严重，每年需要还贷款，金额也不小，针对这个问题您还有什么新思路吗？

胡书记：这个思路啊，还需要跟政府说，因为这学校是政府国家的，政府需要还贷款。按比例来还，按学生容纳比例来还。

访谈者：好的，谢谢您。

（受访者为沈师原党委书记　胡国有）

第四章 市场经济条件下大学资产经营的理念与实践

——以沈阳师范大学为例

第一节 大学跨越式发展与"资源瓶颈"的尖锐矛盾

一 现代大学的经费来源

优秀的科研人才队伍、宽松的学术环境和充裕的科研经费是一所研究型大学不断发展与创新的基本保证。世界知名大学的发展史告诉我们,充足的经费是高校飞速发展的根本保证。大学如何扩大自身的经费来源俨然成为决定大学发展速度的重要条件。

20世纪80年代以前,中国的普通高校依据高等教育投资体制的不同可以分为三类。第一类是由国家教育委员会直接领导的全国重点院校。这类院校在经费来源和财务管理方面都直接隶属于国家教育委员会。第二类是由中央其他部委所领导的"部属院校",这类院校在经费来源和财务管理方面都隶属于中央的有关部门。第三类是由各个省、市、自治区领导的地方院校。地方院校主要是由省一级教育管理部门领导的,其中也包括少数的由地区一级或县一级教育主管部门领导的院校。这类院校在经费来源和管理方面都隶属于省或省以下的地方政府。

中国普通高等院校的经费来源主要包括三个方面。

(一) 国家财政拨款

国家财政拨款是高校经费的主要来源，占高校总资产的 80% 以上。1980 年，我国财政体制由原来的中央集权式财政体制转变为中央与地方分级负责制。与此同时，高等教育经费的投入一改往日的统一计划下达形式。国家财政拨款分为两个层次：中央财政负责国家教育部以及其他部委所属高等院校的经费；省级财政负责地方高等院校的经费，这种放权充分调动了地方政府的积极性，地方政府可以根据本地区的实际情况分配教育拨款，调整高等教育结构，从而更好地促进高等教育的发展，服务本地区经济建设。

另外，在财政拨款中，专项经费一直是各高校努力争取的焦点。专项经费主要是指 211 工程专项资金、985 工程专项资金和《国家中长期科学和技术发展规划纲要》确定的 16 项重大专项资金等。国家对于各个高校专项经费投入极端不均衡，高校之间差距较大。特别是目前，在实施各类"工程""计划""项目"的背景下，"马太效应"日益凸显，高校之间经费差距愈来愈大。以 1998 年为例，据权威统计，该年度我国对于高校的投资占到全国财政性投资总额的 20%，接近 400 亿元，如果按当年 1100 所公立高校进行分配，则平均每所高校获得 3600 万元。但现实却是大量资金被教育部直属高校获得，仅清华大学和北京大学两所高校获得的国家教育投资就几乎占到总额的二十分之一。

目前国家财政预算内拨款仍是大部分高等学校经费的主要来源，大约占到整个高校资金来源的 50% 以上。不过，一些综合实力较强的高校，比如北京师范大学，近年来预算外经费来源越来越多，财政性资金占比呈现下降趋势，目前仅占到所有资金来源的 30% 左右。与部属、省属高校相比较，省市共管高校的政府财政投入增长缓慢，拨款总量明显不足。

虽然国家不断提出要大力发展公共教育，并在 1992 年国务院的常务会议上曾提出：到 2000 年我国的公共教育经费占国内生产总值的比例应达到 4%。查阅历年教育部、国家统计局、财政部关于全国教育经费执行情况统计公告，我们发现，2000年我国教育经费仅占国内生产总值的2.87%，此后有所上升，但2004年又开始下降，自2006年起回调至3%以上，经过小幅上涨后，2011年教育经费占国内生产总值的比例仍然没有达到4%，仅为3.93%，此比例远远不及发达国家，甚至比不上印度和巴西。教育投入由中央财政和地方财政按比例共同负担，地方政府往往由于片面追求经济增长，而没有按规定完成教育投入，形成了教育投入缺口。政府教育投入的严重不足，使得高校自谋"出路"，催生了乱收费现象，给许多学生和家长带来了沉重的负担。

表4-1　　　　　1997—2012年全国教育经费执行情况

年份	全国教育经费总投入（亿元）	增长率（%）	国家财政性教育经费（亿元）	增长率（%）	国内生产总值（亿元）	国家财政性教育经费占国内生产总值比重（%）
1997	2531.73	11.91	1862.54	11.42	74772	2.49
1998	2949.06	16.48	2032.45	9.12	79553	2.55
1999	3349.04	13.56	2287.18	12.53	81911	2.79
2000	3849.08	14.93	2562.61	12.04	89404	2.87
2001	4637.66	20.49	3057.01	19.29	95933	3.19
2002	5480.03	18.16	3491.40	14.21	102387	3.41
2003	6208.27	13.29	3850.62	10.29	117252	3.28
2004	7242.60	16.66	4465.86	15.98	159878	2.79
2005	8418.84	16.24	5161.08	15.57	183085	2.82
2006	9815.31	16.59	6348.36	23.00	210871	3.01
2007	12148.07	23.77	8280.21	30.43	249530	3.32
2008	14500.74	19.37	10449.63	26.20	300670	3.48
2009	16502.71	13.81	12231.09	17.05	340507	3.59
2010	19561.85	18.54	14670.07	19.94	401202	3.66
2011	23869.29	22.02	18586.70	26.70	472882	3.93
2012	27695.97	16.03	22236.23	19.64	5189425	4.28

数据来源：教育部、国家统计局、财政部：《关于全国教育经费执行情况统计公告》（1997—2012年），http://www.moe.gov.cn/business/htmlfiles/moe/moe_83/index.html。

续表 4-1　　　　　　1997—2012 年全国教育经费执行情况

年份	生均公共财政预算教育事业费支出（元）	增长率（%）	生均公共财政预算公用经费支出（元）	增长率（%）
1997	6522.91	9.51	2865.60	10.03
1998	6775.19	3.87	2892.65	0.94
1999	7201.24	6.29	2962.37	2.41
2000	7309.58	1.50	2921.23	-1.39
2001	6816.23	-6.75	2613.56	-10.53
2002	6177.96	-9.36	2453.47	-6.13
2003	5772.58	-6.56	2352.36	-4.12
2004	5552.50	-3.81	2298.41	-2.29
2005	5375.94	-3.18	2237.57	-2.65
2006	5868.53	9.16	2513.33	12.32
2007	6546.04	11.54	2596.77	3.32
2008	7577.71	15.76	3235.89	24.61
2009	8542.30	12.73	3802.49	17.51
2010	9589.73	12.26	4362.73	14.73
2011	13877.53	44.71	7459.51	70.98
2012	16367.21	17.94	9040.02	21.19

数据来源：教育部、国家统计局、财政部：《关于全国教育经费执行情况统计公告》（1997—2012 年），http：//www.moe.gov.cn/business/htmlfiles/moe/moe_83/index.html。

（二）学校自主创收

近些年，国家给予高等院校越来越多的自主权，高校通过开办校办产业、提供技术咨询、科研成果转化、提供社会服务以及接受捐赠等形式获得可观的经济收入。据统计，20 世纪 90 年代初，在我国高等教育经费来源中，学校自主创收收入占总收入的百分比呈不断上升趋势，由 1990 年的 12.3% 提高到 1997 年的 22.04%。而政府拨款比例呈逐年下降趋势，由 1990 年的 87.7% 下降为 1997 年的 72.81%。

近年来，随着高等教育事业的蓬勃发展，高校的科研水平不断提升。教育部科技发展中心日前公布了 2015 年高校获发明专利授权量前 50 名和至 2015 年底高校有效发明专利量榜单，浙江省有 3 所高校成功跻身全国前 50 名，其中浙江大学以 1865 项获发明专利授权全国高校第一位。哈工大和东南大学分别以1454项和1453项位居第二名和第三名。排名前10位的高校中除了清华大学、上海交通大学等985高校外，江苏大学和北京工业大学两所非985高校也分别排名第6位和第10位；在至2015年底有效发明专利量前50名高校排名中，清华大学、浙江大学和上海交通大学则位居前三位。

然而，我国高校取得的这些科研成果中，真正实现成果转化与产业化的项目却少之又少。2011年中国科技发展报告显示，中国大学科技成果转化率为15%—20%，而西方发达国家则达到60%—70%，甚至有些国家高达80%以上，对其经济、社会的发展起到了良好的促进作用。之所以出现这种反差是因为高校研究项目中基础研究比例较高，无法满足企业及市场的实际需求，某些项目缺乏配套技术，无法实施转化。近些年，我国高校一直在倡导开展产学研合作，但是成效并不明显。原因之一就是高校科研成果的评判与产业发展是脱钩的，成果转化率不计入成果考核范围，关键看的是发表论文的数量。

根据相关统计数据，我国受理发明专利申请的数量连续3年世界排名第一，中国是当之无愧的专利数量大国。然而，我国科技成果转化率还不到20%，提高专利质量迫在眉睫。要提高专利的申请、应用效率，就要实现两个转变：从学问家到发明家的转变，对发明创造、专利技术充分重视；从发明家到企业家的转变，专利发明者要充分利用优势，将科研成果推向企业和市场，转化为实际生产力。

在这方面，国外高校的做法值得我们借鉴。一些发达国家的高校建立了较为成熟的科研成果转化机制。例如，日本的一些大学建有研究管理促进组织，目的就是推动大学与科研机构、产业界、政府等合作。在美国，斯坦福大学开创了"技术许可办公室"（OTL）模式，科研人员定期与企业代表交流，了解其需求。在成果转化过程中，企业还邀请科研人员担当顾问，及时对技术进行改进。正是这种有效的对接、转化机制，使斯坦福大学近30年来的知识产权收益高达近5亿美元。

(三) 学杂费收入

政府投入和学生缴费多为"专款专用",国家对于学费的收取标准和使用有着严格的规定和标准:即国家明文规定收取的学费必须不少于25%要用于返还学生,另外不少于20%要用于弥补教学经费的不足,同时还有不少于1%的比例要用于毕业生的就业指导上。这样,最多只能剩下54%的学费可以被学校用作解决办学的资金缺口,弥补财政拨款的不足。即便是这54%学费收入的使用,也是基于学费收缴成功之上。然而,由于部分学生缴费不及时,高校学费收缴欠账问题已成为许多高校的一个老大难问题。

2007年教育部曾规定,"十一五"期间,包括高等学校在内的各级各类学校收费标准除特别规定外,一律稳定在2006年秋季水平,其学费、住宿费都不能调整。然而2013年以来,新一轮的高校学费涨价开始出现,福建、山东、湖北、贵州、天津、广西6个省区市上调了高校学费。与长期学费未变形成鲜明对比的是,高校培养成本大幅度上升。据《人民日报》报道:根据国家成本监审有关规定,山东省物价局聘请山东中宇会计师事务所等3所事务所的注册会计师参与了对山东大学等5所高校教育收费定价成本监审。监审结论显示:2010—2012年的高校生均培养成本为1.72万元,比2004—2006年的生均培养成本0.81万元提高了0.91万元,其中,财政拨款承担的成本为1.17万元,学费及学校其他收入承担成本为0.55万元。"收费10年没有变,但较之2001年,山大的教育成本约增加了2.2倍。"山东大学财务处处长刘洪渭说。[①]

2014年2月,宁夏也召开了听证会,拟对宁夏大学、北方民族大学、宁夏医科大学、宁夏师范学院4所公办普通本科院校的学费标准进行上调。为了适当拉开不同高校之间的学费标准差距,方案还提出,进入"211"工程的高校在调后标准的基础上还可上浮10%。之所以有这么多的省份要求提高高等教育学费,主要是由于即便财政对高校

---

① 潘俊强:《大学赔不起 学费涨两成》,《人民日报》2013年第2期。

投入持续增加,但仍难以满足高校发展的需要,再加上很多省份的高校学费标准多年以来一直未作系统调整,因此要求合理调整高校学费标准。

二 大学跨越式发展与突破"资源瓶颈"矛盾

1999年5月,教育部宣布大幅度扩大该年度的高等教育招生规模,并且在以后的几年持续、大规模的扩大了高等学校的招生数量。1998年我国普通高等学校招生数量为108.36万人,1999年则迅速增加到159.68万人,增加51.32万人,增长了47.36%,2000年招生人数又进一步增加到220.61万人。此后,每年均以40万以上的规模扩招,除2007年以外,2011年起扩招规模才降至20万以下。而2014年扩招规模又达到了21.57万人。

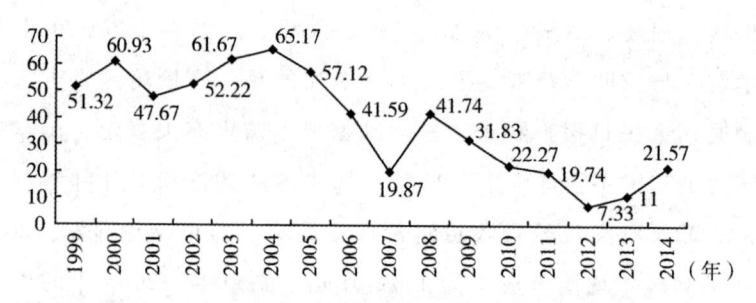

图4-1 1999—2014年全国普通高等学校扩招情况(单位:万人)

高等院校扩招带来学费收入增长的同时,更多的是给高校的教学和生活等带来了巨大的压力。高校面临的问题是,由于学生生活、学习所必须配套的硬件设施的建设速度和完善程度,以及经费收入远远跟不上扩招规模增长的速度,这使得高校有限的教学资源日趋紧张。为缓解扩招带来的校舍、教室及其他基础设施过度使用的紧张态势,扩大基本建设规模、加快基础设施建设速度成为许多高校亟须解决的问题。在财政拨款根本无法满足基建需要的状况之下,高校只好面向社会寻求新的资金来源。商业贷款成了众多高校的普遍选择。然而巨额的商业贷款也使高校背上了沉重的债务负担,在高额商业贷款利息的重压下，许多公办高校的日常运行状况已经显现困境。如何破解高校"资金瓶颈"的难题，除了前一章我们论述的土地置换之外，开展合作办学也是解决高校资金问题的一剂良方。

表 4-2　　1998—2014 年全国普通高等学校办学情况

年份	普通高等学校数量（所）	招生数量（人）	校舍建筑面积（平方米）
1998	1022	108.36 万	15400 万
1999	1071	159.68 万	N/A
2000	1041	220.61 万	N/A
2001	1225	268.28 万	N/A
2002	1396	320.50 万	N/A
2003	1552	382.17 万	N/A
2004	1731	447.34 万	N/A
2005	1792	504.46 万	N/A
2006	1867	546.05 万	N/A
2007	1908	565.92 万	N/A
2008	2263	607.66 万	N/A
2009	2305	639.49 万	71872 万
2010	2358	661.76 万	74604 万
2011	2409	681.50 万	78076 万
2012	2442	688.83 万	81060 万
2013	2491	699.83 万	84155 万
2014	2529	721.40 万	N/A

注："N/A"表示数据暂时无法获得。
数据来源：《全国教育事业发展统计公报》（1998—2014 年），http://www.moe.edu.cn/jyb_sjzl/sjzl_fztjgb/中华人民共和国教育部。

通过合作办学筹集办学经费并不是现代大学的首创。民国时期我国大学实力比较弱，高校希望与国外的大学或国内的大学、企业合作来共同分担办学经费或者获取办学经费。燕京大学于 1928 年与哈佛大学合办"哈佛—燕京学社"，获得美国霍尔基金会 640 万美元的资助，1934 年燕京大学新闻系与美国密苏里大学组建合作基金委员会，用以补助燕大新闻系的预算及维持两校交换学生费用等。东南大学因师资、资金短缺，1921 年与暨南大学合办上海商科大学，新办大学的经费由东南大学分担2/3，暨南大学分担1/3。南开大学校长张伯苓积极与天津民族资本主义企业建立联系，为创建应用学科创建条件。例如，他任天津电车公司的董事期间，促成该公司与南开合作建立电机工程系，公司为南开大学电机工程系提供实验、实习场地等。① 这些合作办学的方式至今仍有一定的借鉴意义。目前我国高校普遍采用的合作办学模式主要包括中外合作办学以及高校后勤社会化。

(一) 中外合作办学

新中国成立以来，最早的中外合作办学出现在20世纪80年代，但由于刚刚起步，经验不足，大量问题接踵而来，再加上政治因素的消极影响，几乎使中外合作办学停滞不前。

中国共产党第十四次全国代表大会在建设有中国特色社会主义理论的指导下，确定了90年代我国改革和建设的主要任务，明确提出"必须把教育摆在优先发展的战略地位，努力提高全民族的思想道德和科学文化水平，这是实现我国现代化的根本大计"。为了实现党的十四大所确定的战略任务，指导90年代乃至下世纪初教育的改革和发展，使教育更好地为社会主义现代化建设服务，1993年2月中共中央、国务院颁布了《中国教育改革和发展纲要》，《纲要》指出："必须从我国国情出发，根据统一性和多样性相结合的原则，实行多种形式办学，培养多种规格人才，走出符合我国和各地区实际的发展教育的路子。"② 对我国中外合作办学的发展起到了积极的推动作用。此后，原国家教委在对中外合作办学深入调研的基础上起草了相关的合作办学管理规定，并于1993年6月30日发布了《关于境外机构和个人来华合作办学问题的通知》，对合作办学的概念界定、意义、原则、范围、类别、主体等内容做出了相应规定。《关于境外机构和个人来华合作办学问题的通知》提出："多种形式的教育对外交流和国际合作是我国改革开放政策的一个重要组成部分。通

---

① 张善飞：《民国时期大学校长的筹资特点及启示——以南开大学、燕京大学、东南大学为例》，《医学教育探索》2007年第8期。

② 《中国教育改革和发展纲要》，《百度百科》，http://baike.baidu.com。

过接受捐资助学、合作办学等形式，有条件、有选择地引进和利用境外于我有益的管理经验、教育内容和资金，有利于我国教育事业的发展。"①

1995年1月26日原国家教委正式颁布了《中外合作办学暂行规定》。该规定是第一个对中外合作办学进行全面细致规定的政策文件，共包含五章四十三条内容。《中外合作办学暂行规定》充分肯定了中外合作办学，指出："中外合作办学是中国教育对外交流与合作的重要形式，是对中国教育事业的补充。"并对中外合作办学的设置、运行、监督做了详细规定。② 1996年1月国务院学位办又下发了《关于加强中外合作办学活动中学位授予管理的通知》，进一步规范合作办学中学位颁发等行为。

此后，中外合作办学在全国范围内迅猛发展。2001年12月，国家外国专家局印发了《社会力量和中外合作办学单位聘请外籍专业人员管理暂行办法》，对中外合作办学单位聘请外籍专业人员的工作进行了规范。2002年6月，教育部下发《关于加强中外合作办学管理的紧急通知》。该《通知》明确了过渡期的政策安排，声明"教育部已根据我国入世承诺，结合近年来中外合作办学的实践，起草上报《中外合作办学条例》（草案）"，重申"在《中外合作办学条例》颁布之前，中外合作办学仍按《暂行规定》执行"，要求"各省（市、区）教育部门对本行政区域内的中外合作办学活动进行复审，将复审合格的中外合作办学机构名单在指定时间内通过当地省级媒体向社会公布，同时报教育部备案"。

2003年9月1日，《中华人民共和国中外合作办学条例》（以下简称《条例》）正式实施，该《条例》适应了进一步扩大高等教育国际化的需要，推进了我国高等教育的改革与发展。《条例》分为"总

---

① 《关于境外机构和个人来华合作办学问题的通知》，《百度文库》，http://wenku.baidu.com。

② 《国家教育委员会关于发布〈中外合作办学暂行规定〉的通知》，http://www.fdi.gov.cn/1800000121_23_69327_0_7.html。

则"、"设立"、"组织与管理"、"教育教学"、"资产与财务"、"变更与终止"、"法律责任"和"附则"八章,共64条。《条例》明确了国家对中外合作办学实行"扩大开放、规范办学、依法管理、促进发展"的方针,同时也明确了国家重点支持和鼓励的方向、领域和层次。[①]《条例》的颁布,使我国有关中外合作办学的政策更加规范、透明,有助于外国教育机构来华进行合作办学,有利于中外双方合作办学和依法自主办学,有利于我国政府机关依法进行监督管理。该《条例》是现行最主要的专门性行政法规,它是在中外合作办学十多年发展历程的基础上,总结实践经验和教训,同时遵循国际惯例和做法,经过反复讨论和研究形成的,其出台标志着中外合作办学的相关政策法规逐步完备,中外合作办学事业进入了一个新的发展阶段。

2004年6月2日,教育部公布了《中华人民共和国中外合作办学条例实施办法》(以下简称《实施办法》),在贯彻实施《条例》的规章和规范性文件当中,《实施办法》最为重要。《实施办法》自2004年7月1日起施行,并规定原中华人民共和国国家教育委员会1995年1月26日发布的《中外合作办学暂行规定》同时废止。《实施办法》共包括六章六十三条内容,涵盖了中外合作办学机构和项目的设立、组织活动、审批、管理与监督等重要方面。《实施办法》第六条和第五十三条规定审批机关应当组织或者委托社会中介组织本着公开、公正、公平的原则,对实施学历教育的中外合作办学项目进行办学质量评估,并将评估结果向社会公布;第五十条规定实施学历教育的中外合作办学机构和项目应当通过网络、报刊等渠道,将该机构或者项目的办学层次和类别、专业设置、课程内容、招生规模、收费项目和标准等情况,每年向社会公布。

2004年8月12日,教育部发出《关于做好中外合作办学机构和

[①] 《中华人民共和国中外合作办学条例》,http://www.gov.cn/test/2005-06/29/content_10930.htm。

第四章　市场经济条件下大学资产经营的理念与实践　79

项目复核工作的通知》（以下简称《通知》）。《通知》首先肯定了改革开放以来中外合作办学取得的进展，同时强调必须"确保中外合作办学正确的办学方向，防止低水平重复，引入国外真正的优质教育资源，规范招生、收费、颁发证书等方面的制度，遏制资质不良的境外机构与国内不具备办学条件的机构的违规办学，维护正常教育秩序，保护中外合作办学者、中外合作办学机构和受教育者合法权益"，为了促进中外合作办学的健康发展，加强中外合作办学的规范管理，根据《中华人民共和国中外合作办学条例》第六十三条和《中华人民共和国中外合作办学条例实施办法》第六十二条的规定，《条例》施行前依法设立的中外合作办学机构和已经批准举办的中外合作办学项目应当补办中外合作办学许可证或中外合作办学项目批准书，并在《通知》中对中外合作办学机构和项目复核工作的原则要求和具体事项作出规定。[①]

2010年7月，《国家中长期教育改革与发展规划纲要（2010—2020年）》（以下简称《纲要》）正式颁布。《纲要》从国家总体战略出发，绘制了未来十年教育改革和发展的蓝图。《纲要》强调继续扩大教育开放，着力引进优质教育资源，"吸引境外知名学校、教育和科研机构以及企业，合作设立教育教学、实训、研究机构或项目。鼓励各级各类学校开展多种形式的国际交流与合作，办好若干所示范性中外合作学校和一批中外合作办学项目。探索多种方式利用国外优质教育资源"。在教育国际交流合作重大项目和改革试点的部署中，《纲要》提出要"支持一批示范性中外合作办学机构"。《纲要》再次明确了中外合作办学的高端定位，强调了引进优质教育资源的政策目标，首次提出"办好若干所示范性中外合作学校和一批中外合作办学项目"的要求。更为重要的是，《纲要》把"支持一批示范性中外合作办学机构"列入了重大项目和改革试点之中，这就意味着国家将为建

---

①《教育部关于做好中外合作办学机构和项目复核工作的通知》，http://www.moe.edu.cn/publicfiles/business/htmlfiles/moe/moe_325/201006/88564.html。

设示范性中外合作办学机构提供各种资源，中外合作办学开始被纳入国家教育经费扶持和资助的范围。①

据中华人民共和国教育部中外合作办学监管工作信息平台2016年3月9日最新信息公布，我国共有中外合作办学机构和项目1929个，本科以上机构为64家，本科以上中外合作办学项目894个。

（二）后勤社会化

高校后勤社会化是指将高校后勤服务纳入社会主义市场经济体制，建立由政府主导、以社会承担为主、高校选择的办学需要的市场化后勤服务体系。② 后勤社会化是非教学领域中的另一种合作办学形式，也是中国教育改革的重要组成部分。1998年后，我国高等教育开始实现从"精英教育"向大众教育转变，高校招生人数不断增加，学校后勤服务和设施建设已成为制约高校发展的瓶颈。学生的宿舍、食堂问题以及生活区设施、设备老化等问题，日益成为一些高校发展中迫切需要解决的问题。为更好地适应高校改革和发展需要，结合各个历史阶段不同的政治、经济、文化背景，高校后勤不断探索适合我国高校发展的改革之路。

1. 行政管理时期（1985年以前）

此时期处于计划经济时代，高校后勤处于行政管理体制模式，政府拨款是高校后勤经费的全部来源；后勤保障机制僵化，保障能力也很有限；后勤服务人员的整体素质普遍偏低，学历偏低，技能较差，服务水平自然捉襟见肘，难以满足高校发展的需要；后勤管理理念和制度落后，成本过大，效益偏低，没有竞争意识；受当时的社会发展水平限制，后勤投资渠道单一，也没有充足的投入，后勤基础设施设备不健全，老化现象严重；管理手段明显行政化、机械化，不计成本，不讲效益，缺乏竞争。尽管如此，此时期的高校后勤仍发挥了许多积极作用，在一定程度上保障了高校的稳定运行，培养了一批后勤服务

---

① 《国家中长期教育改革和发展规划纲要（2010—2020年）》，《人民日报》2010年7月30日。

② 王富：《中国高等学校后勤社会化研究》，天津大学出版社1996年版。

从业人员。

2. 萌芽探索时期（1985—1998年）

伴随计划经济体制改革的日益深化，高等教育取得了突飞猛进的发展，高校对后勤服务的要求自然水涨船高。而传统的高校后勤管理体制严重滞后，与高校的需求严重脱节，乏力之态日益明显。因此，高校后勤体制改革的呼声开始响起，且逐渐高涨，高校后勤改革自然被逐步提上议事日程。

1985年，出台了《中共中央关于教育体制改革的决定》，首次提出了高校后勤要社会化，此《决定》指出："高等学校后勤服务工作的改革，对于保证教育改革的顺利进行极为重要。改革的方向是实现社会化。"当时，高校后勤社会化所采取的主要措施有：一是在体制方面进行放权，打破原来的高度集权体制。各高校放权搞活的改革措施形式多样，逐步强化后勤部分自身的自主权；二是在职工管理方面灵活创新，打破原来陈旧的管理机制。原来的"一次分配定终身"的机制已暴露出很多弊端，各高校采取了各种灵活多样的变通方式，如允许业余兼职、停薪留职，这在一定程度上增加了后勤职工的收入；三是在资金来源方面主张创收，打破原来的完全依靠政府拨款的局面。各高校及其后勤部门为了尽快解困和谋求更好的发展，积极扩展资金来源，开展多种经营，努力创收，同时也采取了让利、免税等改革措施。通过上述的一些措施，高校后勤管理模式有所突破和改进，扩大了自主权，解困效果初见端倪，高校后勤具备了一定的自我发展的能力。但此时的改革更多的是借鉴企业管理方面的经验和思路，导致"双轨制"现象明显，滋生了一些新问题，对后勤服务质量的提高和高等教育的发展造成了一些不利的影响。这个时期仅是提出了社会化方向，在意识层面有所突破，指明了改革的大方向，但毕竟当时缺乏经验，也没有成型的理论体系做支撑，没能提出具体改革目标，不是很清楚如何实现社会化。当时的高校后勤社会化改革只是处于初期摸索的层面，成效有限，解决不了根本问题，只是在计划经济体制下所做出的改良性试探。于是，希望借助社会的力量来化解高校后勤矛盾，使高校后勤服务与社会第三产业之间互通有无，互补互利互惠，最终形成社会化的高校后勤服务体系。

随着我国改革开放不断深化，我国经济和社会生活的市场化、商品化程度也不断提高，经过十几年的改革与探索，1992年终于确立了建立社会主义市场经济体制的改革目标，改革是一项复杂而艰巨的社会系统工程。一方面对包括教育体制在内的各项事业管理体制进行改革，以适应社会主义市场经济建设的需要；另一方面，社会主义市场经济体制的最终形成也离不开各项与之相适应的新型管理体制的形成。在这种背景下，高校后勤社会化改革不断深化。

1993年中共中央、国务院发布的《中国教育改革和发展纲要》提出：学校的后勤工作，应通过改革逐步实现社会化。再一次明确提出高校后勤改革的目标就是社会化，并强调了深化后勤体制改革的必要性与紧迫性。但这一时期的改革，受我国宏观市场发育不完善以及人们观念落后等因素的制约，不同程度地出现了两大缺陷：一是高校后勤服务的价格难以与市场价格接轨，二是从事高校后勤服务的干部职工难以顺利分流。高校后勤提供的服务是商品，要按价付酬，这是市场经济的要求，许多高校对此还难以适应。

3. 全面发展时期（1999年至今）

从1999年开始，高校实行大规模扩招，由于长期以来高校一直由政府单一投资，高校扩招带来的资源紧缺的矛盾加剧。李岚清同志在1999年国务院召开的第一次全国高等学校后勤社会化改革工作会议上提到："我国目前的高校后勤体制，是历史上形成的，是传统计划经济体制下政府包办高等教育的产物。"长期以来，我国高校一直是维持一校一户办后勤的状态，高校后勤"小而全"，然而高校后勤并不像企业那样以营利为目的，也不能够进行专业化管理，造成了高校资源的严重浪费。1999年1月，国务院批准教育部《面向21世纪教育振兴行动计划》，对高校后勤改革提出了明确要求："加速学校后勤工作社会化改革，精简分流富余人员。高等学校招生计划的扩大要同学校后勤工作社会化挂钩。选择若干条件较好的城市组建企业化经营管理的高校后勤生活服务集团公司，从事学生公寓物业管理以及学校后勤生活服务。争取3—5年内，大部分地区实现高校后勤工作社会化。"① 1999年6月中共中央、国务院联合发出《关于深化教育改革全面推进素质教育的决定》，第一次明确了后勤社会化的首要和必要的手段就是后勤要同学校行政实行整体分离。在1999年6月15日第三次全国教育工作会议上，朱镕基总理又提出了"要把后勤从学校剥离出来，实行后勤服务社会化，鼓励社会力量为学校提供后勤服务"。

1999年11月上海全国高校后勤社会化改革工作会议的召开，标志着我国高校后勤社会化改革的全面启动。此后两年分别在武汉、西安召开了全国高校后勤社会化改革工作会议，全面部署全国高校后勤社会化改革工作。1999年12月国务院办公厅转发的《关于进一步加快高等学校后勤社会化改革的意见》，提出三年实现后勤社会化的改革目标。在政府的推动下，高校后勤社会化工作在全国迅速推开。

2000年1月，国务院办公厅转发教育部、国家计委、财政部、建设部、中国人民银行、税务总局等六部委联合制定的《关于进一步加快高等学校后勤社会化改革的意见》，文件明确提出了我国高校后勤社会化改革的长远目标和内容是学生和教职工生活后勤，以及学校管理、教学、科研等服务性工作内容的改革。其重点是学生生活后勤改革。该《意见》还对涉及高校后勤保障与服务的如教职工医疗保险和养老保险、离退休制度的改革，提出了按国家统一改革和属地化管理原则进行；对涉及供水、供气、电信等服务项目的改革提出了指导性意见；对学校后勤资产、人事制度改革、政府和学校投入等诸方面出台了具体明确的规定。文件中对后勤社会化改革进程提出了"两步走"的实施步骤和目标，第一步是到2000年底，通过体制和运行机制的改革，将所有高校的后勤服务经营人员、相应资源及操作运行，从学校行政管理系统中分离出来，组建自主经营、独立核算、自负盈亏的后勤服

---

① 教育部：《面向21世纪教育振兴行动计划》，http://www.moe.edu.cn/publicfiles/business/htmlfiles/moe/s6986/200407/2487.html。

务实体。文件将第二步改革时间设定为从 2000 年底到 2002 年底前后，在第一步改革的基础上，在省、自治区、直辖市及其他合适的范围内，通过并入、托管、联办、连锁、股份合作等形式组建跨高校的后勤服务集团（实体、中心或公司），组建后的后勤服务集团将以专业化、集约化、企业化等形式承担本地区范围内高校后勤服务保障。这些举措标志着高校后勤社会化改革将机制、体制改革向纵深推进。①

随着政府一系列政策的出台，高校后勤社会化改革不断向前推进，并取得了一定的成绩，但随着后勤社会化改革的深入，越来越多的矛盾和问题逐渐暴露。尤其是近两年关于学生公寓管理、食堂饭菜价格质量等矛盾问题频频出现。2007 年教育部发展规划司高校后勤改革处朱宝铜处长撰文指出："近年来，高校后勤社会化改革进入深层次发展阶段，各种矛盾暴露出来，深化改革受到多方面因素的制约，变得极其艰难。……不但会影响办学质量的提高，还可能影响学校和社会的稳定。"②

《国家中长期教育改革和发展规划纲要（2010—2020 年）》第十三章第四十条提出："要扩大社会合作。探索建立高等学校理事会或董事会，健全社会支持和监督学校发展的长效机制。探索高等学校与行业、企业密切合作共建的模式，推进高等学校与科研院所、社会团体的资源共享，形成协调合作的有效机制，提高服务经济建设和社会发展的能力，推进高校后勤社会化改革。"③ 2011 年，教育部又明确提出了要实现新型高校后勤保障体系的目标，具体要求是：市场提供服务，学校自主选择，政府宏观调控，行业自律管理，部门依法监督。其实质就是全面开放高校后勤市场，取消学校自办后勤，最终目标是实现高校后勤工作社会化。《教育部 2012 年工作要点》中强调进一步深化

---

① 国务院办公厅：《关于进一步加快高等学校后勤社会化改革的意见》，http：//www.moe.edu.cn/publicfiles/business/htmlfiles/moe/moe_405/200412/4712.html。

② 朱宝铜：《理清思路 坚持改革 建设新型高校后勤保障体系》，《中国高等教育》2007 年第 8 期。

③ 《国家中长期教育改革和发展规划纲要（2010—2020 年）》，《人民日报》2010 年 7 月 30 日。

高校后勤社会化改革。这就意味着尽管在高校后勤社会化改革深入发展过程中存在各种矛盾、问题，但改革的方向不会改变。

三 高校拓展投融资渠道的法律依据

《中华人民共和国教育法》在第七章第五十三条对我国高校筹集教育经费的体制做了规范性表述："国家建立以财政拨款为主、其他多种渠道筹措教育经费为辅的体制。"①《中共中央国务院关于深化教育改革全面推进素质教育的决定》进一步指出："积极运用财政、金融和税收政策，继续鼓励社会、个人和企业投资办学和捐（集）资助学，不断完善多渠道筹措教育经费的体制。"② 根据《中华人民共和国教育法》第七章第六十一条规定："国家鼓励运用金融手段、信贷手段，支持教育事业的发展。"③ 国家有关部门的项目贷款贴息政策，为高等教育融资提供了经济保证。另外，国家颁布的《高校财务制度》第一章第四条中也有明确规定，高等学校财务管理的主要任务包括"依法多渠道筹措资金，以此解决高等学校办学经费的来源问题"。④

从融资角度来看，通常把融资分为直接融资和间接融资，银行贷款是间接融资的主要方式。20世纪90年代以来，我国高等教育领域开展了大规模的"银校合作"，通过银行贷款获得了高校发展资金。然而，根据中国社会科学院发布的《2006年：中国社会形势与预测》，2005年我国公办高校的银行贷款总额已达1500亿—2000亿元。2006年7月，全国政协一项调查显示，高校贷款总额已达2500亿元且有扩大趋势。据统计，高校每年的收入中有大约一半用于偿还贷款利息，巨额的贷款已经成为高校发展的负担，继续发展下去将引发债务危机。

---

① 《中华人民共和国教育法》，http://www.gov.cn/banshi/2005-05/25/content_918.htm。
② 《中共中央国务院关于深化教育改革，全面推进素质教育的决定》，http://www.moe.edu.cn/publicfiles/business/htmlfiles/moe/moe_177/200407/2478.html。
③ 《中华人民共和国教育法》，http://www.gov.cn/banshi/2005-05/25/content_918.htm。
④ 《高等学校财务制度》，http://jkw.mof.gov.cn/zhengwuxinxi/zhengcefabu/201212/t20121226_721866.html。

因此，在现有法律和政策框架下，从我国地方高校实际出发，借鉴其他国家和地区做法，高校应当从以下几方面拓展融资渠道：

1. 发行教育债券

债券是金融市场上的一种投资工具，发行债券是借助金融市场进行直接融资的主要手段。在发达国家的资本市场上，债券发行规模甚至超过了股票市场的规模。我国高校可以成为债券的发行主体，通过发行教育债券筹集资金。在具体发行过程中，可以根据高校的具体情况选择不同类型的债券。对于某些知名度高、影响力大的高校，或是"985"、"211"高校，可以发行以学校信用为担保的债券。这类高校科研能力强，科研成果转化效益高，会有比较稳定的收入作为偿还债券的保证。对于排名比较靠后的高校，可以发行具有国债性质的高等教育债券，当然这类债券需要政府做担保。除了发行债券的类别以外，对于债券的利率、期限、投资收益的税收优惠等问题，仍需要作出全面细致的规定，另外，教育债券也需要进行评级，但是评级的标准是否和企业一致需要探讨，在法律和政策上需要政府提供相应支持。这一系列的问题得到解决才能保证高等教育债券的顺利发行。

2. 发行教育彩票

彩票是一种通过抽签给奖方式进行筹款所发行的凭证。我国发行彩票的目的是筹集社会公众资金，资助福利、体育等社会公众事业发展，目前主要有中国福利彩票和中国体育彩票两大类，但是教育彩票没有正式发行。我国高校发行教育彩票是一条值得尝试的融资渠道。因为教育的公益性特征符合彩票发行的基本要求，符合我国现行教育政策和有关法律、法规。通过教育彩票筹资，全民均可以参与，这样就扩大了筹资范围，而且教育本身完全可以赢得广泛的社会支持，发行教育彩票可以取得较好的经济效益和社会效益。目前，此领域有很大的发展空间。

3. 开展土地置换

近年来，我国已经有一大批高校通过土地置换进行融资，普遍的做法是将地理位置较好的老校区土地"卖出",用获得的资金在相对偏远、土地价格较低的区域进行新校区建设。土地置换使公立高校在一定程度上摆脱了财务困境,同时也可以减轻各地政府的负担。尽管土地置换的方式在实践中已经被广泛应用,但是土地置换能否成为我国高校合规的融资方式之一,还存在争议。从现行法律规定来看,高校的土地是属于国家所有的,按照国家相关规定,高校是无权擅自处置这部分国有资产的。从这个角度来看,土地置换的确存在诸多需要探讨的问题。

4. 鼓励教育捐赠

捐赠和基金收入在国际高等教育领域受到广泛重视,企业、个人、团体的捐款和赠款应成为高校经费的重要来源之一。目前我国高校发展中所获得的教育捐款无论从规模上还是从数量上都十分有限。我国政府应加强支持和引导,制定社会捐助教育的专项法规,尽可能放宽捐赠的法律法规限制,完善税收激励机制,积极发展民间教育捐赠组织和教育捐赠基金会。通过其作用的发挥,转变人们的传统观念,拓宽高等教育的捐赠渠道,快速提升其在高校融资中的占比。因此,我国地方高校也应该把教育捐赠作为我国公立高校融资的主要途径之一。

第二节 高校教育资源的价值判断

一 高等教育的规模经济与资源配置效率

(一) 高等教育的规模经济

规模经济是经济学的一个基本概念,其基本原理是因生产(经营)规模增大使得最低平均成本下降。规模经济又称"规模利益",是指通过调整生产要素的投入比例以及数量,从而使单位产品的生产成本下降,实现经济效益上升的现象。反之,则称为规模不经济。

有学者提出高校的资源投入如果以单位学生成本来计算的话,产出则可以选取大学生和研究生的毕业人数（或在校人数）来计算。那么高等教育规模经济就可以界定为学生毕业人数增长的比例大于单位学生成本增长的比例，即随着学生毕业人数的上升而出现单位成本下降的情况。如果用 X 来表示学生毕业人数的增长率，用 Y 表示单位学生成本的增长率，则有教育规模经济的情况是 X > Y；反之，教育规模不经济的情况是 X < Y。[①]

与企业类似，通常教育资源的投入也可以分为固定成本和可变成本。固定成本不变，随着高校招生规模的不断扩大，学生人数不断增加，那么单位固定成本就会被更多学生分摊，从而单位固定成本减少，则出现高等教育规模经济。可变成本与固定成本的情况则不同，它的增加比例大于学生人数增加比例时，单位变动成本因学生的增加而下降即出现高等教育规模经济，反之则出现高等教育规模不经济的现象。

高校的规模过大或是过小都会引起教育规模不经济。高校招生规模过小，会使学校的资源不能被充分利用，单位学生成本升高带来规模不经济。然而学生规模过大，会使得高校管理效率下降，甚至于生均教育资源不足，人才培养质量降低，最终带来的后果将是非常严重的。因此，对于"度"的把握是我们需要进一步认真研究的问题。所谓的"度"就是找到教育的最佳规模，在此规模下，教育资源得以充分恰当使用，带来最优效果。

（二）高校教育资源配置效率低下的表现

1. 生师比失调

在 1999 年之前，我国高校还没有大范围扩招，普通高等院校生师比较低。1994 年的生师比仅为 8.8∶1，1998 年我国普通高校生师比有所提高，达到 11.6∶1。但自 1999 年扩招后中国高等教育逐步进入大众化阶段，扩招导致生师比迅速上升。到 2005 年，全国普通高校生师比为 16.85∶1。与国外相比，美国 2004 年是 14.2∶1，国

[①] 梁奕、李全生：《浅析高等教育规模经济的内涵》，《商业时代》2009 年第 10 期。

际经合组织国家为14.4∶1。2006年以来,我国普通高校生师比均在17∶1以上。此外,统计数据显示,2013年我国普通高校生师比为17.53∶1。按照教育部的规定,生师比14∶1为优秀,16∶1为良好,18∶1为合格。

表4-3 我国普通高校生师比

年份	专任教师数（万人）	生师比
1994	39.64	8.80∶1
1995	40.07	8.90∶1
1996	40.25	9.60∶1
1997	40.45	9.81∶1
1998	40.72	11.61∶1
1999	42.57	13.41∶1
2000	46.28	16.30∶1
2001	53.19	18.22∶1
2002	61.84	19.00∶1
2003	72.47	17.00∶1
2004	85.84	16.22∶1
2005	96.58	16.85∶1
2006	107.6	17.93∶1
2007	116.83	17.28∶1
2008	123.75	17.23∶1
2009	129.52	17.27∶1
2010	134.31	17.33∶1
2011	139.27	17.42∶1
2012	144.03	17.52∶1
2013	149.69	17.53∶1

数据来源:《全国教育事业发展统计公报》1994—2013年。

我国大规模扩招以后,生师比基本保持在合格的水平。从规模经济的角度来看,无论是生师比偏低还是偏高,都是资源未能最优配置的表现,如果生师比偏低,则会造成资源浪费;相反,生师比过高,又会造成资源不足,这些都形成了经济学上的"规模不经济"。规模小、效益低一直是我国高校的一个顽症。扩招、合并等措施在某种程度上为解决这一问题提供了机遇。规模过大又导致了另一种"规模不经济"问题，那就是高校扩招、合并后，导致师资严重缺乏，高质量师资的补充远远赶不上学生增长速度。

2. 重复建设现象严重

高等学校作为一个独立核算的法人实体，要在当前高等教育快速发展和激烈的竞争中谋得一席之地，就需要十分重视教育资源的优化配置。然而，我国很多高校盲目设置所谓"热门专业"，结果造成了资源的浪费。根据教育部2014年统计数据，我国有1202所本科院校，其中大部分院校都开设了英语、计算机、市场营销、国际经济与贸易等"热门专业"。据中国科学评价研究中心、武汉大学中国教育质量评价中心发布的《2016年中国大学及学科专业评价报告》可知，我国开设高校数最多的专业前五名为：英语735所、计算机科学与技术709所、视觉传达设计569所、市场营销566所、环境设计547所。造成我国高等院校英语类、财经类、计算机类本专科专业在短期内大幅度增长的局面。然而受多种因素的影响，我国国民经济增长速度放缓，社会对该类人才的吸纳能力降低，使得财经、计算机专业人才供过于求，造成了教育资源的严重浪费。

另外，各二级学院、专业争抢有限的资源，致使教学、研究机构重复设置、设备重复购置。同时，由于缺乏相应配套政策与制度的制约，投资论证不充分，而造成教学、科研仪器设备、材料利用率低下，稀缺的资源不能发挥出应有的效用。世界银行曾经对我国高校的教学设备和实验室利用率做过统计，结果在60%以下。另据国家教育部统计，全国高校仪器设备有20%以上处于闲置状态，价格昂贵的大型科研装备的利用率最高不过15%。这是一种无形的资源浪费。过去高校管理者很少从量化角度关注这一问题，但随着高校自主权的扩大和高校管理者经营理念的逐步深化，有效地解决这一问题已显得刻不容缓。

表 4-4　　我国本科专业开设高校数量及比重

专业名称	开设高校数量	开设高校占比（%）
英语	737	61.31
计算机科学与技术	709	58.99
视觉传达设计	569	47.34
市场营销	566	47.09
环境设计	547	45.51
国际经济与贸易	540	44.93
电子信息工程	497	41.35
法学	490	40.77
汉语言文学	482	40.10
财务管理	476	39.60
会计学	467	38.85
数学与应用数学	458	38.10
信息管理与信息系统	442	36.77
工商管理	431	35.86
电气工程及其自动化	428	35.61
软件工程	412	34.28
通信工程	406	33.78
信息与计算科学	401	33.36
机械设计制造及其自动化	393	32.70
土木工程	393	32.70
应用化学	388	32.28
旅游管理	383	31.86
日语	381	31.70
自动化	353	29.37
物流管理	353	29.37
音乐学	342	28.45
物联网工程	333	27.70
产品设计	333	27.70
人力资源管理	331	27.54
公共事业管理	329	27.37
经济学	323	26.87

续表

专业名称	开设高校数量	开设高校占比（%）
工程管理	322	26.79
环境工程	320	26.62
生物技术	306	25.46
网络工程	303	25.21

数据来源：中国科学评价研究中心、武汉大学中国教育质量评价中心：《2016年中国大学及学科专业评价报告》，http://news.china.com.cn/rollnews/education/live/2016-03/17/content_35561605.htm。

二 教育资源的价值判断与级差地租理论

（一）级差地租理论

资本主义级差地租理论的创立经历了长时期的探索过程。英国古典政治经济学创始人威廉·配第，最先提出级差地租的概念。他看到维持伦敦某军队所需的谷物，有的是从远离40英里的产地运来，有的是从距离1英里的产地运来，后者因少付39英里的运输费用，便可使谷物生产者获得高于其自然价格的收入，于是他从土地位置的差别上提出了级差地租的概念。其后，亚当·斯密从土地肥沃程度不同的角度，进一步论述了级差地租产生的自然条件。级差地租理论的真正创始人是詹姆斯·安德森，其在1777年出版的《谷物法本质的研究：关于为苏格兰提出的新谷物法案》一书中，论述了级差地租理论的基本特征。

级差地租是指因等量资本投资于等面积的不同等级的土地上所产生的利润不相同，因而所支付地租也就不同，这样的差别地租就是级差地租。级差地租又可分为因土地肥力和位置不同而产生的级差地租Ⅰ和因投资的生产率不同而产生的级差地租Ⅱ。

级差地租是一个相对于绝对地租的概念，它是指租佃较好土地的农业资本家向大土地所有者缴纳的超额利润。这个超额利润是由优等地和中等地农产品的个别生产价格低于按劣等地个别生产价格决定的社会生产价格的差额决定的。[1]

---

[1] 《百度百科》，http://baike.baidu.com/link?url=Lz8I_-PCPgMuqoT6UNBGe0u PMUPpcC7E77bwFqAsQfrsvcakonBmGjsPE85t3OSYDFETqV0AxFuu_0gHah00za。

根据城市经济学的理论,城市用地总是在市场竞争中不断向配置效益更高的使用功能转换,从而使城市用地在动态中配置、转换、再配置,即在置换过程中产生更大的效率。土地置换就是指通过土地用途更新、土地结构转换、土地布局调整、土地产权重组等措施,实现土地现有功能和潜在功能的再开发,从而优化城市用地配置。土地置换也符合级差地价理论,即一般情况下,离市中心、繁华商业区、商务区等越近,土地使用价格越高;反之则越低。这样,政府就可以利用土地的差价进行土地置换改造老城区,发展新城区。① 近年来许多城市进行的"退二进三"、"腾笼换业"等规划就是典型的土地置换行为。城市经济学中的这一概念同样适用于市场经济条件下高校的资源整合,尤其适用于高校新老校区土地置换等经济行为。

(二)基于级差地租理论的高校校区选址

1986年国家教委发布《普通高等学校设置暂行条例》,其中第八条规定:"设置普通高等学校,须有与学校的学科门类和规模相适应的土地和校舍,保证教学、生活、体育锻炼及学校长远发展的需要。"在以往状态下,我国大多数高校的老校区面积十分狭小,教学资源紧张,不能满足教学、生活以及学校长远发展的需要,因此迫切需要改善办学条件。

新校区如何选址?英国著名教育家E.阿什比曾说,"大学既不能远离社会,也不能完全消融在社会之中,大学应当和外界社会保持适当的距离"。什么样的距离才是适当的呢?这里的"距离"应当包含了多层含义,但是空间距离也是其中的一个方面。一般来说,高校的位置不宜在闹市,因为一方面土地数量有限,土地价格高昂,另一方面,周边环境不适合学生集中精力学习,对教师的教学科研活动都会产生不利影响。但是,高校的选址又需要满足交通方便的要求,所以,也不适合距离市区过远。更重要的是,偏远一些的郊区地价相对低廉,

---

① 彭清平:《土地置换在高校中的应用》,http://www.chinaacc.com/tougao/article/2009/9/83303349351419900213072.html。

能够大幅度地削减高校的校园建设开支。因此，高等学校应选址于城市近郊。

我国古代的书院大多数都建在郊区，例如大家熟知的湖南岳麓书院以及白鹿洞书院等，均是建在了山脚下，自然环境宜人，有利于修养身心。

清华大学在建国前仅有土地1000亩，但正是由于学校的位置在北京西郊，而学校周边有大量的土地可以利用，因此清华大学经过1959年和1985年两次直接外扩，校园面积现在已经达到了5000亩，是原有校园的五倍。

近年来许多合并重构求发展的高校大多在郊区谋求发展，如吉林大学、浙江大学将学校由市区搬到了郊外，是退一步海阔天空的成功范例。可以说，大学校园选址偏远化已成为一种趋势。①

2012年4月26日，英国高校管理首脑联盟（Association of Heads of University Administration）在伦敦大学举行会谈，就大学选址与周边经济效益的关系进行了探讨。与会者认为，大学选址时应优先考虑经济相对落后地区，而非继续向伦敦等政治经济中心聚集。英国公共政策研究所（Institute for Public Policy Research）最新发布的数据表明，大学校区建设对其所在地区产生越来越重要的影响。该所公共服务领域负责人理查德·缪尔（Richard Muir）举例称，若大学自身创造的经济效益达到100万英镑，则该所大学可带动周边经济发展并产生约138万英镑的经济效益。然而，仅有4%的高校清楚意识到了选址对于促进国民经济发展的重要性，并将其纳入大学的规划目标。纽卡斯尔大学教务主任约翰·霍根（John Hogan）同时指出，大学的经济价值也受到其所在地理位置的影响，像纽卡斯尔大学、杜伦大学这样的高校消失，那么对当地甚至更大区域的发展将产生灾难性的后果。但是，帝国理工学院的存在与否却不会对伦敦产生重大影响，其经济价值正

---

① 刘在洲：《试论高校校园选址的原则》，《湖北社会科学》2006年第6期。

在被埋没。①

三　国有土地使用权转让的政策依据

（一）1986 年颁布《土地管理法》

1982 年 12 月通过的《中华人民共和国宪法》规定："城市的土地属于国家所有。农村和城市郊区的土地，除由法律规定属于国家所有的以外，属于集体所有；宅基地和自留地、自留山，也属于集体所有。"

1986 年是新中国土地管理史上具有决定意义的一年。1986 年 3 月，党中央、国务院发布了《关于加强土地管理制止乱占滥用耕地的通知》，提出要"建立和完善土地管理法规"，要求"抓紧制定《中华人民共和国土地法》"。同年 4 月，农业部上报《中华人民共和国土地法》，经国务院常务会议通过后提请第六届全国人大常委会审议。6 月 25 日，全国人大常委会第十六次会议审议通过。《中华人民共和国土地管理法》于 1986 年 6 月 25 日公布，1987 年 1 月 1 日起施行。

《中华人民共和国土地管理法》第一章第二条规定：任何单位和个人不得侵占、买卖或者以其他形式非法转让土地。土地使用权可以依法转让。

（二）1988 年修改《土地管理法》

我国土地有偿使用制度改革的步伐不断加快。1987 年 12 月，深圳经济特区敲响了土地拍卖第一槌，突破了当时《宪法》对出租土地的禁令。法随事变。1988 年 4 月，七届全国人民代表大会第一次会议通过了《宪法（修正案）》，明确规定"土地的使用权可以依照法律的规定转让"。同年 12 月 29 日，七届全国人大常委会第五次会议通过了《关于修改〈中华人民共和国土地管理法〉的决定》。修改后的《土地管理法》明确规定，"国有土地和集体所有的土地的使用权可以依法转让"，"国家依法实行国有土地有偿使用制度"。

---

① 王琳：《大学选址应考虑经济相对落后地区》，《中国社会科学报》2012 年 5 月 11 日。

（三）1990年颁布《中华人民共和国城镇国有土地使用权出让和转让暂行条例》

为了改革城镇国有土地使用制度，合理开发、利用、经营土地，加强土地管理，促进城市建设和经济发展，1990年5月19日国务院令第55号《中华人民共和国城镇国有土地使用权出让和转让暂行条例》发布，自发布之日起施行。

《中华人民共和国城镇国有土地使用权出让和转让暂行条例》第三章对于国有土地使用权转让作出了明确规定。土地使用权转让是指土地使用者将土地使用权再转移的行为，包括出售、交换和赠与。

（四）2001年出台《关于推进辽宁省高等学校建设和发展的若干意见》

2001年12月辽宁省出台了《关于推进辽宁省高等学校建设和发展的若干意见》，其中第三条提出：有效盘活教育资源存量，扩大高校办学资源增量。鼓励有条件的高校通过资产置换、结构调整、资产重组等方式盘活资产存量，扩充教育资源，改善办学条件，扩大办学规模。广泛吸引社会力量，吸纳社会资金，增强高校发展能力。鼓励利用社会非教育资源，通过兼并、股份合作、买断等形式将企事业单位闲置的房屋、场地改为办学资源，地方政府在政策上予以支持。加强高校间的交流与合作，充分发挥各高校的办学优势，优化高等教育资源配置，最大限度地挖掘学校现有办学资源的潜力，提高资源的利用效率。此《意见》是在原沈阳师范学院校园成功置换的基础上作出的，《意见》的出台，对辽宁诸多高校通过资产置换改善办学条件，扩大办学规模，起到了极其重要的推动作用。

四　我国高校土地置换的法律依据

（一）相关概念的界定

1. 土地置换

目前理论界并没有公认的土地置换的概念，最初土地置换是作为一种融资手段应用于城市和企业发展中。城市利用土地置换盘活存量土地，从而提高土地的综合利用率，满足当地的经济建设需要，促进了城市的可持续发展。一些企业置换了原有的房屋土地，盘活了存量资产，赢得了经济效益。土地置换符合级差地价理论，在通常情况下，市中心以及繁华商业区的土地使用价格较高，远离市中心的偏僻地段土地价格较低。鉴于此，政府可以利用土地的价格差异进行土地置换。本课题中土地置换就是指通过土地布局、用途、结构以及资本集约程度等的调整，实现部分土地的重新配置，从而提高土地的使用效率。

2. 高校土地置换

高校土地置换包含两种具体的操作形式，第一，主要是指高校以原有市区内繁华地段的旧有较小面积校区换取市郊大面积土地以建设新校园的过程。第二，高校土地置换还包括高校利用原有老校区的地理优势，以相对较高的价格出售老校区土地，以换取新校区建设资金的行为。从经济学意义上看，高校土地置换完成的并不仅仅是一所大学的迁移，还带动了城市经济的发展。通过土地置换，旧校区多用于房地产开发，从而体现其地产的增值；新建成的校区拓展了面积，改善了办学条件，进而增加了在校生规模，促进了直接消费。另外，城市以及市郊的建筑业、房地产业、建材业、装饰业及城市公用事业和服务业、金融业等诸多方面都得到了拉动，许多郊区由于大学的迁入而从根本上改变了面貌，一些大学城已名副其实地造就了一种新的商业业态。

3. 国家划拨土地

划拨是指县级以上人民政府依法批准，在土地使用者缴纳补偿、安置等费用后将该土地交付其使用，或者将国有土地使用权无偿交付给土地使用者使用的行为。高校土地从性质上来看属于国家划拨土地。

(二) 高校土地置换的相关法律规定

高校土地置换应当遵守现行法律对划拨土地流转的相关规定，确保高校土地置换的合法性，在法律允许的范围内进行置换。我国《土地管理法》第 58 条规定："有下列情形之一的，由有关人民政府土地行政主管部门报经原批准用地的人民政府或者有批准权的人民政府批准，可以收回国有土地使用权：1. 为公共利益需要使用土地的；2. 为实施城市规划进行旧城区改建，需要调整使用土地的；3. 土地出让等有偿使用合同约定的使用期限届满，土地使用者未申请续期或者申请续期未获批准的；4. 因单位撤销、迁移等原因，停止使用原划拨的国有土地的；5. 公路、铁路、机场、矿场等经核准报废的。依照前款第1项、第2项的规定收回国有土地使用权的，对土地使用权人应当给予适当补偿。"《城镇国有土地使用权出让和转让暂行条例》第47条规定："无偿取得划拨土地使用权的单位，因迁移、解散、撤销、破产或者其他原因而停止使用土地的，市、县人民政府应当无偿收回其划拨土地使用权，并可以依照本条例的规定予以出让。对划拨土地使用权，市、县人民政府根据城市建设发展需要和城市规划的要求可以无偿收回，并可以依照本条例的规定予以出让。无偿收回划拨土地使用权时，对其地上建筑物、其他附着物，市、县人民政府应当根据实际情况给予适当补偿。"

高校土地属于国家划拨土地，是历史上低偿或者无偿取得的土地使用权，土地所有权人国家根据情况对地块进行调整，并对原有地块上附着的地上建筑物进行适当补偿，是符合法律和政策规定的；高额的补偿费用，也是契合高校利益的。对土地只具有使用权的大学，不具有对土地的处分权能。根据上述法律规定，高校土地因为其特殊性，在以下三种情况下政府可以收回高校的划拨土地使用权。

1. 根据《土地管理法》第58条第一款规定："为公共利益需要使用土地"的情形。社会公共利益的界定较为模糊和困难，目前尚未达成共识，有人认为公共利益是个人利益的总和，有人认为公共利益是社会整体利益。英国的功利主义学派代表人物边沁在对公共利益作解释时就认为："公共利益不是独立于个人利益的特殊利益，而是'组成共同体的若干成员的利益的总和，'国家的目的就是最大程度地促进公共利益，实现社会'最大多数人的最大福'。"这一定义表明公共利益是一个与个人利益相对应的范畴，个人利益指的是单个社会主体的利益，公共利益应该指多数人的利益。美国著名学者E.R.克鲁斯克认为："公共利益是指社会或国家占绝对地位的集体利益而不是某个狭隘或专门行业的利益。"这表明公共利益在主体上是整体的大多数人的共同利益。

在《新拆迁条例二稿》第 8 条中的规定有利于我们理解公共利益，其规定：为了保障国家安全、促进国民经济和社会发展等公共利益的需要，有下列情形之一，确需征收房屋的，由市、县级人民政府做出房屋征收决定：（一）国防设施建设的需要；（二）由政府组织实施的能源、交通、水利等基础设施建设的需要；（三）由政府组织实施的科技、教育、文化、卫生、体育、环境和资源保护、防灾减灾、文物保护、社会福利、市政公用等公共事业的需要；（四）为改善住房困难家庭居住条件，由政府组织实施的保障性安居工程建设的需要；（五）由政府依照城乡规划法有关规定组织实施的对危房集中、基础设施落后等地段进行旧城区改建的需要；（六）国家机关办公用房建设的需要；（七）法律、行政法规规定的其他公共利益的需要。参考以上对于公共利益的法律规定，特别是《新拆迁条例》的最新列举式规定，可以借鉴到高校划拨土地使用权的收回制度上，只要高校置换后的老校区土地利用规划符合上述规定，政府就可以在高校同意的基础上收回高校老校区土地，完成置换土地的第一步。

2. 《土地管理法》第 58 条第二款规定："为实施城市规划进行旧城区改建，需要调整使用土地的"的情形。结合《新拆迁法二稿》中"为改善住房困难家庭居住条件，由政府组织实施的保障性安居工程建设的需要"的规定，这种情形下对于高校置换土地的选择余地更大，高校所在地区大多是旧城区，政府可以在权限范围内较容易的把高校所在区域划定为旧城区改建范围，调整土地用途，把收回的高校土地投放到房地产一级市场进行房地产开发建设或者进行保障性住房建设。以此为依据获取高校土地，达到置换土地的目的。

3. 《城镇国有土地使用权出让和转让暂行条例》第 47 条规定："无偿取得划拨土地使用权的单位，因迁移、解散、撤销、破产或者其他原因而停止使用土地的，市、县人民政府应当无偿收回其划拨土地使用权，并可以依照本条例的规定予以出让。对划拨土地使用权，市、县人民政府根据城市建设发展需要和城市规划的要求可以无偿收回，并可以依照本条例的规定予以出让。无偿收回划拨土地使用权时，对其地上建筑物、其他附着物，市、县人民政府应当根据实际情况给予适当补偿。"高校可以直接完成从老校区的整体搬迁，全部迁移到新校区所在区域，这样就符合《城镇国有土地使用权出让和转让暂行条例》中对于迁移的规定，政府可以无偿收回老校区的划拨土地使用权。而"市、县人民政府根据城市建设发展需要和城市规划的要求可以无偿收回"的法律规定，赋予地方政府的行政权力更大，几乎等同于可以单方决定高校土地使用权的收回与否，在上述两种情况下，政府都需要对地上建筑物、其他附着物根据实际情况给予适当补偿。高校只有在与政府充分协商，有效沟通的前提下，才能实现校园的土地置换。

在前述三种情形下，政府都可以根据法律的规定合法地收回高校土地。

五 一个需要探讨的问题——高校是否具有土地的处置权？

我国《普通高等学校设置条例》第八条规定："设置普通高等学校，须有与学校的学科门类和规模相适应的土地和校舍，保证教学、生活、体育锻炼及学校长远发展的需要。"高校迫切需要扩大校园面积，改善办学条件。充足的资金来源是高校改善办学条件的保障。然而国家教育经费的投入是有限的，新校区建设的巨额资金压力制约了高等教育事业发展。如何有效地缓解资金压力是摆在高校和教育行政主管部门面前的一道难题。在城市发展过程中利用级差地租理论开展的土地置换行为被引入了高校，于是，一场大规模的全国性高校土地置换开始了，由此也产生了国土资源部与教育部有关高校土地处置权之争。时至今日，上一轮高校土地置换已基本完成，国土资源部也不再做任何评论，那么以后高校是否还可以进行土地置换？随着二、三线城市的不断发展，一些高等院校的土地置换问题很有可能再度发生。因此，对于这个问题需要有一个统一明确的定论。关于高校土地置换问题，至少有两个问题需要回答：第一，高校土地置换过程中高校对于土地是否拥有处置权？第二，高校土地置换的收益由谁分配及如何分配？

（一）高校土地置换背景与现状

如前文所述，1999年我国高校开始大规模扩招，结果是各高校的师资、教学设施、宿舍等办学资源紧张，为满足需求大批高校开始建设新校区，但是财政支持有限，高校面临着前所未有的资金困难。1993年《中国教育改革和发展纲要》规定，国家财政性教育经费的支出到20世纪末应达到GDP的4%，2005年实际支出比例只有2.82%。2005年普通高校生均预算内事业经费比2000年下降26%，2007年虽有所增长，但仍未达到4%。与此同时，高校开始向银行贷款，随着贷款额度的增加和还款压力的增大，前所未有的债务负担严重影响了高校的后续发展。在这样的背景下，政府开始出台一系列的相关政策，提出多种高校解决资金问题的途径和方法。例如，增加财政拨款，提高学生的收费标准，对高校贷款贴息，鼓励社会各界捐助以及开展高校土地转换。其中，最受欢迎、最快捷、最有效和最可行的办法就是高校土地置换。

从2001年开始，辽宁、山东、河南、重庆和四川等省市先后出台文件，推动高校资产转让。围绕着高校资产转让问题，各省市的表态既是迫于政府、高校当时的资金压力，又体现出各地区对此问题认识上的差异性。此期，辽宁省走在了全国的前列。

2010年11月30日，我国教育部和财政部联合下发了《关于减轻地方高校债务负担化解高校债务风险的意见》，明确提出了高校可以采取土地置换的方式来化解债务。由此，我国诸多省份，如湖北、山西、山东、江苏、陕西等省纷纷出台具体工作方案和实施意见以支持高校采取土地置换的方式来解决高校的债务问题。2011年湖北省出台了《省人民政府关于减轻我省地方高校债务负担化解高校债务风险的意见》，指出湖北省地方高校133亿元债务中53亿元要由各地方高校在2012年以后自行解决。山西省出台《山西省化解高校债务风险工作方案》，明确表示支持和引导高校充分挖掘自身潜力，以土地置换的方式化解债务。但同时对于高校出让老校区的收入用途也做出了明确的规定，除规定用途以外，需要将资金优先用于偿还银行贷款。截至

2009年底，山东省85所公办普通高校的各类债务合计达到284亿元，2011年山东省政府出台了《高等学校债务化解工作的实施意见》，规定省财政依据高校土地置换收入用于化解债务的数额，按不低于10%的比例给予奖励。[①] 为鼓励高校偿还银行贷款，辽宁省财政厅也出台了类似的奖励措施。

（二）国土资源部对高校"土地置换"的态度

1. 坚决制止

从职能部门角度，国土资源部有关负责人公开声明，按照现行法律规定，划拨土地转让或改变用途必须经依法批准，土地出让收入实行收支两条线管理，高校不得擅自转让国有划拨土地，用所获收益抵偿债务。随着高校扩招和高校资源的整合，高校的基础设施建设不断加强，用地规模也不断扩大。部分高校在这一过程中产生了债务。国土资源部表示，一些高校期望通过转让原划拨土地，获得土地收益用于解决高校的债务问题，国土资源部将高度关注，一经发现，坚决制止。

2. 土地出让收入全额缴入地方国库

国土资源部还强调：对于高校用地，现行的土地管理法律法规有着十分明确的规定。高校用地为教育用地，属国有划拨土地，划拨土地转让或改变用途，必须依法报有批准权的人民政府批准。使用划拨土地的高校不得私自转让。对于一些高校因历史原因形成的空余土地或低效利用土地，按照法律规定，要开发利用这类土地，必须符合所在地土地利用总体规划和城市总体规划的要求。规划确定可以改变用途用于经营性开发的土地，也应严格按照国家有关法律法规，采取招标、拍卖、挂牌的方式处置。根据国家关于规范国有土地使用权出让收支管理的通知及财政部等三部门关于国有土地使用权收支管理办法等文件精神，土地出让收支全额纳入地方基金管理，收入全部缴入地

[①] 彭宏辉：《"土地置换"化解高校债务危机的策略探讨》，《湖南行政学院学报》（双月刊）2012年第3期。

方国库，支出一律通过地方基金预算从土地出让收入中安排。土地出让收入绝不允许单位擅自处置。

根据《城镇国有土地使用权出让和转让暂行条例》的规定，划拨土地使用权的转让，不仅需要"经市、县人民政府土地管理部门和房产管理部门批准"，需要"补交土地使用权出让金或者以转让、出租、抵押所获收益抵交土地使用权出让金"，而且必须符合一定条件，其中第一条就是"土地使用者为公司、企业、其他经济组织和个人"。显然，高校不属于这个范畴，所以高校用地是肯定不能够转让的（包括出售、交换和赠与）。如果高校迁出，则原来的用地也只能被政府无偿收回。这个意义上，不仅高校擅自转让国有划拨土地的行为是违法的，即使那些得到地方政府"批准"的高校土地置换行为，也同样都是违法的。地方政府本应是国有划拨土地转让的监督者和审核者，然而在高校土地置换行为中，监督者与被监督者却达成了"违法共识"。原因在于："卖地还债"不仅对高校极为有利，也能减轻政府的财政负担，同时还能推动新的"大学城"区域土地升值，繁华地段的老校区出让更是绝佳的寻租机会。①

(三) 教育部对于高校"土地置换"的支持

教育部部长助理杨周复曾表示，已经发生的高校土地置换都经过地方政府批准，都符合政府规定的程序和现有土地政策，"不能简单地讲，高校的土地置换就是违规"。时任教育部部长周济也明确支持大学"完全可以通过置换土地等方式偿还债务"。教育部有关负责人表示，两部门的说法并不矛盾，高校土地置换也是向地方政府报批，按相关程序办埋，并不是私自转让。

(四) 高校土地处置权的归属

1. 相关法律依据

(1)《中华人民共和国土地法》

《中华人民共和国土地法》第二条规定："中华人民共和国实行土

---

① 舒圣祥：《谁有权"批准"高校土地置换》，《中国改革报》2007年11月5日第7版。

地的社会主义公有制，即全民所有制和劳动群众集体所有制。全民所有，即国家所有土地的所有权由国务院代表国家行使。任何单位和个人不得侵占、买卖或者以其他形式非法转让土地。土地使用权可以依法转让。国家为公共利益的需要，可以依法对集体所有的土地实行征用。国家依法实行国有土地有偿使用制度。但是，国家在法律规定的范围内划拨国有土地使用权的除外。"由于我国对于土地实行的是社会主义公有制，因此，国家划拨给高校的校园用地，对于高校而言仅有使用权，而没有所有权。

（2）《中华人民共和国土地管理法》

《中华人民共和国土地管理法》第五十八条明确规定："有下列情形之一的，由有关人民政府土地行政主管部门报经原批准用地的人民政府或者有批准权的人民政府批准，可以收回国有土地使用权：1. 为公共利益需要使用土地的；2. 为实施城市规划进行旧城区改建，需要调整使用土地的；3. 土地出让等有偿使用合同约定的使用期限届满，土地使用者未申请续期或者申请续期未获批准的；4. 因单位撤销、迁移等原因，停止使用原划拨的国有土地的；5. 公路、铁路、机场、矿场等经核准报废的。依照前款第1项、第2项的规定收回国有土地使用权的，对土地使用权人应当给予适当补偿。"根据第五十八条中第四项规定，由于高校迁移停止使用原划拨的国有土地，此种情况政府可以收回高校土地使用权。

（3）《城镇国有土地使用权出让和转让暂行条例》

我国《城镇国有土地使用权出让和转让暂行条例》第四十七条规定："无偿取得划拨土地使用权的单位，因迁移、解散、撤销、破产或者其他原因而停止使用土地的，市、县人民政府应当无偿收回其划拨土地使用权，并可以依照本条例的规定予以出让。对划拨土地使用权，市、县人民政府根据城市建设发展需要和城市规划的要求可以无偿收回，并可以依照本条例的规定予以出让。无偿收回划拨土地使用权时，对其地上建筑物、其他附着物，市、县人民政府应当根据实际情况给予适当补偿。"高校属于无偿取得的划拨土地，因迁移的原因停止使用土地，根据该条例规定，政府可以收回土地使用权，同时，对高校地上建筑物、其他附着物需要进行适当补偿。

2. 土地处置权归属

综合现有相关法律，我们可以清楚地看到，高校土地的处置权是归政府的，高校对于所占有的土地并没有处置权，而从所有权的角度而言，高校土地的所有权是归全民所有的。然而，面对我国高等教育事业经费投入不足的困境，通过土地置换取得一定的发展资金，对于我国高等教育事业的发展是具有合理性的，关键在于政府如何操作。政府对于土地具有处置权，在现有的法律框架下实际上应该是政府牵头进行土地置换，然后将老校区土地出让资金全部或者部分以补偿的方式转让给高校，充分发挥政府在高校土地置换中的主动性。

3. 高校土地置换的合法性

虽然理论上高校没有土地处置权，但高校土地置换是否合法，这个问题则应另当别论。就近年来我国高校土地置换的过程而言，如果高校处于辅助地位，政府处于主导地位，高校只是协助政府完成土地和资金的交付，土地的收回与出让两条线、出让金的收入与支出两条线，那么整个土地置换的过程并没有违背土地的社会主义公有制性质，高校也不存在"越权"的行为，可以认定高校的土地置换过程是合法、合规的。

4. 土地置换收益的分配

据《中华人民共和国城市房地产管理法》第四十条规定："以划拨方式取得土地使用权的，转让房地产时，应当按照国务院规定，报有批准权的人民政府审批。有批准权的人民政府准予转让的，应当由受让方办理土地使用权出让手续，并依照国家有关规定缴纳土地使用权出让金。以划拨方式取得土地使用权的，转让房地产报批时，有批准权的人民政府按照国务院规定决定可以不办理土地使用权出让手续的，转让方应当按照国务院规定将转让房地产所获收益中的土地收益上缴国家或者作其他处理。"从立法来看，我国划拨土地的转让收益应上缴国家，但立法同时规定，收益也可以由政府"作其他处理"，在实际执行中则表现为政府可把这笔资金转给高校，用于新校区建设及偿还贷款。对于政府而言，高校土地置换的积极作用是明显的，一则减轻了财政负担，二则高校由较好的地段迁移到较差的地段，对于较差地段的开发和土地升值以及经济发展是有巨大的带动作用的。土地置换的这种积极作用的实现前提是转让收益上缴国家后，再由政府转让给高校。

（五）高校土地置换操作建议

1. 国家制定具体的实施细则

随着城市化步伐的加快，一方面，我国高校原有校区逐渐处于新的城市中心地段，校园地价不断上涨；另一方面，由于地处繁华地段，校园周边环境相对嘈杂，不利于师生学习和科研。因此，通过土地置换的方式将校园迁移到相对僻静的城市周边区域，将是一举两得的事情。中国高校土地置换将在未来一定时期内持续发生，迫切要求我国从立法层面上做出规范性的指导。

近年来，我国高校土地置换已不是个案，而是呈现出示范效应下的一种普遍性行为，这是教育投入长期欠账的结果，又是高等教育快速发展的客观要求。然而，我国现行的这些法律法规并未专门针对高校，都是从广义上针对土地置换而制定的。各省出台的允许高校土地置换的相关政策，也是基于当地政府自身考虑，因此，我国各地高校在土地置换过程中的收益差距较大。在国家和地方财力有限的情况下，国家应该从政策层面统一考虑，制定高校进行土地置换的扶持政策及实施细则，规范土地置换的实施步骤，需要明确土地置换中谁是主体，谁是参与方，利益如何分配。具体来说，凡需进行土地置换的高校老校区，应向当地政府提出申请并纳入年度土地计划。政府按照土地利用总体规划和城市规划要求，对经批准置换的老校区原使用的划拨土地使用权，由政府收回后公开出让或重新处置。在土地置换过程中，政府应该是参与主体，高校予以配合，土地收益需全部纳入地方国库，然后再对高校进行返还。返还的比例确定应有明确的标准或相关条例依据，应综合考量高校在土地增值过程中起到的作用，以及对于高校有形及无形资产损失的补偿。

2. 严格审批，加大监管力度

土地置换过程中易滋生腐败现象。高等学校在土地置换过程中，无论是"卖"老校区还是"买"新校区，如果缺乏透明度和强有力的监督机制，某些手中握有权力的人，就可能在这一卖一买的过程中，凭借自己的权力谋取不当得利，进而滋生教育腐败现象。对于高校的土地置换，政府应该严格审批，以实事求是为基础，看高校是否迫切需要进行土地置换。某些高校以满足教学需要为名义开展土地置换，实则"圈地换钱"，对于这种行为，政府应该严格管理。同时，对于土地置换的利益补偿使用需要透明化和制度化，校领导应采取公平、公正、公开的原则，不直接干涉资金使用。

3. 探讨解决高校资金瓶颈的长效机制

土地置换只能一次性地获得部分的资金，在一定程度上解决高校的融资问题。但高校的可持续发展要求不断有新的资金注入，因此，高校仍需探讨更多的合理的融资方式。除了国家加大对高等教育的投入，在校企合作基础上，充分利用社会资金，实现高校自身法人资产经营，面向市场，面向行业、企业，充分利用产学研一体化优势，增强服务社会的能力，充分发挥校友会的作用，鼓励高校捐赠等也是极其重要的。

第三节　盘活有形、无形资产与存量吸引增量的实现

一　高校资产的"存量"与"增量"

（一）高校资产的"存量"

高校资产存量是指某一时点上的规模，包括高校的有形资产数量、无形资产规模等。存量是一个静态描述的量，它反映了高校目前的发展状况以及既往的发展历程。大部分高校在融资的前期常常采取的是

盘活有形资产存量的模式，即利用老校区的区位优势进行土地置换。在置换之后的发展中，进一步融资则主要依靠无形资产存量的盘活，例如利用高校的品牌资源吸引社会资金。

（二）高校资产的"增量"

高校资产的增量是指高校资产的增长空间，它反映了高校未来的发展前景。由于我国高校早期发展资产存量水平较低，面对高等教育事业的飞速发展，研究如何拓宽资产增量更有价值和意义。

高校资产增量主要包括如下三个部分。

1. 存量资产经营所带来的增量

高校的主体活动是教学和科研，凡在服务教学、科研活动过程中所占用资产均属于非经营性资产，单纯从经济学视角，这些资产并不为学校带来直接的经济效益。高校的资产主要是服务于人才培养和科学研究，其配置和利用的目的在于培养出更多更好的满足社会需要的合格人才，以及研发出适应社会经济发展的科技成果。

在市场经济条件下，学校开始而且有必要进行资产经营。但是高校的资产经营主要是通过资产的有效利用而取得合理收益，用于解决教育事业经费的不足和改善办学条件，与企业资产在性质上是有所不同的。学校经营不仅要对已有的办学资源进行优化配置，提高使用效率，还需要从多方面获取更加丰富的社会资源，为学校提供充足的办学资本，从而满足学生的教育消费需求与学校发展的需要。同时，由于历史原因，高等教育资源的稀缺性导致学校物质资本、人力资本的投入明显不足，客观上迫切需要其他资本对其进行有力的补充，因而，学校经营迫切需要注入新的资本。

在这里我们引入一个新的概念，即"社会资本"。所谓社会资本，是指个人或组织在意识形态、道德规范、习俗惯例等非正式制度的影响和制约下，通过长期交往、合作互惠，进而在形成的一系列互动的网络关系基础上，积累起来的资源总和。大学社会资本，是建立在明确社会资本这一基本概念的基础上而提出的，强调大学作为国家和社会不可或缺的一类组织部门，不是孤立的行动个体，而是与政治、经济、文化、教育等领域有着密切联系的网上之结。明确说来，所谓大学社会资本，是指大学在意识形态、道德规范、习俗惯例等非正式制度的影响和制约下，通过长期发展，内、外部交往，合作互惠，进而在形成的一系列互动的网络关系基础上，积累起来的资源总和。社会资本是高校无形资产的一部分。

社会资本可以补充物质资本的不足。在学校生产与发展过程中，学校社会资本与物质资本、人力资本等资本一起作为学校生产的要素共同促进学校发展。目前的教育领域，物质资本投入严重不足，迫切需要整合利用各种社会资源，学校社会资本在其中起到了重要的补充作用。例如社会资本向学校提供捐赠以解决高校的资金不足问题。

2. 引入民间资本所带来的增量

随着我国企业和个人的资金实力不断壮大，拥有巨额财富的企业和个人数量不断增加，高等教育引入民间资本的社会基础和经济基础正在形成。当前中国有近100万的千万富翁。随着现代公民意识的觉醒和社会责任意识的加强，对于这些掌握巨额财富的单位和个人来说，以财富和奢侈品消费来衡量的成就在其价值体系中的地位将会不断降低，他们需要为如何合理使用这些巨额的财富寻找一个恰当可行的渠道，投资教育是一个被公认的明智的选择。引入民间资本进行合作办学在短时间内即可带来高校资产的增加。

二 以"存量"吸引"增量"的实现途径

（一）与高校内部改革相结合

高校内部管理包括行政管理和学术管理，高校的建设与发展离不开强有力的学校领导班子，有效的行政管理能维护高校的正常运行，而学术管理是促使高校在平稳运行基础上得到进一步提升。高效的内部管理是学校发展的基本保障。只有将高校的行政管理与学术管理协调好，高校内部管理体制才能最大程度地发挥效率，学校领导班子的执行力也能得到加强。而只有学校领导班子的执行力增强了，高校的资产运营能力才会提升。

（二）主动对接政策导向

高等教育与经济社会联系紧密，其发展方向与政府政策导向和领导者的态度与支持密切相关。为改善办学条件，高校应积极争取政策支持，为改善办学条件做出积极努力。同时，高校管理者应认真学习和领会国家关于高校教育的各项政策法规，有效地利用各项鼓励政策开展资产经营。

（三）积极引导民间资本

吸引民间资本参与高校建设，将推动教育与经济的结合，促进高等教育的发展；同时有助于改善高等教育长期依赖国家拨款的局面，有助于解决财政性教育经费供给与高等教育需求扩张之间的矛盾。毫无疑问，在高等教育发展中引入民间资本，也就是引入了竞争。著名美国经济学家米尔顿·弗里德曼认为，只有把自由竞争的私人企业引入，充满活力的新的国家教育体系才有可能建立。因此，高校在盘活资产过程中，需要进一步调动民间投资积极性，让更多民间资本进入高等教育事业，充分发挥民间资本在资源配置方面的积极作用。这既是高等教育迅速发展的客观需要，又是部分民间资本投资的一种新的路径选择。

第四节　沈阳师范大学资产经营的效益分析及实践启示

一　校园置换——中国大学的跨越式发展

（一）辽宁省高等教育办学条件发展情况

根据辽宁省教育厅发布的2003—2015年辽宁省教育事业统计公报数据显示，辽宁省高等学校2002年占地面积仅为48568.3亩，而经过十几年的发展，2015年辽宁省普通高等学校占比面积已经达到了100664.9亩，较2002年增加了52096.6亩，增长了107.3%。高等学校产权校舍建筑面积也由2003年的1542.0万平方米增加到2015年的

2921.0万平方米，是2003年的近两倍。辽宁省办学条件的这种跨越式的大发展很大程度上得益于辽宁省高校普遍开展了校园土地置换，利用级差地租理论实现了教学条件的改善。沈阳师范大学是辽宁省高校开展土地置换的先行者。

表4-5　　　　2002—2015年辽宁省普通高等学校办学条件

年份	普通高校产权占地面积（亩）	普通高校占地面积较上一年增长百分比（%）	产权校舍建筑面积（万平方米）	产权教学科研仪器设备资产值（亿元）
2002	48568.3	N/A	N/A	N/A
2003	66487.7	36.9	1542.0	39.9
2004	76134.7	14.3	1771.3	44.6
2005	77479.3	1.8	1878.1	50.2
2006	81523.5	5.2	2085.6	56.7
2007	77365.5	-5.1	2070.7	58.6
2008	80578.4	4.2	2132.1	66.4
2009	86220.4	7.0	2314.8	74.1
2010	88752.5	2.9	2366.4	81.5
2011	89873.9	1.4	2485.7	89.3
2012	91990.4	2.4	2568.2	101.4
2013	98307.0	6.9	2718.2	116.0
2014	99108.3	0.8	2882.0	131.3
2015	100664.9	1.6	2921.0	145.0

注："N/A"表示数据暂时无法获得。
数据来源：《辽宁省教育事业发展统计公报》（2003—2015年），http://www.lnen.cn/zwgk/tjgb/index.shtml，辽宁省教育厅。

（二）沈阳师范大学校园置换的历史背景与进程

1. 易地建校前面临的矛盾与困难

沈阳师范大学始建于1951年，始称东北教育行政学院，位于沈阳市皇姑区北陵大街3段5号，占地一千余亩，是当时东北地区仅有的两所本科师范院校之一。1953年由政务院令，更名为沈阳师范学院。1958年以沈师部分系科为主体加之沈阳俄文专科学校、东北财经专科学校，组建辽宁大学。1956年，迁至朝阳山区办学，改名为辽宁第一师范学院。粉碎"四人帮"后，于1978年回迁，在新城子区兴隆台沈阳师范学院栖身两年，由沈阳市政府代管。1980年迁至沈阳市皇姑区黄河南大街95号，恢复校名，占地101亩。1983年恢复省属关系。1985年在于洪区黄山路12号征地45亩，设立生化分院校区。1996年，省政府决定将原省幼儿艺术师范学校并入沈师，占地48亩。至此，沈阳师范学院分三处办学，总占地面积194亩。

截止1999年末，全日制在校生已近6000人。三个校区占地不足200亩，扣除住宅用地30亩，生均占地18.07平方米，仅为国家定额的三分之一；教学及辅助用房10.8万平方米，生均建筑面积17.89平方米，不足国家定额标准的三分之二。主要办学条件严重不达标。资源匮乏给办学带来极大困难，占地面积狭小成为学院发展的瓶颈。

首先，培养高素质的复合型人才目标难以实现。

三处办学，且相距较远，生化类专业一个校区，艺术类专业一个校区，文、法、教育等专业一个校区，学科之间不能相互交叉、渗透，信息不能及时传递，师资难以共享，影响了高素质复合型人才的培养，教育质量和社会声誉都受到了一定的限制。

其次，办学效益低下，管理困难。

三处办学，交通、通信、维护等费用成倍增加，相应的教学与后勤保障设施重复配置，形成典型的"小而全"结构，既浪费了大量人力、物力、财力，又没有得到应有的投入产出效果，同时也给日常管理带来了一系列的困难。

另外，没有可持续发展的空间。由于占地面积狭小，维持现有办学规模已非常困难，扩大招生、扩展规模已成为难以企及的奢望。

2. 易地建设新校园，实现历史性突破

21世纪是知识经济的时代，这对高校来说既是良好机遇又是严峻挑战。面对这一机遇与挑战，面对省情及沈师的现实困难，沈师必须做出历史的抉择：要么维持现状，在高等教育的市场竞争中缓慢发展；要么向国家伸手，等待国家投入巨额资金改善条件；要么另辟蹊径，寻求发展空间，从而走出困境，为辽宁省高校摆脱发展瓶颈做先行先试者，为全省高等教育事业做出应有的贡献。

1995年新一届校领导班子组成以后，针对这一课题，组织全院开展了如何抓住机遇，迎接挑战的大讨论。经过讨论党委一班人认为，沈师在辽宁具有悠久的历史，虽然在几十年的生涯中历尽沧桑，但是随着知识经济时代的到来，高等教育必将有一个大发展（当时国家并没有决定大规模扩招）。沈师没有理由在21世纪到来之际，在新的形势下，新的机遇中维持现状，沈师必须励精图治，再展雄风。

通过认真分析形势，深入研究校情、省情，大家认为沈师要想获得发展必须彻底改善狭小的办学空间与落后的办学条件，而化解这道难题，依靠政府大量投入是不现实的，唯一的解决途径就是自力更生，依靠自身努力，寻找资金来源。

沈师的结论是：出路在于解放思想，转变观念，拓宽思路，大胆实践，要在如何盘活现有资产存量，用存量吸引增量上做文章。沈师的春天在哪里，春天就在沈师现有的三处校园里。经过广泛讨论与反复论证，形成了基本思路：按市场规律运作。利用级差地租原理，将当时地理位置较好的三个校区实施对外转让，以小换大，易地重建，彻底解决三处分散办学和占地面积不足的矛盾。这一思路在获得职工代表大会赞同后，党委于1996年下学期做出正式决定，实施易地建校工程。省委省政府及教育厅、省计委、省财政厅等职能部门对此给予了充分肯定和大力支持。学校组成专门班子开展工作，从而走上了再展辉煌的艰难的二次创业之路。

实施易地建校目标，关键是旧校区能否以合适的价格如期转让，同时避开由此带来的风险。沈师在媒体上发布转让信息后，问津者不少，有操作能力者却不多。学校先后和一百多个开发商进行了数百次洽谈，转让中遇到的最大困难是商家先付款怕学校不能如期交付旧校区，使其丧失商机造成损失，于是要求学校提前腾迁一部分；学校则担心商家一旦先行进入校区开发，后续资金不到位，新校园不能如期建成，使正常教学活动无法维持甚至导致易地建校失败。对此沈阳师范大学经充分论证，采取以资产置换方式来妥善解决这一矛盾。

具体做法是：由开发商在新校区按学校的规划设计标准实施建设，双方资产等值结算。在协议中对工期、质量、造价等方面都做了明文约束，待其全部建成具备使用条件后，学校一次性搬迁，然后交出旧校区。这一做法收到了良好效果：商家有积极性，交付使用越早，开发见效时间就越早；学校不受影响，在整个新校园建设过程中，教学生活秩序一如既往，没有受到丝毫影响，同时学校也把风险降到了最低程度。

3. 全力以赴建设新校园，以崭新面貌跨入21世纪

从1996年院党委做出易地建校的决定开始，整个过程历时四年半时间，大致分两个阶段进行。

第一阶段从1996年下学期至1998年底，为选址、转让、征地阶段。这一阶段完成了选址——新校区坐落于沈阳市黄河北大街253号，距旧校区7.8公里，距主要住宅区4公里；成功转让一处校区；完成征地任务。

第二阶段从1999年初至2000年末，这一阶段的主要任务是新校区规划、设计，转让旧校区，对新校区实施建设阶段。

（1）规划

在校园规划上，沈师的指导思想是，新校园不能只是简单的占地面积的扩大、校舍的增加和翻新，而要用新思维和现代化大学的理念建设新校园。

第一，总体规划要有特色，融学术、艺术、生态、现代为一体，运用现代建筑理念与技术，力争在一定时期内不落后。

第二，功能分区明确，分为教学区、运动区、学生生活区、后勤供应区，以教学区为中心向外延伸。

第三，实施资源统一配置，不搞以系或院为单位的"小而全"模式。为了提高校舍和教学设备的利用率，同时也为了适应专业调整变化的需要，沈师在总体规划中把教室、常规实验室（如计算机、语音、生化、力学）、基础实验室、现代教育技术实验室等全部集中建设，以便将来统一管理。

第四，为培养高素质人才提供物质保障，加强文艺、体育场所设

施建设；为副教授以上人员配备研究室。

第五，着眼未来，向数字化管理迈进。采取先进的技术与设备，建设高水平、宽带传输的计算机和有线电视网络系统，使教学、科研、行政管理实现网络化、数字化，师生员工在校内实行一卡通。

第六，环境优美、高雅。

(2) 建设

新校园从1999年8月中旬开工建设，当年开工3.5万平方米，其余的23.5万平方米，均在2000年3月15日以后破土，81%的工程实现当年开工当年竣工。其中2.1万平方米的教学楼，仅用5.5个月。

沈师的具体做法是：

第一，根据总体规划，抓好单体设计，以满足功能需要为主，同时兼顾建筑美学，力求既协调统一又风格各异。

第二，认真考察，实行公开招标，选准施工队伍。

第三，以确保工程质量为前提，力争尽早形成使用能力。

第四，以满足需要为根本，原则是提高档次但不追求豪华。所需材料设备采购实行招标制，货比三家，坚持同质论价，同价论质。

易地建校一期工程的情况是：旧校区已成功转让两处计136亩；新校区占地1188亩，其中学校拥有土地使用权1048亩，后勤社会化投入土地140亩。已交付使用的建筑面积27万平方米，其中教学用房12.8万平方米，学生生活与服务用房9万平方米；体育、行政及后勤用房5.2万平方米。完成了包括道路、水、暖、电、网络在内的所有配套工程。新校园规划建筑面积31.5万平方米。

(3) 资金

新校园总投资概算为人民币6亿元。一期工程征地、所有配套约需4.8亿元，解决途径为：转让旧校园（2处）获得资金2.038亿元；吸引社会力量建设学生生活区投资1.2亿元；省政府补"九五"期间翻扩建资金0.18亿元，银行贷款约1.5亿元。

(三) 沈阳师范大学校园置换前后的资产比较

沈阳师范大学经过校园置换以后，在招生规模、办学条件等诸多方面发生了巨大变化。

从总体规模来看，1999 年，沈阳师范大学本专科在校生共计 5895 人，校园占地面积 93999 平方米，建筑面积 108000 平方米，教学行政用房 74519 平方米，学生宿舍面积为 31005 平方米，运动场地 7500 平方米，语音实验室座位 112 个，没有多媒体教室。经过校园置换，截至 2012 年，本专科在校生共计 22415 人，校园占地面积达到 1259133 平方米，建筑面积 756267 平方米，其中：教学行政用房 339756 平方米，学生宿舍 179932 平方米，运动场地 115955 平方米，语音实验室座位 1386 个，多媒体教室座位 15920 个，办学条件得到根本性改善。

从生均角度来看，变化最显著的是百名学生配多媒体教室和语音实验室座位数、百名学生配教学用计算机台数以及生均教学科研仪器设备值三项指标，1999 年百名学生配多媒体教室和语音实验室座位数仅为 2 个，到了 2012 年，已经增加到 78 个，百名学生配教学用计算机台数也从 1999 年的 5.7 台增加到 2012 年的 35 台，生均教学科研仪器设备值由 2199 元增加为 9450 元。另外，1999 年，沈阳师范大学生均占地面积仅为 16 平方米，2012 年此项指标达到了 56 平方米。

表 4-6　　　　　　沈阳师范大学校园置换前后资产对比

项目	1999 年	2012 年
生均占地面积（平方米/生）	16	56
生均教学行政用房（平方米/生）	13	15
生均宿舍面积（平方米/生）	5	8
生均教学科研仪器设备值（元/生）	2199	9450
生均图书（册/生）	146	91①
生均年进书量（册）	1.6	3
百名学生配教学用计算机台数（台）	5.7	35
百名学生配多媒体教室和语音实验室座位数（个）	2	78

---

① 2012 年沈阳师范大学的生均图书量为 91 册，这里的数值只是统计了纸质图书，并未包含电子图书量。

(四) 沈阳师范大学校园置换的模式效应及实践启示

通过转让旧校区，以资产置换方式易地重建新校园，获得了令人欣喜的成果。

1. 成功实现三处合一，变分散为集中，为培养复合型人才，实施素质教育奠定了物资基础。

2. 原来三处办学存在的固有矛盾与困难迎刃而解，每年节约办学成本百万元。这种实实在在的节约，为改善办学条件奠定了基础。

3. 学校面貌焕然一新，为政府节约大量的基本建设投资，如原建筑面积中50年代的建筑占50%以上，且全部为危房，若实现翻建，须政府投资近亿元。

4. 极大地增强了学院的凝聚力和影响力。过去由于资源有限，留不住人才，校园置换后硕士、博士包括留学人员纷纷申请到沈师工作，全校上下，群情振奋；同时通过易地建校也扩大了学校的社会影响。

以上情况，说明沈师通过换建实现了办学条件的历史性转折。同时，带来了沈城北郊经济的繁荣。省委省政府给予了充分肯定，舆论界亦给予了高度评价，被称作"沈师模式"。

在沈师的校园置换过程中，"沈师模式"之所以能够形成，可作如下归纳。

第一，观念也是生产力。

过去学校囿于三个校区共计不足200亩校园中，举步维艰。虽然几经奋斗，终究难以长足发展。即使财政增加一部分投入，也不可能彻底改变面貌。通过转变观念、开拓思想，用好存量带动增量，使得沈师的面貌发生了翻天覆地的变化。观念决定行为，行为决定结果，沈师的校园置换应该说是观念转变的结果，是勇于探索创新的结果。

第二，只有抓住机遇，才能加快发展。

沈师的决策是建立在对国内高等教育形势的透彻分析基础上的。针对党中央提出的科教兴国战略，沈师的管理者有超前的判断：随着知识经济时代的到来，高等教育大发展是必然的。作为高校应当有超前的思想准备和物资准备。

正当沈师作出易地建校抉择的时候，国家正在起草新的土地法。新土地法将提高征用土地价格，严格审批权限，于是，沈师便抢抓机遇，在新土地法实施前完成征地任务，节省了大量资金。

正当沈师开始实施易地建校时，教育部颁发了振兴21世纪教育行动计划，高校大发展的春天到来了。1999年沈师净增1000人规模已相当困难，2000年比上年净增1300人却很轻松，沈师仅两栋教学楼就可同时容纳10500人上课，彼时的沈师已为完成辽宁2001年招生计划提前做好了物资准备。

第三，只有真抓实干，才能实现预期目标。

新的思路和目标是前提，但思路再新、目标再好，如果没有真抓实干的精神，没有克服困难、百折不挠的勇气，目标也不会实现的。沈师易地重建，从转让旧校区，到新校区选址、征地、规划、设计、审批、筹措资金、组织施工，遇到了无数的困难，沈师发扬逢山开路、遇水架桥的精神，有的同志几年中几乎没有休过一个双休日，开足马力向前冲刺，终于取得了今天的成果。

第四，要有一点风险意识。

沈师决定易地建校的时候，国家还没决定高校大规模扩招，后勤改革方向也不明确，相应的配套政策也没有出台，软环境也不像现在这样有利和宽松，各方面的认识也不完全统一。在校区转让选择开发商方面，在较短的时间内保质保量的建成27万平方米校舍和配套工程方面，是有一定的风险的。但是要想干事业就得勇于承担风险；什么也不干没有风险，可是事业也会停滞不前。只有把风险充分估计到，并采取相应的措施把风险降到最低，才是我们应该采取的态度。正如邓小平的名言：发展才是硬道理。

第五，校园置换采取领导不参与原则。

众所周知，在市场经济的大环境下进行高校的土地置换，必然涉及"买""卖"土地的问题，而这一过程中如果不能建立透明、有力的监督机制，将极有可能催生腐败，而腐败一旦发生，最终损失的是国家财产以及高校和学生的共同利益。在沈师校园置换的整个过程中，校领导从未介绍任何施工单位或是原材料供应单位，全部操作均采取透明方式进行。校领导的这种表态和行为是一面镜子，对各职能部门而言，是一种示范。对在土地置换过程中，权力"寻租"问题的严格监督和有效防范起到至关重要的作用。

从 1996 年开始规划，到 2000 年底全部搬迁完毕，沈阳师范大学的新校区建设早已尘埃落定，而沈师迁移所带来的效益则刚刚显现。

沈师走的是一条打破以往单纯依靠政府拨款进行学校改造和建设的新路——利用级差地租的原理，将原有的位于黄金地段的校园对外转让，获得发展的资金，再以小换大，到沈阳北郊征用土地，建设新校园。

而更大的惊喜则在于，作为一种模式，沈师的做法已为沈阳地区其他几所大学所效仿。除了沈师，辽宁大学、沈阳医学院、沈阳工程学院的新校区建设也都有了不同程度的进展，加上原有的离此不远的沈阳航空航天大学和后来的中国医科大学，在沈阳北郊形成了一个大学城；而在沈阳南郊的浑南开发区，东北大学、沈阳建筑大学、沈阳工业大学、沈阳音乐学院、沈阳化工学院等，也都有了新校区的建设规划和构想。可以说，在沈阳已经形成了南北大学城两翼齐飞的态势。

从经济学意义上看，沈师完成的并不仅仅是一所大学的迁移，还成为城市经济发展的一个牵动力。通过土地置换，一方面，腾出的旧校区用于房地产开发，总计建设规模 21 万平方米。与此同时，新建成的沈师扩大了在校生规模；另一方面，城市的建筑业、房地产业、建材业、装饰业及城市公用事业和服务业、金融业等诸多方面都得到了拉动。

二 合作办学——大学经营理念与办学实践的突破

（一）沈阳师范大学合作办学的历史背景

高校扩招带来了教学空间、生活设施不足等问题，沈阳师范大学通过校园土地置换在很大程度上解决了这个问题，但随之而来的是进一步发展的问题。沈师土地置换获得一个多亿的资金，但这笔资金只能满足新校园征地及一部分教学楼建设的资金需求，学生的宿舍楼及教学楼建设需要更多的资金，因此，沈阳师范大学开始探索新的途径。

首先是申请银行贷款，初期银行对沈阳师范大学的建设积极配合，提供了一定的资金支持，但是由于资金缺口较大，银行在进行了可行性研究之后，拒绝了沈师进一步贷款的请求。而当时恰恰社会上有部分企业拥有充足资金正在寻找合适的投资项目，沈阳师范大学的领导班子果断决定引入社会资本办学，这一重大决定解决了沈师校园建设的资金问题，也为日后沈师的跨越式发展奠定了基础。

（二）沈阳师范大学合作办学的项目梳理及模式分析

沈阳师范大学的合作办学至今已走过十余年的历程。

1. 沈阳师范大学合作办学总体情况

沈阳师范大学合作办学有三种模式8个项目。

第一种模式：以股份制的形式，与社会力量联合办学，实行董事会（理事会）领导下的院长负责制，共4个项目。

2001年，与鞍山永安旅游服务有限公司联合创办了旅游管理学院。

2002年，与中科院沈阳计算技术研究所和省信息中心联合创办了科信软件学院。

2002年，与美国堪萨斯州富特海斯州立大学和辽宁天成文化教育发展有限公司联合创办了国际商学院。

2009年，与沈阳旭兴进投资担保有限公司联合兴办了美术与设计学院。

第二种模式：本着"谁投资、谁管理、谁受益"的原则，吸引社会资金投入学生生活区建设，共3个项目。

1999年，与当地四台子村（沈阳市腾飞实业总公司）合作建设南生活区。

1999年，与沈阳市社会事业管理学校合作建设北生活区。

2003年，与辽宁东佳物业管理有限公司合作建设东生活区。

第三种模式：以所有权和经营权分开的方式，吸引社会资金建设教学辅助类项目，建设了培训中心和游泳馆，共1个项目。

2010年，与辽宁东佳物业管理有限公司合作，用28年的经营权换来1个多亿的建设资金，建起了2.4万平方米的沈阳师范大学培训中心和游泳馆。

2. 各合作办学项目发展现状

（1）股份制模式下的联合办学

①旅游管理学院合作办学项目

根据《中华人民共和国高等教育法》和国家关于社会力量办学的有关规定，2001年3月，沈阳师范大学与鞍山市永安旅游服务有限公司就联合成立旅游管理学院一事签订了合作协议。双方通过合作办学，旨在进一步扩大辽宁省高级旅游管理人才的培养规模，提高培养质量，改善办学条件，以适应社会与经济发展的需要，积极探索高校与社会力量办学的新途径。旅游管理学院按照股份制方式运作，实行董事会领导下的院长负责制，合作的期限为30年（2001—2030年）。学校提供建设用地，提供品牌、专业、学生、教师及相关保障；合作方投资不低于1000万元（统计为1500万元）用于建设旅游学院教学楼和购置教学设备。合作方利益分成的方式为：扣除所有办学成本（学费收入的30%）、福利及发展基金，合作办学前10年分得75%；中期10年分得55%；后期10年，分得45%。

旅游管理学院目前拥有建筑面积8000多平方米的独立的多功能教学楼，楼内语音室、多媒体教室、多功能实验室等教学设施齐全；截至2012年，学院有2个硕士学位授权点，4个本科专业和2个高职专业（2013年后，高职专业停止招生），其中旅游管理专业为"省级示范专业"、国家级"高等教育特色专业建设点"，旅游管理实验教学中心是辽宁省"省级实验教学示范中心"。学院有在校研究生、本科生、高职（专科）生2017人（其中高职学生872人），有专任教师56人。

②科信软件学院合作办学项目

为了贯彻《国务院关于印发鼓励软件产业和集成电路产业发展若干政策的通知》和《关于印发辽宁省加速发展软件产业实施意见的通知》文件精神，根据《高等教育法》和国家关于社会力量办学的有关规定，为了应对中国加入世界贸易组织对高等教育的挑战，2002年5月，沈阳师范大学（甲方）与中国科学院沈阳计算技术研究所（乙方）、辽宁省信息中心（丙方）通过合作办学模式成立软件学院。软件学院参照股份合作制的方式运行，设立董事会和监事会，合作期限为15年（2002—2017年）。学校提供建设用地，建设独立教学楼，提供品牌、专业、学生、教师及相关保障；合作方提供品牌、人力资源，无偿为学生提供实习、实践条件。软件学院的总股份甲方占81％，乙方占11％，丙方占8％。

通过合作办学，软件学院拥有了14000平方米的教学楼，建成了8个百人计算机机房和十几个功能齐全的实验室；现有四个本科专业，一个硕士学位授权点。具有省级重点支持改革试点专业3个，省级工程实践教育中心1个，拥有与英国、澳大利亚合办本硕连读联合培养项目。现有全日制本科生2306人，教工100余人。

③国际商学院合作办学项目

根据《高等教育法》、辽宁省人民政府《关于试办国际商学院的通知》和国家关于社会力量办学的有关规定，为了加速沈阳师范大学人才培养的国际化进程，2002年10月，沈阳师范大学与美国富特海斯州立大学、辽宁天诚文化教育发展有限公司合作成立国际商学院。学院参照股份合作制的方式，采取董事会领导下的院长负责制，合作期限为30年（2003—2033年）。学校提供建设用地，提供品牌、专业、学生、教师及相关保障；合作方投入5000万元建设2.2万平方米的教学大楼，购买设施设备。分成方式为：商学院的学费收入扣除办学成本后所余部分，合作方在合作办学前10年分得70％；中期10年分得50％；后期10年分得40％。

通过合作办学，国际商学院建有22000平方米的教学大楼，楼内设有计算机广场、语音室、各专业实训室等现代化教学设施，为学生的学习和实践提供了良好的条件；学院设有国际经济与贸易、金融学、法学（国际经济法）、市场营销、物流管理等专业，拥有两个硕士点，现有学生3600余人，中外教职员工168人。

④美术与设计学院合作办学项目

2009年，沈阳师范大学与沈阳旭兴进投资担保有限公司就美术与设计学院合作事宜达成协议。美术与设计学院参照股份制方式运作，成立理事会，采取理事会领导下的院长负责制，合作期限为30年（2009—2039年）。学校提供建设用地，提供品牌、专业、学生、教师及相关保障；合作方投入5100万元建设2.3万平方米的教学楼。利益分成的方式为：去除学费总额45%的基本办学成本后，合作方在前10年分得60%；中期10年分得50%；后期10年分得40%。

本项目是在政府紧缩合作办学政策背景下申办下来的，合作机制与国际商学院大体一致。由于合作方的投入，美术与设计学院办学条件大大改善，学院新的教学楼面积接近原教学楼面积的3倍。

（2）社会资金参与的生活区建设

①南生活区合作办学项目

1999年10月，沈师与四台子村委会就南部生活区建设与管理项目达成协议。由合作方投资建设6栋学生公寓、食堂及浴池超市等配套设施。合作方提供建设用地65亩（四台子村用临街的26亩土地与我校置换而得），合作期限为50年（1999—2049年）。合作期间按照谁投资、谁所有、谁受益的原则，生活区所有收益归合作方所有，学校不参与分配。

2001年11月，沈阳师范大学与沈阳市腾飞实业总公司签订协议，合作方投入土地和资金建设2.37万平方米学生公寓（7—10号学生宿舍），合作条件同上。

2008年6月，沈师与四台子村及腾飞实业总公司签订资产债务抵偿协议，南生活区1—4号学生宿舍和餐饮一部食堂，及65亩土地的产权和使用权抵偿给学校。同时学校把这部分建筑和土地承包给南生活区进行物业经营与管理，承包期10年。

学校与社会力量合作建设学生生活区响应了当时政府关于高校后勤社会化改革的要求，同时为学校节省了建筑成本和征地费用，在学校易地建设新校园融资困难的情况下减轻了资金压力。目前南生活区总建筑面积7.5万平方米（学校产权3.47万平方米），配套服务设施齐全，是一个相对独立，并与学校融为一体的学生生活社区。

②北生活区合作项目

1999年10月，沈阳师范大学与沈阳市社会事业管理学校就北生活区建设与管理项目达成协议。由合作方投入土地、资金建设学生公寓、食堂、浴池等配套设施。在合作期间按照"谁投资，谁所有、谁受益"的原则，生活区所有收益归乙方所有，甲方不参与分配。

2004年8月，沈阳师范大学与沈阳市社会事业管理学校签订土地转让合同，取得北生活区北半部34.15亩土地的使用权，沈师在这块土地上建成3栋学生宿舍、1栋外教公寓楼。2009年7月15日，沈阳市社会事业管理学校与沈师签订协议把北生活区交由学校托管，学校每年交纳承包费用320万元。

③东生活区合作项目

2003年2月，沈师与辽宁东佳物业管理有限公司就联合成立东生活区相关事宜达成协议。由合作方投资建设学生公寓、食堂、超市、浴池等学生生活设施。学校投入40亩建设用地，并为合作方提供贷款担保，拥有合作项目建筑的全部产权。合作的期限为30年（2003—2033年），合作项目在合作期限内的投资收益归合作方所有，学校不参与分配。

东生活区的合作建设满足了学校进一步扩招的需要，增加了学校的固定资产，节省了建设资金，使学校集中财力进行二期工程的建设。东生活区建筑面积现为8.3万平方米，包括7栋学生公寓、1栋教师公寓，食堂、大型超市、洗浴中心，功能配套齐全。东生活区的建设也是在国家大力推进高校后勤社会化改革的形势下进行的，由此沈阳师范大学形成了南、北、东三个学生生活区并存的格局，在此基础上形成了各生活区互相竞争、互为补充的完整的学生后勤服务体系。

（3）所有权与经营权分开模式下的教辅类合作项目

2003年2月，沈阳师范大学与辽宁东佳物业管理有限公司就培训中心、游泳馆合作项目达成协议，由合作方出资建设经营培训中心和游泳馆，本项目也是沈师与辽宁东佳物业管理有限公司合办东生活区项目的一个组成部分。学校投入建设用地，并为合作方提供贷款担保，拥有合作项目建筑的全部产权，合作时间截止到 2035 年 8 月 20 日。合作项目在合作期限内的投资收益归合作方所有，学校不参与分配，但合作方需为学校游泳课教学和游泳队训练提供场地，为沈师租用客房提供优惠。培训中心（沈阳东佳瑞士酒店）集客房、餐饮、会议、游泳健身于一体，总建筑面积 2.4 万平方米。

（三）沈阳师范大学合作办学前后资产状况对比分析

通过开展合作办学，为学校吸引了大量的社会资金，极大地缓解了学校的投资压力，改善了学校的硬件条件，扩大了学校的固定资产规模。从合作办学发展的过程以及财务数据来看，沈阳师范大学合作办学的思路和举措是超前、果断的，是明智、正确的，在实施过程中也是非常成功的，合作办学不仅得到了政府和社会的认可，还给学校带来了巨大的社会效益和经济效益。

从股份制合作办学项目来看，截止到 2011 年，4 个项目已经为学校带来了 2.94 亿元的直接收入，远远高于独立办学的经济收入。旅游管理学院、国际商学院和美术与设计学院 3 个项目的合作时间都为 30 年，合作期满后，包括教学楼在内的所有教学资源都归学校所有。同时，学校通过与国外大学、国内企事业单位的合作，引进优质教育资源，使学校在课程设置、专业结构调整、科学研究、人才培养模式改革、师资队伍建设及体制机制改革等方面取得了丰硕的成果，从而提高了学校的竞争力，收到了良好的社会效益。

从生活区的合作项目来看，3 个合作项目缓解了学校投资压力，避免了学校背负巨大的经济债务，使学校将更多的财力投入内涵建设中，使学校的综合办学实力得到了快速的提升。学校通过吸引社会资金合建生活区，不仅满足了扩招的需求，同时也使沈师后勤保障的硬件条件大大改善。南生活区和北生活区是由合作方提供土地和建设资金进行建设的，东生活区是由合作方投入资金，沈师投入土地进行建设的。3 个合作项目在合作期间的所有收益都归合作方所有，学校不参与分配。通过与社会力量合作建设和管理生活区，学校共引进社会资金29867万元，引入社会土地122亩，建设了三个规模适中、配套完备的生活区，使学校后勤的硬件条件相比过去有了很大的改善，有效解决了学校扩大招生所需的后勤保障问题。如果由学校独立建设生活区，由于所有初始投入需要贷款，学校将面临巨大的还款压力，如将所有生活区经营收入都用于偿还贷款本息，截至2012年，学校将有1.85亿元债务。客观地说，沈师搬迁新校园以来，三个合作方对沈师生活区的建设具有历史性贡献。

从培训中心及游泳馆项目来看，在学校没有建设投入的前提下增加了学校的固定资产，也为沈师体育教学和培训、接待提供了良好的场所，为学校工作带来了很大的便利，使沈师成为沈阳高校建筑功能最为齐全的高校。培训中心及游泳馆在合作期满后所有的资产和经营权都归学校所有，如果培训中心和游泳馆继续经营20余年，还会带来可观的经济收入。本项目的建设用地是由学校提供的，合作方共投入14800万元，资金全部用于项目建设。如果该项目由沈师独自建设，学校需在2009年投入建设资金14800万元，这些资金以学校当时的财力状况是无法承担的，如需通过银行贷款，同样面临巨大压力。另外我校没有经营宾馆、游泳馆的经验，需投入大量的人力、物力对宾馆、游泳馆进行经营和管理，这也在一定程度上增加了本项目的实施难度。

从经济角度分析，如果沈阳师范大学的合作办学项目都由学校独立完成，则所有项目的前期投入基本都要靠银行贷款，沈师的贷款总额将增加5.76亿元，从静态的角度按照6%的年贷款利率计算，仅贷款利息一项每年就需要支出3456万元。巨大的还款压力将严重影响学校的发展。

（四）沈阳师范大学合作办学的综合效益及形势分析

1. 综合效益分析

通过开展合作办学，学校吸引了大量的社会资金，极大地缓解了学校的投资压力，改善了学校的硬件条件，扩大了学校的固定资产规模。从合作办学发展的过程以及财务数据来看，学校合作办学的思路和举措走在了全省高校的前列，在实施过程中也是非常成功的。合作办学不仅得到了政府和社会的认可，还给学校带来了巨大的社会效益和经济效益。

（1）通过合作办学，为四个学院的迅速发展打下了坚实的基础

沈阳师范大学合作办学的4个学院均采取股份制合作办学形式，其中三个学院的合作期为30年，一个学院的合作期15年。根据协议，学校提供建设用地，提供品牌、专业、学生、教师及相关保障，由合作方投资（软件学院为学校自己投资），建立独立的教学楼，合作期满后，包括教学楼在内的所有教学资源全部归学校所有。近年来，旅游管理学院、科信软件学院、国际商学院和美术与设计学院分别建起了8000平方米、1.4万平方米、2.2万平方米和2.3万平方米的独立教学楼。各教学楼内分别配有现代化的教学仪器设备，配有语音室、专业实训室、计算机广场等，无论从哪个角度做比较，这四个学院的教学条件都达到或接近校内外一流水平。良好的硬件条件，为四个学院的内涵建设奠定了坚实的基础。通过与国外大学、国内企事业单位的合作，引进优质教育资源，使四个学院在课程设置、专业结构调整、科学研究、人才培养模式改革、师资队伍建设及体制机制改革等方面都取得了丰硕的成果，收到了良好的社会效益。

（2）通过合作办学，为学校带来了可观的经济收益

四个合作办学项目对合作双方来说都是双赢的。包括生均拨款在内，到2012年，四个学院的合作办学项目已经为学校带来了38274万元的收入。合作办学的经济收入远远高于独立办学的经济收入。收入高的原因主要有两个：一是通过合作办学，有的学院具备了高收费和自主招生的条件，使总的学费收入得到大幅增长；二是合作办学为学校节省了巨额支出。如果学校独立办学，建设四个同等规模的学院，学校将累计增加投入11600万元，受当时实际财务状况的限制，这一额度是学校根本无法承受的；如依靠银行贷款，从短期看，贷款的利率较高，学校偿还本金、利息的支出较大，沉重的债务负担将会严重

影响学校的事业发展。

（3）通过合作办学，奠定了沈阳师范大学学生生活区现有的格局

学校与社会力量合作建设学生生活区响应了当时政府关于高校后勤社会化改革的要求，同时为学校节省了建筑成本和征地费用，通过与社会力量合作，学校共引进社会资金29867万元，引入社会土地122亩。通过合作，合作方迅速建起了三个规模适中、配套完备的生活区，有效解决了学校扩大招生与住宿空间不足的矛盾。同时，学校后勤的硬件条件与过去相比有了根本性的改善。

在对沈阳师范大学八个合作项目作系统梳理和量化分析后我们可以得出结论：每一个合作项目都是成功的、盈利的，除了社会效益外，其经济效益远远大于学校独立办学所获效益。多年来，学校与合作方的合作是双赢、友好、平稳、顺利的。其间，合作双方未发生对抗矛盾或尖锐冲突。

近年来，沈阳师范大学与合作方的合作之所以成功，关键在于在规范设计的基础上，严格执行协议；在平等互利的基础上，相互尊重对方；在以诚相待的基础上，妥善处理问题；在换位思考的基础上，着眼合作大局。从合作方角度思考问题，如果合作方投入的资金为自有，即使不作合作投资，将之存在银行也会产生利息收入；如其投资靠的是贷款，合作方同样要偿还贷款本息。客观地说，学校搬迁新校园以后，在特殊的历史时期，八个合作项目对沈阳师范大学的发展具有历史性意义，在特殊的时期，合作方的介入，对学校的发展、建设具有历史性作用。

2. 合作办学面临的新形势、新问题

（1）政府对合作办学政策的调整和变化

随着合作办学的深入，合作办学机构中是否有社会资金注入，合作者是否要求取得回报已成为教育主管部门密切关注的一个问题。不可否认的是，合作办学中也确实反映出投资者与学校在利益追求中存在的差异。在强调教育公益性原则的同时，近年来教育主管部门明显加大了对合作办学的监管力度。2012年，教育主管部门出台了严格限

制本科院校办高职的政策，对围绕高职进行合作办学的合作项目冲击颇大。

（2）学校对后勤服务实体掌控能力有限，生活区的公益性难以保证

按照"谁投资，谁管理、谁受益"的原则，学校与合作方仅仅是合作伙伴关系，没有行政上的隶属关系，因此学校对生活区的监督管理有时难以落到实处。由于对生活区实施企业化经营，有的合作方追求利润最大化，自然会淡化服务意识。另外由于缺乏有效的管理和监督，经营者在学校后勤市场化运营中，容易产生新的联合垄断行为；同时，由于近年来物价上涨引发了以食堂饭菜为代表的生活区物价的上涨，消费者与经营者的矛盾便比以往更加频发。在后勤社会化改革过程中，目前国内许多高校都不同程度地存在这一问题。

（3）合作办学成本增加，学校利益分成可能受到影响

近年来，随着物价的上涨及人员工资的上调，高校的办学成本上涨幅度巨大。与之相对应，学生的学费标准却被长期固定，禁止波动。以沈阳师范大学几个合作办学学院为例，合作办学协议的条款有明确规定，学院的办学成本全部来源于固定比例下的学费收入，且协议的有效性是长期的。针对增加的办学成本，迫使合作方让利的可能性较小，为维护正常的教学秩序，保证教学质量，最有可能的解决方案就是降低学校的分成比例。实践证明，这一方案一经实施，学校的利益就将受到损失。当几个学院都面临着调整分成比例时，便会给学校的财务带来巨大的压力。

（4）学校的办学能力显著提高，为合作办学未来的发展打下了良好的基础

合作办学以来，学校经过十余年的发展，积淀了良好的办学条件，具备了独立办学的能力。同时随着生均拨款的增加，随着各类立项的增多及财政支持力度的加大，学校的财务状况比前些年有明显好转，到2015年沈阳师范大学的银行贷款余额已降到1.6亿元，比2010年时的4.08亿元减少了60%，为学校下一步发展打下了坚实的基础。

基于以上分析，沈阳师范大学于2013年成功地收回了国际商学院

与旅游管理学院合作方的经营管理权，并于2016年规划收回生活区的经营管理权。

亲历者访谈

访谈者：张教授，您好！很荣幸您能在百忙当中接受我们的访谈，您是沈阳师范大学校园置换的亲历者，今天的访谈是想请您谈谈沈阳师范大学当年开展校园置换的情况。首先，请您谈谈沈师校园置换的决定是在什么样的背景下做出的？

张教授：2001年11月28日，《辽宁日报》在头版头条发表一篇文章名为"沈师模式"，我也出了一本书《面向21世纪的大学自我重塑》，其实这就是一本论文集。为什么标题叫作面向21世纪的大学自我重塑呢？其实感慨来源于沈师。第一，市场经济条件下，大学自主权多了，大学可以自我重塑。以前在计划经济时代，大学想自我重塑是不可能的，办什么样的专业，招生、毕业生去向都是由政府说了算，计划说了算，大学缺乏自主权。另外，大学有了内在自我重塑的压力和动力。我在这本书的后面专门写了一篇小短文，就谈资产置换，题目叫《按经济规律办事，资产置换建设新校园；按教育规律办事，更新观念建设现代大学》，标题比较长。后来我在辽宁做了一个报告，当时厦大校友会在这开过会，后来被整理出来了。沈师的整个资产置换过程我也经历了，我当时也参与谋划整个历史过程。其实可以概括为这么三个问题：一是为什么要换建新校园？二是怎么换建新校园？三是建设一个什么样的新校园？

首先，为什么要换建新校园呢？凡是那个年代在沈师工作的同志们，包括老师和学生都深有感触，那时沈师经过从朝阳回来，在黄河南大街95号那块地，现在的成龙花园，九十多亩不到一百亩地，陵西二部不到三十亩地，后来包括幼师并入，幼师并入时还没有建设新校园呢。加一起一百多亩地对于一个中学可以，但对于大学来说，没办法再向前发展。所以，当时我们的领导班子找过省政府，省政府表示辽宁这么多大学，我们没有财力来帮你们做这个事情。那时我们就想过置换，应该说置换的想法一直都有。到了1995年新的一届班子组成，当时想不能再等了，再等遥遥无期，唯一的办法就是置换。在高校还没有扩招的背景下，当时学校还可以维持。但一旦高校开始扩招，可以说沈师没有发展空间。那时实验中学的老师都没有看上沈师，对学生说你们如果不好好学习就给你们送沈师去。我们对此印象特别深，有点损伤自尊心。所以，那时的沈师如果没有解决问题的办法，我认为沈师只能是苟延残喘。所以，我们在那样的背景下下决心，当时下定决心将沈师整体的卖掉，建设新校园。

访谈者：那么，当时在做出置换这个决定时都出于哪些考虑呢？

张教授：主要出于几方面考虑，一是当时沈师所在地是黄金地段，毗邻北陵以及辽宁大厦，比较值钱。置换后，我们可以到远一点的地方去买一个大一点的校园，用经济学的术语来说就是级差地租的概念，用级差地租的原理我们可以以小换大，这是一种思考。二是另外一种思考，我1986年在日本学习，我对日本的筑波大学做了一项专门的考察，其前身叫东京教育大学，当时的学校在东京非常分散，正好当时日本政府要在筑波建设筑波科技城，他们抓住这个机会，把东京教育大学卖掉了，然后政府又拿了一部分钱，在筑波科技城建了一个筑波大学，进行了一次非常成功的土地置换。我专门去考察了筑波大学，我认为筑波大学的模式，我们是可以学习的。所以，我们领导班子讨论，沈师发展到现在，我们没有退路了，只能往前走，去啃那块骨头。否则，别说沈师未来的发展如何，沈师的命运如何都不可估量。所以，那时条件再艰难再困苦，我们也要闯过这一关，所以当时就产生了这样一个想法，在很多材料里都可以去搜集。那么如何利用经济学的级差地租原理去以小换大？当时由于书记牵头进行选址，共考察了三个地块，一是现在新辽大附近，二是平罗、造化那边，三是现在沈师所在地。最后经过慎重思考，决定选择现在沈师所在地。所以，从现在看，这个地方是最理想的，距离我们原来的老校7.8公里。此地现在看不算闹区但又接近市区，当时我们选择这块地方也有很多的压力，当时沈阳市找我们谈，说政府要发展浑南，沈北没有规划，谁让你们到沈北来的？我说这是政府批的，又问我们是谁批的？要追究我们的责任。我们说如果政府不批我们也建不了，所以当时我们在沈北打了第一枪，当时沈阳市想动摇我们，政府有意开发浑南，让我们去浑南。我们说不能去，我们的老师要穿越沈阳市区才能到浑南，那成本太高了。另外我们跟市领导讲，沈阳有这么多大学，不能把鸡蛋都装在一个篮子里面，如果把这些大学分散开，发挥这些大学各自的辐射力会更好，为什么大学都要建在浑南，北侧的大学可以往北面走，南侧的大学可以往南面走，后来市里面勉强同意了。所以我们就选择了此地建设新校园，现在看这块地方是黄金宝地了。如果从风水学的角度看，这块地方还是龙脉呢。当时跟北京的大学讲，沈师新校园距离老校园有7.8公里，有些远，但他们讲在北京7.8公里简直不是距离呀。我们当时就是这样选择了新校园。

访谈者：新校园地址选好了，要建设一个什么样的新校园呢？

张教授：我们当时的态度是我刚才说的那两句话，按经济规律来办事，资产置换来建设新校园。另外，我们不是简单的将校园变大，我们对于新校园的建设注重的不是钢筋和水泥，不是铺设的道路，不仅仅要建设大楼，我们还要注入新的理念。所以，那时我们的意见是"按教育规律办事，更新观念，建设现代大学"。当时对于现代大学的构想，现在看有些东西还是适用的。一是集约化的配置资源。以前在老校区时院系现在看不叫院系，系和教室都在一起，按行政单位来配置教育资源。但在新大学里面，我们要按照功能配置资源，所以我们盖了教学楼，凡是教学功能全部集中在这里，当时的设计能容纳15000人。将理科的实验集中在一个楼，不再分散。以前按照行政单位来配置资源，一个行政单位用一块地方，麻雀虽小五脏俱全，资源不能被充分利用，不能共享。所以，我们当时要改成按照功能来配置资源。二是新校园的建设要为未来的人才培养模式改革奠定基础。那么，如何才能为未来的人才培养模式改革奠定基础呢？我们在国外留学期间都有这个感觉,就是我们的体制过去是学习俄罗斯,是学校教研室体系,国外的大学是大学、学院、教师研究室。所以我们的新大学的建设,要下决心给我们的老师建研究室。我们那时候就是教授一人一个研究室,副教授两个人一个研究室,讲师集体用一个研究室。所以我们当时下决心在新大学要建研究室,当时清华大学的总设计师在评价我们新校园规划时,他非常感慨,他说清华大学这么多年一直想给教授提供一个研究室,但是做不了,没有这个条件,没想到你们沈师实现了。我说我们新校园要体现教育新的理念,当时我们把办公室规划在一起了,当时办公室十几个人挤在一起,中间有隔断。教研室要变小,教授、副教授、讲师分配开。办公室要变大,几个人甚至十几个人一个房间,当时我们就是这个理念。当时给教授、副教授、讲师配研究室,不是让他们简单休息的地方,是让老师和学生讨论问题的地方,师生互动的地方,是要拉动人才培养模式的改革。过去搞教育学的人都知道,过去没有地方搞,现在学校给你提供地方,那么你就要定期与学生见面,定期交流,提供科研空间,要改革我们的人才培养模式。所以这是当时我的一个非常深的印象,就是更新观念,拉动人才培养模式。三是我们要建智慧化校园。要实现校园计算机、网络一步到位,所以那时我们非常重视校园网的建设,建设智慧化校园。我们有一些观念及新的教育方面的理念,不只是要建设新的校园,而且要注重新的教育理念,这是我认为最重要的两条,即按经济规律办事,按教育规律办事。

访谈者:在沈师校园置换过程中,您当时面临的压力有哪些?最大的压力是什么?

张教授:在整个校园建设过程当中,第一,压力最大的还是资金问题。我们要建设新校园的时候,资金从何处来?你们现在可能都体会不到,我们当时去找省政府的时候,省政府是不同意的。我们去找省教育厅的时候,省教育厅也是不同意的;我们去找省发改委的时候,省发改委也是不同意的。省长后来才支持的,但没支持前说你是搞钓鱼,你说不要政府的钱,但当你们上去下不来的时候,政府不还是得给你们兜底吗？你这是钓鱼工程啊！教育厅也是反对的，当时的资金压力非常大。当时正处于辽宁老工业基地最低谷的时候，政府根本就没有钱，我们当时是立军令状的，我们对省长说我们保证不要一分钱，我们可以立军令状。省长反问如果你们不要钱，你们拿什么建设新校园？那你们打算怎么做？当时我们给省长算了一笔账，第一，沈师的老校区加上二部当时可以卖2亿多元；第二，我们没有钱，我们采取后勤社会化，我们不建一平方米的宿舍，不建一平方米的食堂，所有的都实行后勤社会化，可以拉动1.2亿到1.5亿元。第三，我们可以贷款。如果省长能够批准，我们可以贷款1.5亿元。到沈师建完，我们的贷款是最少的。另外学校自身通过省吃俭用也攒了几千万元，加在一起有5.5亿元左右。有了这5.5亿元，我们自己就能够谋划可以买多少地，建多少大楼，新校园就可以建起来了。省长认为有道理，可行。后来我们就用这种办法跟各相关部门解释。总结起来，资金的来源包括四方面：土地置换、后勤社会化、借贷及自己节省下来的积蓄，当时的5.5亿元左右就是这样的由来，钱就是这么解决的。所以这是我们感觉当时压力最大的，尽管这么说，操作起来谈何容易！卖校园不是容易的事，什么时候才能卖掉呢！需要组织人，找合作方等等，其中的酸甜苦辣有很多。压力最大的还是资金问题，但是通过我们不懈的努力，通过以上所述的办法，当时资金问题基本上就解决了。

  第二个压力就是购置土地。征地同样面临很大的压力和困难。当时这个地方被政府规划为建设贸易市场，路都已经修好了，但我们就相中这个地方了，就想来这。所以，当时我们就去做村子里的工作，最终村子方面答应了。但乡里死活都不同意，我们谈了无数次。乡长很强势，他当时是全国人大代表，他说你们只考虑自己的事，但我得为农民着想，如果在这里办自由市场，可以天天收税，如果建大学，你们能给我们缴税还是能给我们交费？所以坚持让我们加钱，我们就坚持不加。虽然面临乡里这么大的困难，我们仍然坚持多次与其沟通，斗智斗勇，同时继续做村里的工作，目的就是要想方设法拿下这块宝地，没想过放弃。后来乡里集体通报我们，说如果此地不开发让给沈师，那么沈师什么时候才能建成？沈师又没钱，又不能给你们带来效益，你们要沈师干什么？所以，当时遭到了乡里和村里的集体反对，尤其是乡长态度非常坚决，就是不同意。后来，我们不是简单通过感情与其交谈，更多地用理智对他进行教育，最后乡长开窍了，我们对他们讲，为什么沈师要来，沈师来之后会给你们带来什么好处，讲到最后，乡长想通了，觉得办一所大学比建自由市场好。我们跟乡里开玩笑地讲，辽宁当时规划建十所万人大学，我们在这里办大学，万人大学，师生加在一起数量过万。国家法律有相关规定，居民数量过万可以设镇，你们现在是村，如果沈师来之后，你们就能变成镇了，乡长你就当上镇长了。再说，沈师师生规模过万，单就吃饭而言，平均每人每餐3块钱，一年按300天算，一个学生一年下来就将近1000元，那么一万人算下来是多少！这些钱我们都可以留在当地，我们会给你们带来很大的消费。另外我说我们一平方米的宿舍不盖，一平方米的食堂不盖，你们可以盖，搞社会化，而且你们如果搞自由市场说不定将来哪天就有可能黄了，但你们如果在沈师建了这些宿舍和食堂，是你们永久的产业，你们的村民就会永久的拥有股份，永久拥有权益。再者，以后农民有钱了，都希望孩子能上好的学校，我们别的本事没有，但我们可以将村小变成沈阳市最好的学校。他们对这件事挺好奇，问你们能吗？我回答当然能了，比如我们可以把家住农村且学习最好的学生留下来在这里当老师，我们常说好学校其实就是有好老师，怎么不会把你们学校变成一所好学校！另外，可以将你们学校挂上沈师大的名字，现在听说这所学校还挺难进呢，原来200来人，现在发展成几千人了。现在你们只有村小，以后可以发展小学、初中、高中，还可以将你们村小变成沈阳师范大学附属学校，我们可以派最好的老师，把你们学校变成沈阳市最好的学校，你信不信？他开始不信，我跟他讲完后他就信了。另外，我们沈师来了之后，一万人需要多少第三产业，修鞋、理发、衣物修补、饭店等等，可以拉动你们多少第三产业的发展。另外，你知道现在开发商都打什么牌呀，现在开发商都打教育牌呀，起初我们跟村里谈的是32000元，他非常坚决要求翻一番，因为他们要对农民负责，农民将地卖给沈师了，以后靠啥？如果我们卖给自由市场，还可以天天收税呢，如果卖给沈师，农民以后能干什么？我说你们现在卖给我们32000元，明年这附近的地皮就会增值到62000元，甚至82000元，因为所有的开发商都打教育牌，你周边的地价随着沈师的进驻，会马上上涨。未来的沈北会是沈阳的一个新的市区，是沈阳市一道新的风景线。事实证明沈阳市当时没有估计到沈师的到来会带动沈北如此大的发展。现在看，如果没有沈师的到来，沈北不会发展得这么好，没有沈师的到来可能不会带动沈阳这么多的大学的到来。那时这块地方全部是稻田，沈师的到来会是沈阳未来城市化最好的亮点之一。再者，我们可以给你们村里派一位村长助理，协助你们更好地治理村子发展村子。你们农民不是想进修吗？可以免费来沈师，但不能发毕业证，可以发结业证。我们的资金可以存入你们当地的信用社，我们的成果还可以在你们当地转化。另外，我给你讲一件事情，你可能没有听说过，你知道国外的城市是怎么建起来的吗？国外许许多多的城市，是先有了大学后有了城市，我们可以出资带你们去国外看看，那些城市是怎么来的，就是因为有了大学。我相信沈师如果过来，这块地未来就会变成一个城市的市区。另外，企业可以破产，市场可以倒闭，甚至政府可以更迭，但只有大学是常青树，如果沈师真的过来了，你们就享福吧，我们带来的不仅仅是经济效益，还有社会效益；不仅有眼前的效益，还有长远的效益；不仅有看得见的效益，还有看不见的效益。经过斗智斗勇，最后将乡长说服了。我们从1995年开始考虑土地置换，真正把这块地买下来是在1998年，并在1998年开始施工建设。

  第三个压力是质量安全和风险的压力。能够保证质量很难。风险是什么？与开发商打交道，相当于与虎谋皮。如果有些闪失，后果将不堪设想。那时我们还没有过和这么大规模的开发商合作，我们把地卖给他，他给我们建设校园，建完校园，我把旧校园给他，类似于这样。那么就存在能否按期完工的风险、能否保证质量的风险、能否保证施工安全的风险、是否存在廉政方面的风险。跟开发商打交道，陷阱太多了，我们都没有经验，不要出现廉政上的问题。那时候这方面的压力也是非常大的。我们在整个校园建设当中，环环相扣，完全按照规矩来办事。所有施工实行招标，选择多家施工队。我们跟开发商签订生死合同，开发商如果晚交工一天，罚 10 万元；我们晚交旧校园一天，罚 50 万元。最后我们如期将校园建完。我们当时还有一个安全风险，那就是艺术学院先期搬过来了，整个招生就在新校区进行。开发商得先交工，招生只能在大楼里招。当时施工安全风险特别大，几十亩地同时施工，几十台塔吊同时作业，农民工特别杂，什么样的人都有。艺术系全都是小女孩，农民工一看见她们，就偷懒不干活，一旦出现学生人身安全方面的事故，即便沈师建新校园是好事，也会因此而造成非常恶劣的影响。所以，那时候我们非常重视这方面的事情，将破面包车伪装成警车，如果发现哪个工程队出现这方面的事，就立即停止施工，赶出工地。当时艺术系有半年的时间，生活在一片大的工地当中。

第四个压力是动迁我们教职工住宅的压力。这个压力与前三个压力相比，一点都不小。沈师太艰难了，我们这些老师的命运虽然不能说很苦，但确实很不容易。好好的大学被迁到朝阳，一待就是 13 年之久。后来终于回来了，虽然当时沈师的校园小了一点，但毕竟回沈阳了，毕竟有个窝了。现在要把沈师卖掉了，让老师住在哪里呢？当时老师住的地方相当于地震棚一样。所以有学生写了一句话，走进沈师校园，好像刚刚打完第二次世界大战。当时幸好没有发生火灾，否则将是"火烧连营"，一个房子着火就会着一片。即便如此，老师们当时也算有窝了。一旦动迁，就会触碰老师们的利益。与开发商打交道，这件事到底能不能成？校园建设将老师的窝弄没了，老师们非常担忧。另外，老师们也希望改善条件。但每个单位都有个别的老师希望利益最大化。所以，当时我们做了大量的思想工作。我们现在就不说太多的细节了，当时甚至有的老师说，你们用推土机推我吧，我就不走了！该怎么办？校园置换一度陷入很尴尬的局面。有的老师指着我的鼻子说了很极端的话，赫鲁晓夫是在斯大林死之后才掘他的坟，我现在还没死呢，你们就来掘我的坟来了！但是绝大多数老师还是支持学校的决定。我们告诉这些老师，只要我们学校换地了，一定尽最大的努力、创造最大的机会给老师改善条件。当时教授分配住房140平方米，副教授105平方米，在沈阳市没有任何一个单位能够给教授和老师这么好的条件。如果配合学校迁出后不回迁的话，按照3600元/平方米进行补偿。当时沈阳市拆迁办找我们谈，说沈阳市当时拆迁的补偿标准还是1000元/平方米多点，你们这样做会让沈阳市以后很难开展动迁工作，你们带了一个很坏的头儿。后来我们跟拆迁办解释，我们这些大学老师太优秀了，也非常辛苦地在朝阳异地工作13年，刚从朝阳搬过来的，希望你们能够理解他们。所以，我们当时尽最大的努力为老师改善条件，尽最大的努力做老师的思想工作，最后将老师的住房问题解决了。

以上四个压力比较而言，最大的压力是资金，最艰难的是动迁，最担忧的是质量和风险，谈的最艰苦是买地。那时新校园的建设没有先例可参考，也没有相应的政策扶持，是我们这届班子审时度势，怀着一颗事业心和一份责任感，确立了这样一个思维，带领大家并做了大量的思想工作。如果没有广大教职员工的支持，就不会成功。所以这件事的成功应该归功于沈师大全体师生们的共同努力，领导在其位就要担当起这份责任，是沈师大的全体师生和领导班子一起承担起这份责任和使命，完成了沈师大这一历史性的转折。好吧，我就简单说这些。

访谈者：好的，非常感谢张教授！

（受访者为原沈阳师范学院院长　张德祥）

访谈者：大宇校长，您好！很荣幸您能在百忙当中接受我们的访谈，沈阳师范大学开展合作办学已经十多年了，您是整个合作办学的亲历者，今天的访谈就是想请您谈谈有关合作办学的情况。首先，请您谈谈沈阳师范大学为什么在十几年前就有了中外合作办学的机构？

校方是出于什么样的考虑？

赵校长：这个问题主要是从四个维度来考虑的。

第一，沈师正式进入新校园是2000年，学校刚刚进入新校园后，学校从整个发展方向上有一个命题就是"实行战略性转移"，从外延发展转向内涵发展，那么转向内涵发展的概念是什么，或者说我们的着眼点是什么？是要提高学生培养质量和提高学术发展水平。那么提高学生培养质量和学术发展水平，我们又面临一个学科专业发展的选择。也遇到了一个进一步完善办学条件这么两个具体的命题。

当时我们2000年来的时候，我们的教学和管理就在现在的环路内，外边就是附属了，有些学生宿舍、食堂、锅炉房等服务性设施。学校条件面临每年大概招生4000多人的规模，还是难以容纳的。同时，我们原来是个师范院校，那么通过我对整个师范院校的发展走势以及国际上师范院校发展走势的分析，师范院校独立存在的可能和必要性是越来越小的。因为在发达国家，教师的补充都是本科后进行专业化的培养。然后它有一个阶段，有的国家是一年，有的国家是两年，都是本科后的选择，这是发达国家很普遍的做法。

我们学校原来师范专业是主专业，都是跟师范相关的。在20世纪90年代后期，我们做了第一个非师范专业，就是社会学，当时我在做教务处长。那么根据师范院校发展的方向，和中国未来教师补充的渠道，这两个判断，我们就想应该向多科化发展，不能死守在师范这一个领域内去发展。那么到了今年，这个认识得到印证了，实际上就是取消了师范专业，师范院校已经不再授权你发教师资格证了。这就给师范专业带来了巨大的压力。所以现在回头来看，我们十几年前对这种趋势发展的判断是对的。

在这个过程当中，我们就有个需求了。怎么发展一些社会需要，又是我们以文理为基本专业结构和师资队伍结构的相关专业方向，我们不能凭空来啊，所谓师范是以文理为基础的，如果再宽点说，就是文理艺教，我们属于文理结构的大学。我们有这样的基础，又有两项任务，这是我们内在发展的一个思考和需要。

第二是当时社会发展的需要。当时教育厅专门发了一个文件，辽宁省要鼓励三类本科人才的培养，其中包括软件人才、国际商务人才等，是根据辽宁经济发展建设提出的人才需求，那么外部有社会需求，我们内部有发展的需要，这两者是吻合的。

第三，在这个基础上，要做一个新的专业发展，新的学科发展。如何发展？我们要把一种想法变成实证。这个时候国家又出台了鼓励中外合作办学和社会力量进入大学办学的指导意见。这是我们面临的社会需求、内部需要和整个的政策指导。在当时合作办学里边，还有一个实质性需求，当时我们已经贷款3亿元，再发展新的专业、新的学科就面临两个问题，人从哪来？钱从哪来？我们把这个事情结合起来，所以当时我们提出来要合作发展。当时我在大会上提出一个观点，综观发达国家的大学，大学是一个平台，不是独立王国。所谓象牙塔是中国人的说法，因为我们那个时候的发展有两个特征，人们把大学叫作象牙塔，它是少数的大师和精英培养之地，大家都不懂，很高贵，现在我们的高等教育已经到了大众化阶段，那时是精英化，而且象牙塔的说法是解放前提出来的，那时大学少，大师和能上大学的人少，这种精英教育，老百姓对于他们研究的事不懂，学者们平时和社会联系很少，象牙塔是这么产生的。而在发达国家，大学是社会发展的平台，比如说，我们硅谷的孵化，我们大学直接进入市场的基金，直接作为金融资本需要有优秀的团队进行管理，哈佛大学每年基金的增长率大概在5%，是高于美国GDP的。另外，一些美国的社区大学已经成为地方的文化、政治、体育、艺术、文化传播的平台。商学院合作的Fort Hays大学，它和地方的联系更密切，它的体育场、图书馆全部向社会开放的。政府有钱就投到大学里，就等于地方在建设，所以总的来看，大学是社会发展的平台。实际上这里又涉及一个概念，大学要分类型了。对于我们这样一个地方大学，选择什么样的发展道路？是跟着别人去做象牙塔，还是做职业技术？这些都不行！我们应该成为一个多科性的、和地方在办学过程中密切联系的大学。那么合作的模式怎么选择呢？正好这时合作方来敲门了，是他们主动先跟我们谈的。但是当时合作方是要独立办学，当时我就否定了，不可以，这是个"怪胎"！它在设计的时候毛病就是存在的。独立学院挂着正式大学的名，然后强调资产独立、财务独立、人事独立、教学独立，我们来看看当时出资举办独立学院的都是哪些人，他们的目的是什么，就清楚了它是"怪胎"。但是大学本身是非营利机构，要是有营利的出发点，它能办好吗？办不好的话，它的脐带连着的母体却是中国正规的公办高校，是不是怪胎呢！他们的出发点是不一样的，高校又无法管理，独立学院如果胡为，还挂着高校的名。我当时是不同意的。不投入，没有专门人员管理，缺乏大学的人文关怀，学生一定会有意见的。它的格局是有问题的。

当时国际商学院投资方提出在校园旁边盖个小楼，办商学院，但是办成独立学院，我们不同意。后来对方说就想做这个项目了，让我们来说到底什么形式合适。我说了一句典型的话，我说："我们的合作在校园里面，只能做香港，不能做台湾。"这是很多年前我说的了。你们必须在大学的整体管理下来进行合作，不能独立出去。于是投资方开始朝着这个方向努力。建立商学院到底社会投入了什么？投入了资金建楼，把项目引进来，第三是他们促进教育部审批的。

第四，合作之后，我们考虑了更深化的问题，国际商学院的建立是用合作的体制和美国的一些办学理念、课程和管理来影响我们大学管理的理念、制度和格局，所以我后来一直在说商学院和软件学院是我们内部深化改革、学生培养等诸多管理的一个改革窗口，是内部管理和学生培养的一个试验田，这是非常重要的。如果大家就看到了盖个楼，发个美国学位，那就太薄了，不了解我当时是怎么想的。

我们建立商学院就是要吸纳美国在人才培养里边的目标、模式、理念和流程。商学院后来很多比较成熟的人才培养模式多次在我们的教学研讨会上和院长会上交流，就要对其他学院产生影响。

正是出于这几个方面的考虑，正好有投资方找到了沈师，于是创立了沈阳师范大学国际商学院，包括后来的软件学院，等等。

访谈者：当年您为什么要在国际商学院和软件学院设立董事会？

赵校长：当时有了合作办学的想法之后，我们设计了董事会制度，现在回头来看可能叫理事会更合适，因为董事会往往是对公司而言的，一般对于学术和社会事业性机构叫理事会。董事会的权力从我们学校分给他最重要的一块是干部的产生，我对我们的干部产生到现在还头疼，靠大家投投票、靠领导拍拍脑袋，这么产生院长存在不合理的地方。产生院长的方式就决定了院长的眼睛向谁看，一个院长不看教授，不看老师，不看学生，只看书记，那不用说院长多大本事，他肯定是不合格的。你做得越热闹，可能对我们的师生、学术和专业发展损害性越大，因为着眼点和努力方向是错的，所以我把这项权利从学校争取来了，就是商学院、软件学院的院长是董事会提名，党委会认定。这在干部使用上是一个很大的变革。院长可以提名副院长，董事会通过，就可以保证院长和副院长工作的一致性。

商学院和软件学院的院长都是我提名上来的，做得多好啊，靠原来的制度根本是不可能的。商学院的院长原本是位普通老师，但这个人学问搞得很好，人很本分，很有正义心、同情心，在大学要讲究些人文情怀的，谁也没有想到我会挑到他。软件学院的院长也是提名上来的，他原来一直在本钢做高层管理工作，国家两次作为后备干部培养他出国深造，我们有些学院要面向社会，要有横向地对社会发展的促进，需要有些企业性的文化和思维，所以当时我就定他了。所以董事会的最重要的作用就是院长的产生，其他的作用都是附属的了。当时我给两个学院的权利是很大的，就是不进编的教师自主聘任。人事和干部制度和其他学院是不一样的，再就是财务要有成本核算意识。

访谈者：大宇校长，按照您的说法，国际商学院的建立并不是沈师主动出去寻找的投资方，而是投资方主动找到了我们，是吗？

赵校长：是的，是投资方主动来找我们的。

访谈者：沈师在当时并不是辽宁省内最好的学校，包括学科专业等都不是最突出的，为什么投资方会主动来找我们？我们有哪些优势吸引了投资方呢？

赵校长：这大概有三个方面吧。

第一，沈师建设新校园在全省是最早的，沈阳师范大学经过校园置换以后办学条件有改善了，它的副产品就是社会影响力在提高。

第二，我们在很多方面用新的模式，比如说社会化，大学的服务体系尽量社会化，这是用新办法来处理老问题。生活区都是社会投资建立的，当时我们的后勤管理尽量是采取社会化来完成的，比如食堂，大部分都是外面进来办食堂。所有的这些在社会上看来，师大不仅改善了办学条件，而且有了新的办学思路和改革原有一些传统做法的魄力和想法。

第三，我们的这些合作中我个人的一些社会影响力也有。

大概是这三条吧，社会资本选择进入了沈师。

访谈者：投资方进入沈师在领导班子里是否有反对的声音？

赵校长：当然也会有。

访谈者：那么反对的原因是什么呢？为什么不同意投资方进入沈师？

赵校长：主要是考虑是不是"骗子"，第二是担心投资方过于参与学校的办学，会不会办乱了。这个"骗子"的说法有两个维度，第一这个事情本身是不是骗我们，第二个中间办学过程中会不会不规范从而导致一些社会问题也叫骗。但实际上担心的问题都避免了，对方不投钱我们怎么能同意呢？

访谈者：刚才大宇校长您提到投资方选择沈师的原因还包括沈师走后勤社会化这条路，那么沈师走后勤社会化这条路又是出于什么考虑呢？

赵校长：小岗村土地承包是中国农村改革的实例。我们社会化不是理性选择，而是无奈的选择。建了教学楼以后已经没有钱建宿舍楼了，从银行贷款已经不可以了。很简单，如果国家能投入资金，可能我们就不会选择社会化的道路了，学校在管理方面可能会比投资方更好。可是我们没有资金。我们和所有合作方没有一次矛盾公开化，影响到办学和学生的事情从未发生过。很多高校出现过宿舍断水断电的问题，我们从来没有过。那么从根本上说，这种模式肯定带来一些摩擦，大学要对学生的管理和呵护与投资人是不一样的。看问题要看出发点，投资方是要挣钱的。讲话要实事求是，沈师当时是没办法啦，无奈之举，不得已啊，没有钱！当然，作为研究有不同的视角，每个人对于后勤社会化的说法都不同，但从我们沈师自己家的事来说，我只能说是因为没有钱。

访谈者：后勤社会化过程中，公立高校和逐利资本之间的矛盾是不可避免的，众多高校都出现了问题，对于沈师您是如何去做使得矛盾最小化的呢？

赵校长：这就涉及一个单位文化和主要领导素质问题。

第一，在所有合作方那里我不"伸手"，要清正廉洁，他就会另眼相待。你只要拿他一点，他就会以多少倍的寻求来拿走，拿走的过程他损害的是谁啊，还是学生的利益，把学生的利益损害了，矛盾就出现了。领导要廉洁，我们是合作，是在阳光的平台上合作，不要搞其他的，他就尊重你了。

第二，要思想引领。我和投资方的管理者讲人生、讲哲学、讲教育、讲文化、讲为人处事，影响他们，所以商学院的投资方领导曾经说过一句话："沈阳师范大学是让我挣点钱，但整个改造我的人生是校长完成的！"我们要在高层次上去影响这些为钱而来的人。

第三，对待合作方在干净阳光的前提下要公平。诚信、公平，合作方就不会有问题。如果合作方思想不能得到升华，不理解大学，刚开始来的时候是为了钱，但当他们进来之后要让他们有社会责任感，体现人生价值。你不去在他们身上牟利，就不会引发合作方在你这儿想获得更大利益。你做事情是公平对待，他们不觉得很委屈，就不会胡为。

如果还说一点，就是在整体项目设计上，对对方回报的预测都是透明的，那么后来展示的预测都是对的。我会告诉合作方教育投资是长线的、稳定的，但一定是安全的、阳光的，不是高回报的。如果能接受就进来，不接受就算了。另外，要想办法让合作方不要只盯在钱上，是多方位的，他就舒服啦，矛盾就小啦，要合作方认同你，尊重你，把你当导师一样，他就不会给你出难题。这几条做不到，那就乱了。

访谈者：是的，这几条说起来简单，但并不是所有人都能做到的。最后，还想请大宇校长谈谈关于大学校长的职能，国外大学校长的主要职责就是筹集资金，您认为在中国是否可以？

赵校长：不行。这个问题很好回答。本周二我接待了哈蒙德校长，我们谈的第一个话题就是为什么目前美国大学女校长的比例在增加，女校长比我们男校长有优势。

这个首先涉及中美大学校长的功能定位问题。这就是你谈的话题，怎么定位？定位和大学自身在历史形成的管理制度有关，和校长向谁负责的方向有关。最初大学产生于意大利，发展于英国，后来强盛于德国，现在到了美国。这是大学在世界上的发展阶段的标志。那么在意大利和英国大学的产生，"university"这个词是行会的意思。各教堂的培养神职人员的办学和研究，还有一些人搞研究所，有的侧重物理，有的侧重天文等，后来发现他们培养的人才的标准不一致，社会对他们这些培训机构培养的人不甚了解，影响力不大。为了解决毕业生出口的问题，这些研究和培训机构就以行会的这种模式形成了一个联合体，这个联合体整体展现给社会，来告知社会他们培养的是什么样的人，所以在联合体里边，在不同的发展阶段，有的是学生作为管理主体，学校里面是学生说了算，这种比较少，但是曾经有过这个阶段。有的是以教师为主体的。后来大了才出现了学校的专职管理人员，形成了管理体系上是下面沉、上面轻。另外，由于原来就是分散的，他们的人事、财务、学位、教学计划、毕业审核、学位审核等都在学院，所以它是下面沉、上面轻。那么为什么女校长多呢？第一，个人形象魅力。密歇根大学开毕业典礼是万人空巷，城市人口六万人，参加毕业典礼的是六万人，家长和来自世界的友人都来参加，克林顿总统也应邀前来。这个大学的校长是金发，像个明星一样，讲述自己的故事，学生们都会觉得自己的校长有魅力、有能力，这就是女性的个人魅力。第二是联系，包括筹资、社会募捐、政府项目、基金资助、校友捐赠等，这是对外联系，还有一个重要的是对内联系，大学的各个学院都是独立的，校长需要联系协调院长、教授，协调董事会成员，是协调，不是管理。第三，在发达国家里作为大学管理者男人越来越不适，男人是理性动物，女人是感性动物，女人是用体会甚至包括第六感觉去看待事物，就会在人文环境下去关怀不同的个体。现在美国的女校长占到30%左右。中国的大学校长就不行啦，我曾经说过一句话：美国大学校长像总统，中国的大学校长像总理。中国的大学校长什么都得管。

　　中国大学校长带着党和政府极强的委托，不仅仅是政治委托，还包括社会委托。美国的大学校园是警察管的，而中国的大学从防火、防盗、卫生、治安到学生管理、后勤服务都归大学来管。中国的大学发展都是一条道，真是葵花朵朵向太阳，专科要升本科，本科要拿硕士，硕士要拿博士，博士要进211，211要进985，全都发展一个方向。我们看问题要看根，关键在于校长是谁选的，学校的事谁管的，就这两个问题。校长是组织部任命的，是党选的干部，而且考核中要看大学的GDP、专业数、博士点数，拿这个给大学排名。因此大学校长就得积极向这个方向努力。另外就是大学的事谁管。在美国大学的重大事务都是董事会管，我们是党委管，而党委是当事人，中国大学决策者、管理者、受益者是一体的。因此，中国的大学校长是不可能像国外的大学校长一样的。

　　访谈者：谢谢大宇校长！

（受访者为沈阳师范大学原校长　赵大宇）

第五章　发达国家和地区大学法人资产经营的国际借鉴

第一节　国家：土地政策及对高校扩张的作用

一　美国的《莫里尔土地赠予法》

在殖民时期的美国，最早一批来自欧洲的移民在他们新的家园创办了学院，其宗旨是培养神职人员和公共事务服务人员。1636年到1790年，经历了独立战争，美国先后诞生了耶鲁、哈佛、新泽西等11所学院。到美国的南北战争时期，全美的大学和学院总数已逾100所。

（一）"第一莫里尔法案"

美国在建国初期，农业非常落后，而当时的美国高等教育深受英国中世纪高等教育的影响，其课程设置的特点是：重视古典学术和宗教，而对实用职业技术是比较轻视的，特别是农业职业技术教育被普遍轻视，导致农业实用技术人才出现了严重的供给缺口，进而使实用技术的推广和农业机械化的大面积普及受到了严重的制约。同时，时任佛蒙特州的美国国会议员贾斯廷·莫里尔发现旧的高等教育制度不能满足农民和技师的教育需求，同时，农业不够科学化，国有土地存在巨大浪费和被破坏的问题。

1857年，莫里尔向国会递交了一项法案，建议联邦政府向各州赠送土地，并建立专门学院，以便推广农业职业技术教育。希望联邦政府捐赠、支持及维护学院，至少每州有一所，其目的在于培养农业和机械领域的专业人才。此提案 1859 年在国会通过，但最后被当时的总统詹姆斯·布坎南否决。

直到 1862 年，此提案重新在国会通过。1862 年 7 月 2 日，林肯总统正式批准、签署了著名的"莫里尔土地赠予法"，简称"莫里尔法案"（Morril-Act），也叫"赠地法"或"第一莫里尔法案"。经过实践验证，该法案对美国后来高等教育的快速发展起到了非常重要的作用，毋庸置疑是美国高等教育转折时期的非常重要的法律文件。

按照"莫里尔法案"的规定：第一，联邦政府应在每个州至少资助一所从事农工和机械工程教育的高等院校；第二，参照 1860 年国会规定的议员分配名额，联邦政府应基于各州议员的数量，向各州施赠一定的国有土地抑或是等额的土地期票，执行标准是每个议员 3 万英亩；第三，出售这些土地所获收入的 10% 用于购买校址用地，其余的收入用在设立捐赠基金方面，此基金的利息不能低于 5%；第四，如果在 5 年之内，此笔捐赠基金没有用于兴办从事农工和机械工程教育的高等院校，则须将全部基金归还于联邦政府。

根据该法案的规定，各州建立的赠地学院不得排除其他学科和经典的学习，并应包括军事战术训练，但其主要课程必须按照各州议会所分别规定的方式讲授与农业和机械有关的知识。凡是由各州遵照 1862 年"莫里尔法案"创办或资助的院校，都被称为"赠地学院"（Land Grant College），由于其课程主要以农业及机械为主，因而也被称为"农工学院"（Agricultural and Mechanic College）。

"莫里尔法案"颁布以后，在美国联邦政府的支持下，50% 以上的州迅速筹建起以农科和机械为课程特色的"赠地学院"。赠地学院一般都具有较大的规模，占地面积较大，校园环境很好，招生规模较大，以农工学科为主要特色，同时其他学科并举，与当地的州政府保持密切联系，科技成果转化富有成效，赠地学院在各州所有高等院校中起到了良好的标杆示范作用。当时的赠地学院并没有闭门造车，结合当时的市场环境，非常注意并竭力满足当地众多受教育者的需求，为社会经济的发展储备、提供了很多的专业人才。"莫里尔法案"为赠地学院的发展奠定了良好的基础，它是"美国高等教育史上最重要的法案"，也是美国历史上最具意义的农业立法。

（二）"第二莫里尔法案"

赠地学院创办以后，一直受到经费拮据的困扰。为了呼吁政府每年向赠地学院提供经费资助，莫里尔又先后于1872年、1873年、1875年、1879年四次递交法案草案，但都非常遗憾未获批准。然而莫里尔并没有放弃，一直到了1890年，终于被哈里逊总统批准，并开始实施。这就是"第二莫里尔法案"，在此法案的帮助下，实施农业与工艺教育的学院获得了更全面的资助。

除了上面两部莫里尔法案之外，美国政府又先后颁布了多项法律来支持赠地学院的发展。例如《海奇法案》的颁布促使联邦政府出资建立农业试验站，其初衷是解决农业实际问题，同时向广大农民传授农业技术知识。20世纪初又颁布了《史密斯—利弗法案》，旨在促进农业推广。1917年的《史密斯—休斯法案》则侧重支持美国中等层次职业技术教育的发展。经过半个多世纪的发展，美国形成了一套内容相对完整的教育体系。

《莫里尔法案》在美国高等教育发展史上起到了极其重要的作用，不仅是美国高等教育大发展的开端，也促使美国从此走上了教育科技强国之路，使得教育的作用更加丰富，开启了高等教育直接服务经济发展的新时代。

二 美国土地政策对高校扩张的积极作用

（一）促进了美国高等院校规模的扩大

一方面，赠地学院耗资少，收费不高，使得家境拮据的劳动者阶层的子女也能接受到良好的高等教育，实现了高等教育的民主化和大众化，改变了美国传统高等教育只注重培养上层子女的局面。这与传统的贵族化教育形成了鲜明的对比，与欧洲的精英型传统高等教育大相径庭。

另一方面，自美国南北战争以后，此类高等院校在美国成倍扩张，这都得益于赠地学院自身的特色和优势，因为赠地学院收费低廉，倡导、践行的是理论结合实际，根据当时的市场需求，主要培养学生在实用农业和机械制造工艺方面的知识和技能，充分考虑到并最大限度满足了当地劳动者的利益和需求，实现了市场供需平衡。在《第一莫里尔法案》获批的初期，美国只创建了为数不多的几所赠地学院。随着实践经验的积累和市场良好反应的扩散，到1871年赠地学院就扩建到29所，到1896年赠地学院的规模已达到69所。得益于《赠地法》，赠地学院在规模和类型两方面均实现了新的突破和发展。参照美国全国大学与赠地学院联合会（NASULGC）在1999年发布的年度报告，当时全美赠地学院的规模已达105所，在美国各州均有不同程度的发展，比较著名的院校包括宾西尼亚州的州立大学、北卡罗来纳大学教堂山分校、威斯康星大学系统、加州大学系统，等等。

美国高等教育规模的扩大得益于赠地学院的不断发展。据统计，美国1870年高等学校的规模仅为563所，而到了1970年，美国高等院校的数量已经达到了2500所，一百年的时间里，美国高等院校的数量增长了近五倍，这对于美国高等教育的发展来说影响是非常大的。在学校数量增长的同时，学生规模也迅速扩大，1935年美国高等教育学生为100万人，1970年增加到700万人。

（二）加剧了高等院校之间的竞争和内部结构的调整

市场经济告诉我们，适度竞争会带来有利的结果，在高等教育领域同样适用，美国之所以成为世界上高等教育最发达的国家之一，与美国高等院校之间的竞争是分不开的，竞争带来了美国高等教育的长足发展。

为了获得美国政府的资助，在《莫里尔法案》资助下建立的赠地学院与传统院校之间展开了激烈的竞争。一方面，竞争使得传统大学改变了以往仅仅重视理论学术的教学体系，在课程设置上开始注重实用性和适用性。另一方面，对于赠地学院而言，需要进一步提高课程的吸引力。因此，赠地学院在开设农业和技术工程方面课程的基础上，还开设了自然科学以及文学等方面的课程，推动了赠地学院向着综合性大学的方向发展，而这些赠地学院发展到今天大部分都成为了世界知名的综合性大学。对此，美国教育家考利（W. H. Cowley）指出："莫里尔法案最有意义之处在于它在资助创建农业、机械或其他实用学科的高等院校时，并没有规定这些院校不教授其他自然科学或古典学科，从而导致了美国高等院校中最有影响的学校——综合大学的产生。"

（三）推动了美国高等教育民主化进程

《莫里尔法案》推动了美国高等教育的民主化进程主要表现在两个方面：第一，取消了高低贵贱之分；第二，取消了性别歧视。

在赠地学院成立之前，美国的高等教育是针对上层社会子女的，而普通的中产阶级、农民、工人的孩子是无法接受高等教育的。然而赠地学院打破了美国高校只招收贵族子女的传统，任何人无论出身均可以享受高等教育，而且学费较低，这在很大程度上推动了美国高等教育的民主化发展。正如康奈尔大学的创始人所说："这所学院将向社会的工业和生产阶级提供最好的设施，以使他们获得实用知识和精神文化。"是"任何人都可找到自己所想学的任何学科的地方。"[①]

与此同时，赠地学院还允许女子接受高等教育。美国传统高等教育中女子是不能享受同男子相同的受教育权的。赠地学院再次打破了这项传统，西部地区的赠地学院首先开始了同时招收男性和女性学生，此后，东部地区的赠地学院也进行效仿，这一举动迅速扩大了美国高等院校学生规模，生源结构也发生了实质性变化，美国的高等教育不再是"精英教育"，取而代之的是更加符合时代要求的"大众教育"。

---

① 朱宏清：《论〈莫里尔法案〉对美国高等教育的积极影响》，《扬州大学学报》（高教研究版）2011年第3期。

第二节 政府:拨款机制及对法人资产的影响

从全球范围看,政府是大学经费资助的主体。尽管世界上对大学拨款机制没有整齐划一的统一模式,但还是存在许多相似之处。其中最典型的是美国和英国的资助模式。同时,从全球范围来看,各国高等教育的财政拨款普遍表现为缩减的趋势。

一 美国

美国高等学校的经费来源主要包括政府拨款、学费收入以及服务收入等。据统计,在高校的全部经费来源中,政府拨款的比例达到50%以上,而学费以及服务收入、社会捐赠等大概占到40%,科研经费比例占到10%左右。由此可见,政府拨款在美国高校经费来源中占到半壁江山,对于高校发展是非常重要的。

联邦政府的经费资助主要包括三项内容。

第一,奖助学金及贷款。联邦政府的经费很重要的一部分用于设立专门的奖学金、助学金项目,奖励学习勤奋刻苦、成绩优异的学生,帮助家庭贫困的学生完成学业。同时,还会对需要资金帮助的学生提供低息或者无息贷款。

第二,专项资助。对于高校的教育改革、教育创新活动政府会通过拨款予以支持鼓励,此类拨款一般针对具体的项目进行。

第三,科研经费。政府拨款中还有一部分是用来针对研究型大学的科研开发及创新活动的。

由于美国是分权制国家,联邦政府对于各高校仅进行宏观管理和经费资助,具体的事务管理以及经费的分配都是由州政府来负责的。

美国高等教育政府拨款方式在不同的州有所不同,而且不同的州对于高等院校的拨款方式也不是单一的,经常是多种方式同时使用,针对不同的院校和内容有所差别。但相同的是,经费的拨放都需要经过立法机构批准。美国各州政府拨款方式主要有四种。

(一)增量拨款

增量拨款的方式是美国各州采用较少的方式,顾名思义,是按照高校规模增加情况来增加拨款额,通常采用这种方式时会将上一年度的拨款额视为合理的,从而本年度的拨款额会在上一年度的基础之上根据规模扩大情况再增加一定的比例。当然,在最终确定增加比例的时候,还需要根据州财政实力和当地教育发展进行综合考虑。

(二)公式拨款

公式拨款曾经是美国各州普遍采用的拨款方式,所谓公式拨款,即依据数学公式和统计知识,通过计算得出拨款额。这种方式能够减少主观判断对于拨款额的影响,通过定量分析的方式得出相对公平科学的拨款金额。在具体计算的时候,各州确定的计算公式中包含的因素会有所不同,同时公式的计算方法也存在差异,主要是因为各州的经济发展水平以及高等教育发展程度不同。

(三)合同拨款

在20世纪六七十年代,美国教育经费开始紧张,面对这种情况,美国政府借鉴科研经费拨款方式,在政府财政拨款中引入了招投标这种竞争方式,主要是针对高校的基础设施建设、教学设备采购等方面的拨款。中标的高校需要与政府签订合同,并按照合同约定执行。如果未能完成合同要求,高校将会受到相应的惩处。美国各州目前广泛采用合同拨款方式。

(四)绩效拨款

绩效拨款方式是指政府在确定拨款额的时候主要依据高校的绩效指标完成情况,如果指标完成得好,则拨款额较高,指标没有完成,则拨款额会减少,甚至不予拨款。各州政府会把绩效考核的指标制定得比较详细,以便于比较和区分。常常指标会被系统设置,各个一级指标下面还会设置二级指标和具体的观测点。指标设置的越详尽,在具体比较的时候会越清晰。但指标设置的是否合理同样重要,合理的指标会反映出不同高校的业绩状况,会促进高校的发展,也更容易达到政府所追求的发展目标。

二 英国

英国高等院校大多数属于公立性质的，政府拨款是大学的主要经济来源。近些年，政府的拨款额对于大部分院校虽然呈现上升趋势，但在大学总收入中所占的比重却呈现下降的趋势。如世界知名的牛津大学和伯明翰大学，政府拨款分别由 2005 年的 1.59 亿英镑增加到 1.95 亿英镑和由 1.14 亿英镑增加到 1.44 亿英镑，而政府拨款占大学总收入的比重却双双出现下降，牛津大学由 30.0% 下降到 22.6%，伯明翰大学由 34.1% 下降到 32.7%。

另外，政府对有些院校的拨款开始削减，2010 年 10 月，英国政府公布未来 4 年削减公共开支方案，英格兰的大学面临削减 40 多亿英镑教育经费，包括 30 亿英镑教学经费和 10 亿英镑研究经费。英格兰的大学之前每年从政府得到约 110 亿英镑的资金。[1]

英国一流名牌大学经费的 75% 来源于政府，一般性大学的经费大约是通过政府、市场和学术项目三种渠道（各占 1/3），而职业性高校 60% 以上的经费通过市场获取。政府对高校的拨款以 1 年为期，原则上根据上一年入学人数和毕业生人数进行调整。

在对高校拨款问题上，英国政府并不是单纯的资金提供者，而是从各个方面监督高校发展，并进行适时的评估，经费的拨放会依据评估结果而定，如果评估结果优秀，政府会增加拨款，反之，则会降低甚至取消，从而起到刺激高校教学水平与科研层次提升的效果。在拨款方面，英国政府还引入了竞争，英国高等教育的宗旨是实现教学质量高水平、科研实力世界一流，同时高等教育对经济发展要作出重要贡献，尤其是在科研方面，为了提高英国的科研创新能力，英国政府采用了公式拨款法，具体指标包括相对科研成本、科研队伍规模和科

---

[1] 刘刚、张海兰：《英美高校投资来源及对完善我国高校投资体制的启示——基于英美两国几所大学投资来源的分析》，《中国高教研究》2011 年第 9 期。

研水平，其中最重要的因素是科研水平，对于高校科研水平的比较和评估由英国高等教育基金委员会负责。采用公式拨款法的一个直接结果就是科研水平高的院校将获得大笔的科研经费，而科研水平低下的高校科研经费将被削减。

三 澳大利亚

澳大利亚高校经费来源中政府支付的比例约占30%。据有关部门表示，澳大利亚政府通过"持续卓越研究"项目，解决大学研究项目的间接经费，2015年政府为大学科研提供的拨款将从2010年的8500万澳元增加到约3.54亿澳元，增幅将近4倍。澳大利亚高等教育部部长克里斯·伊万斯表示，政府拨款将为劳动力市场输送更多大学毕业生。"政府改革基于这样的理念，也就是，澳洲经济发展需要越来越多澳洲人拥有大学学位。因此，政府致力于发展高质量的大学教育，培养知识、技能、创新经济所需的大学毕业生。"在目前发达国家高等教育经费投入普遍缩减的情况下，澳大利亚政府的做法显然是极受欢迎的。此种做法与澳大利亚的留学产业相关，澳大利亚留学是澳大利亚教育产业的主要收入之一，通过政府的拨款提高高校的科研水平，进而提高学校的知名度，就会吸引越来越多的留学生选择澳大利亚的高等院校进行学习。澳大利亚的高校也非常重视教育与社会的联系，提高教学质量，以此吸引更多的留学生，从而增加学校的收入。因此，在澳大利亚政府拨款并不是高校的主要资金来源，市场筹措受到更多的关注。目前，在澳大利亚全国36所公立大学中，成立公司的大学已经达到34所，占比高达94.4%。

自2014年以来，澳大利亚正酝酿着一场高等教育改革，改革的主要方向是削减政府对于高校的拨款，而且减少的这部分资金由学校通过提高学费来弥补。时任教育部长派恩（Christopher Pyne）表示，政府欲削减20%拨款，但与此同时，放开高校收费管制，推进大学之间的自由竞争，竞争会推动高校设施的改善以及教学质量的提升，还会使学费下降，最终受益的是学生。但改革将意味着澳大利亚的学位费用可能达到10万澳元，这对于学生家庭来说负担还是比较重的。该项改革方案并未得到参议院通过。继任教育部长伯明翰（Simon Birmingham）打算调整高等教育改革方案，从节省预算的角度出发，首先打算改革助学贷款政策。澳大利亚议会预算办公室（Parliamentary Budget Office，以下简称PBO）曾预估，学生贷款项目带来的债务将由目前的17亿澳元，在2025年至2026年升至111亿澳元。澳大利亚政府可能推出其他方案替代高等教育助学贷款政策。

澳大利亚高等教育中政府拨款缩减的趋势是无疑的，只是实施过程比较艰难，政府拨款的缩减客观上要求大学法人资产的经营意识增强，通过法人资产经营来获取更多的收入。

四 日本

日本的高等教育按投资主体不同分为国立、公立、私立三种性质。国立及公立学校占20%左右；私立学校占比接近80%。其运营资金来源和其他发达国家比较相似，主要包括政府拨款、学费、经营性收入以及社会捐赠。在日本的国立和公立高等学校经费来源结构中，以政府拨款为主，占比达到60%以上，其次是学费收入，占比约为20%，而其他收入占比不足20%。

日本高校的财政拨款制度因投资主体的不同而有所不同。其中，国立高校的财政拨款依据的是国立学校特别会计制度。国立高校的财政独立性很弱，高校获得的拨款、学费收入以及其他经营性收入等不能由学校自由支配，需要统一上缴，然后再进行分配。政府财政拨款是日本国立高校财政构成的主要来源。据2009年度文部科学省预算显示，政府拨款占国立大学运营资金来源59%，占私立大学运营资金来源9%。日本政府对大学资金投入水平并不高，主要确保国立大学需求，私立大学主要是自筹运营资金（包括学费收入、经营收入、捐赠收入等），据日本2007年度决算基准统计资料显示，国立大学自筹运营资金占41%，私立大学自筹运营资金占82%，可以看出，国立大学靠政府拨款，而私立大学则靠向学生收费。以日本立命馆大学运营资金为例，2008年学费收入占总收入77%，政府补助金占10%，报名考试费收入占4%、捐款收入占1%、其他收入占8%。该校获得政府拨款极少，主要靠运营收入。

近些年，日本政府同样采取了削减拨付教育补助金的数额，日本高校的财务状况面临着严峻挑战。2012财年，用于国立大学的财政拨款为10791亿日元，比上年度减少574.26亿日元，平均降幅超过5%，部分学校的降幅达到10%甚至20%。[1] 在这种大环境下，未来五年日本很多中小城市的国立大学和公立大学可能会面临倒闭的风险。同时，日本由于出生率逐步下降，大学招生困难加剧，2014年，日本高等院校的在校生人数为285万，比10年前减少了4万多人。在校生数量下降使得日本高校的学费收入减少，同时政府拨款和教育补助金也在下降，使得日本多数高校的财务状况恶化，高校运营压力加重。

《读卖新闻》对日本129家主要高等院校的调查结果显示，有58%的学校经营状况恶化，在私立大学中有68%的学校经营状况不良，出现了不同程度的亏损。日本私立学校振兴共济事业团的调查结果显示，2014年，在日本全国578家四年制大学中，有一半以上的大学未能招满学生，比上年增加了6%，特别是比较偏远的东北和四国地区的私立大学招生难问题更加突出。

在多重困难面前，日本高校努力寻求有效途径扩大高校法人资产规模。其中比较有效的方法包括采取措施吸引留学生，通过留学生学费收入来弥补国内生源不足的问题。同时积极开展募捐活动，鼓励校友和各界人士捐款，以促进日本高等教育事业的发展。目前，捐款已经成了日本高等教育的重要财源之一。

综上所述，政府拨款是多数国外高校经费的主要来源，收取学费补偿了教育成本。但美国、加拿大和澳大利亚等国公立学校的学费受国家法规限制，不都是高学费。获取学术项目的经费支持，是西方发

---

[1] 乐绍延：《日本部分高校面临生存挑战》，http://jjckb.xinhuanet.com/opinion/2015-01/09/content_ 533876.htm。

达国家的普遍做法，但在高校经费来源组成中，所占比例还是较低。加之各国政府对高等教育的拨款呈现下降的趋势，各国高等学校需要拓宽途径增加法人资产规模，实现更高收益。

五　香港特区

20世纪80年代初期，香港高等教育开始迅速发展，"大众教育"理念替代了"精英教育"。21世纪以来在香港科技大学的带动下，香港一批大学迅速发展壮大起来，产生了很大影响，从整体上强化和带动了香港高等教育事业的大发展。

香港从事高等教育的机构种类很多，一般情况下，普遍认为受教资会资助的是"公立"，不受教资会资助的称为"私立"。其实不受教资会资助也可以是"公立"。香港从事高等教育的机构大致分为法定大学、法定学院、注册高等学院、职业训练局院校和一般院校。法定大学是指经香港特别行政区行政长官会同行政会议同意及通过，再经立法会通过相关法例，成为一所受独立法例规管的法定大学。香港有八所法定大学：香港大学、香港中文大学、香港科技大学、香港理工大学、香港城市大学、香港公开大学、香港浸会大学、岭南大学。法定学院是指经香港特别行政区行政长官会同行政会议同意及通过，再经立法会通过相关法例，成为一所受独立法例规管的法定学院。香港有两所法定学院：香港演艺学院和香港教育学院。此外还有三所注册高等学院（香港树仁学院、明爱徐诚斌学院和珠海学院）、两所职业训练局院校（香港专业教育学院和职业训练局工商资讯学院）、八所一般院校（中华基督教会公理高中书院、明爱白英奇专业学校、恒生商学书院、保良局香港社区书院、香港中文大学—东华三院社区书院、香港科技专上书院、香港专业进修学校和香港艺术中心艺术学院）。

香港特区政府在对高校进行拨款时主要依据两个指标：第一是学生规模，第二是科研水平。其中根据学生规模拨款占到总拨款比重的78%，而其余22%按照高校的研究成果拨付。具体拨款额由"香港大学教育资助委员会"确定，而不是政府。在"香港大学教育资助委员会"之下设有研究资助局和质素保证局两个半独立组织。其中,研究资助局主要负责高校学术研究经费资助,并对经费的使用情况进行严格监管,对于刚获资助项目、在研项目以及已经完成的项目的监管方式也是不同的。质素保证局主要负责的是受资助高校在师资发展的评审与激励。

按照学生人数作为拨款依据会因为学科的不同、修课形式的差异等有所不同。按照研究成果作为拨款依据有别于大陆高校的做法,大陆的高校作为事业单位,有人员编制的说法,一般拨款都是按照在编人数进行分配。而香港的高校主要是根据教师以往(一般为过去五年)的学术成果来确定。很明显这种机制对于高校学术水平的提高是十分有利的,各高校教学科研人员会积极从事研究工作,而且政府每年还会拨发经常补助金项目,是主要用于教育和科研的专项经费。对于这笔专项经费的分配采用的是竞争性方式,据统计每年大约一半以上的申请是不能获批的。香港特区政府针对高校科研采取的这种拨款方式对我们有重要的借鉴作用。因为这种竞争机制的引入,可以有效地打破高校固有的分类,使各高校在动态的对比、竞争中凸显特色,发挥优势,提升效率。

另外,香港教资会对于高校的资助金额总体上呈现的是上涨的趋势,2003/2004 财政年度的资助总额为 146.28 亿港币,2014/2015 财政年度的资助金额上升为 178.67 亿港币,但从表 5-1 可以看出政府对高校的补助金金额占政府开支总额的比重却呈现下降的趋势,2003/2004 年度比重为 6.0%,2014/2015 财政年度则下降为 4.5%。

表 5-1　　　　　　香港教资会资助院校整体补助金　　　(单位：百万港元)

财政年度	经常性补助金	居所资助计划及其他房屋福利有关之指定用途补助金	配对补助金	非经常补助金	其他	总计	补助金金额占政府开支总额的百分比(%)
2003/2004	11491	1268	943	911	15	14628	6.0
2004/2005	10454	1274	57	631	71	12487	5.2
2005/2006	9919	1274	1000	760	25	12978	5.6

续表

财政年度	经常性补助金	居所资助计划及其他房屋福利有关之指定用途补助金	配对补助金	非经常补助金	其他	总计	补助金金额占政府开支总额的百分比（%）
2006/2007	9812	1274	888	555	11	12540	5.5
2007/2008	10103	1274	531	566	5	12479	5.3
2008/2009	10641	920	382	665	200	12808	4.1
2009/2010	10857	469	—	1489		12816	4.4
2010/2011	11020	311	840	2056		14228	4.7
2011/2012	12012	184	—	4139		16335	4.5
2012/2013	13939	102	1510	3369		18920	5.0
2013/2014	15503	76	397	1523		17500	4.0
2014/2015	16609	63	146	1049		17867	4.5

数据来源：香港特别行政区政府统计处，http://www.censtatd.gov.hk/hkstat/sub/so370_tc.jsp。

近几年，从具体高校来看，香港教资会对各高校的经常性资助金处于增长态势，而非经常性补助金则呈下降趋势。在政府补助方面，经常性补助金所占比重是最大的，成为政府补助的主要形式。

表 5-2　　　　　　香港教资会资助情况统计　　　（单位：百万港元）

财政年度	经常性补助金	居所资助计划及其他房屋福利有关之指定用途补助金	配对补助金	非经常补助金
香港城市大学				
2011/2012	1418.0	33.0	—	438.3
2012/2013	1676.7	21.8	82.4	369.2
2013/2014	1798.7	17.4	11.8	157.0
2014/2015	2064.5	15.0	19.4	45.5
香港浸会大学				
2011/2012	692.3	17.8	—	339.2
2012/2013	865.8	11.6	156.4	286.7
2013/2014	916.6	8.7	22.8	126.7
2014/2015	1036.0	7.7	29.5	120.3
岭南大学				
2011/2012	285.1	3.8	—	195.5

续表

财政年度	经常性补助金	居所资助计划及其他房屋福利有关之指定用途补助金	配对补助金	非经常补助金
2012/2013	352.1	2.4	52.3	27.0
2013/2014	364.8	1.5	13.8	35.7
2014/2015	404.3	1.2	2.7	31.0
香港中文大学				
2011/2012	2813.3	40.1	—	508.6
2012/2013	3494.1	19.9	948.5	660.3
2013/2014	3723.8	15.8	81.5	237.2
2014/2015	4006.0	11.6	9.9	160.4
香港教育学院				
2011/2012	542.6	10.8	—	66.2
2012/2013	632.4	8.3	10.7	41.5
2013/2014	659.1	7.8	12.0	18.3
2014/2015	719.6	6.6	37.3	46.2
香港理工大学				
2011/2012	1978.0	25.4	—	634.4
2012/2013	2359.0	13.6	102.2	1019.5
2013/2014	2434.0	10.4	40.0	398.8
2014/2015	2646.8	9.7	21.5	174.4
香港科技大学				
2011/2012	1584.5	22.1	—	308.9
2012/2013	1905.6	10.0	197.8	290.9
2013/2014	1989.6	4.9	20.3	345.1
2014/2015	2152.5	3.1	20.6	270.2
香港大学				
2011/2012	2905.3	31.4	—	1207.5
2012/2013	3502.4	14.7	563.4	673.5
2013/2014	3694.2	9.9	36.5	204.2
2014/2015	4047.5	8.4	—	201.3

数据来源：香港特别行政区政府统计处，http://www.censtatd.gov.hk/hkstat/sub/so370_tc.jsp。

第三节 社会:资本注入及对大学类别的确定

一 美国高校不同类别的资本注入

(一) 公立大学与私立大学

美国高等院校就性质而言可分为公立和私立两大类。早期公立高校和私立高校的区别主要在于学校资金的来源。公立高校的建立资金来源于联邦政府、州政府和地方政府,由国家财政拨款,因此承担着发展国家高等教育的使命,在教学方面上侧重于基础学科的教学和研究;而私立高校的建立资助资金来源于个人及私人团体(如教会或企业等),在学生学费的收取上明显高于公立高校,这也对私立大学的教学质量提出了更高要求,私立大学在课程设置方面要更加注重满足市场需求,并且不断创新。不同类别的资本注入形成了早期不同类别的美国高校。

美国私立高等教育历经近400年的发展,已发展成为世界上最大的私立高等教育系统。美国高等学校总数为4000多所,其中公立学校有1200余所,私立学校有2900余所。美国是私立高等教育最发达的国家之一,私立高校在其国家高等教育体系中占有举足轻重的地位。在奖学金的资助下,私立大学往往垄断最优秀的生源,最优秀的师资,同时具备最先进最完备的教学设施。以大学间的比较来看,美国排名前20名的大学几乎都是私立大学,其校友、教授近年来在获得诺贝尔奖的数量上,在全球占据绝对优势。比如八所常春藤盟校以及芝加哥大学、斯坦福大学、麻省理工学院、加州理工学院、约翰·霍普金斯大学、卡内基梅隆大学等。

然而近年来,经费来源的不同已经不能完全区别公立和私立院校。一方面,公立高校面对政府资金不足的困境不得不拓宽融资渠道,开始面向社会筹款。而另一方面,部分私立大学开始依靠政府拨款解决财政问题。而且在美国,无论是公立大学的学生还是私立大学的学生,政府都会提供经济资助。公立大学和私立大学的本质区别是学校的控制权掌握在谁的手中，如果是政府则为公立高校，如果是私人团体则属于私立高校。

私立大学的运行需要得到所在州颁发的特许状。由于美国各州有不同的立法和行政权力，所以在特许状颁发问题上情况会有所不同。有些州会制定比较严格的标准以及比较复杂的审批程序，有些州则主要根据出资团体的资金实力，而无具体的标准。私立院校各类经费来源的比例在各校间以及在每个学校发展的不同时期有所差异。在许多院校，政府拨款的比例大为增加，而有的学校却拒绝接受任何来自政府的拨款。由于经费额度不同，各私立院校的办学水平和发展速度也存在很大的差异。

（二）美国私立大学的筹资渠道

私立大学的控制权掌握在私人团体手中，从这个角度来看，其发展就要靠学校自己来完成，而缺乏政府的支持和保护。高校的发展离不开资金，教育教学水平的提高有赖于教育经费的投入。美国私立高等院校在经费筹措方面给予更多的重视，也逐渐形成了比较合理的多元化融资体系。

1. 政府拨款

美国私立大学的学生同样可以申请政府设立的助学金和奖学金，其中研究型私立大学还可以与公立研究型大学一样申请政府的科研经费，因此，目前美国私立大学与公立大学之间对于政府高等教育经费的竞争日益激烈。

2. 学费收入

如前文所述，美国私立高等院校凭借优秀的师资以及完善的教学设施等条件在学费收取方面也高于公立高校，学费收入是美国私立高校经费来源中最主要、最稳定的渠道。在校期间，学生除了缴纳办学成本补偿费用之外，还需要缴纳其他一系列费用，如住宿费、学籍注册费、停车费，以及其他服务费和杂费。不同于中国大学，美国大学各类杂费的收取决定权在于学校，其项目和额度也远高于中国大学。

3. 慈善捐赠

私立大学经费来源的另一个重要途径是获取慈善捐赠，为了促进捐赠事业的发展，美国私立大学的捐赠制度、捐赠体系的建设比较完善。美国私立大学的捐赠者以校友居多，校友捐赠是主要的捐赠资金来源。无论对校友还是对高校而言，这已形成了特定的传统和文化。美国私立大学的普遍做法是从人文关怀的角度，首先建立校友会，制定比较规范的制度，以此为基础通过频繁联络、举办校友活动等增加感情，从而增加校友对母校回报的热情，巨大的校友资源是私立高校发展中极为重要的促进力量。

4. 基金会捐赠

美国私立高校常常会设立基金会，这也是美国金融体系发达的表现。高校基金会为美国高等教育的发展做出了巨大的贡献，基金会的有效运作能为私立大学提供可观的经费，这也在一定程度上减少了私立大学对政府的依赖，从而维护了私立大学的自治与学术自由。

5. 社会服务收入

美国私立大学的人才资源丰富、科技力量强大，依托这些优势，私立大学积极开展与企业之间的合作，通过新产品的研发、新技术改造等，将知识转化为生产力，为企业带来经济效益的同时，也使高校获得了一定的收入。

二　美国社会资本注入对我国民办高校发展的启示

美国高等教育的发展告诉我们，区分公立大学和私立大学的关键并不是资金来源，因此，对于我国的私立大学来说，积极拓宽融资渠道是解决资金问题的重要手段。我国通常把私立大学称为民办高校，近些年来，我国民办高等教育规模不断扩大，办学质量逐渐受到社会认可，民办高等教育已经成为我国高等教育事业的重要组成部分，是公办高校的有益补充。但民办高校也遇到了后续发展资金不足的问题，没有稳定的资金支持，高等教育很难实现可持续发展。美国私立大学的社会资本注入对我国民办教育发展具有重要的借鉴意义。

(一) 积极拓宽融资渠道

美国的私立学校不但可以得到政府的资金支持，同时还通过学费收入、捐赠收入、服务收入等多种方式获得资金，而我国的民办高校主要的经费来自学费，其他形式的收入相当有限，在很大程度上制约了民办高校的发展。办学经费主要靠学费，而学费又取决于学生人数的多少，在这种情况下，不可避免地要造成高校之间，特别是民办高校之间的生源大战。不少学校为了扩大生源而不择手段，以交得起钱为学生入学的一个前提，从而降低了学生的入学条件，生源质量便难以保证。同时在经费紧张的情况下，降低成本将直接影响教学质量的提高。随着民办教育事业经费问题的凸显，拓宽融资渠道已刻不容缓。

我国民办高校迫切需要建立多元化的融资体系。除了学费以外，鼓励吸引社会捐赠，尤其是校友捐赠，同时，与社会接轨，向社会企业提供技术服务等方式都是很有效的融资手段。此外，民办高校本身的性质决定了它可以通过组建教育集团的形式进行资本市场融资，例如发行股票上市融资。通过金融市场进行融资能够有效地将社会闲散资金汇集起来，这将是未来高校融资的方向。当然，上市融资对于教育集团本身的要求会比较高，在我国上市融资的限定条件也比较苛刻，这也为民办高校融资增加了难度。

(二) 政府提供健全的法律保障

我国民办高校的发展客观上要求有一个规范、完善的制度背景。然而，在民办高校经费资助方面，我国目前仍然缺少明确的法律法规。我国民众的传统观念中，对于公立高校的认可程度非常高，但是对于新兴的民办高校缺乏全面的认识，无论是基于国际经验还是针对目前我国国情，如果没有政府的支持和资助，中国的民办高校将永远摆脱不了与公立高校竞争中的弱势地位。我国在2003年9月1日开始施行《中华人民共和国民办教育促进法》，次年4月1日开始施行《中华人民共和国民办教育促进法实施条例》，其中均有政府对民办高校应给予一定的资助的规定。时隔十多年，我国的社会环境发生了巨大的变化，目前我国提出了《民办教育促进法修订案》，但尚未通过。国内个别省份也通过地方政府制定某些法规条例来支持民办高等教育的发展。建立和完善政府对民办教育的资助制度对推动民办教育发展具有不可替代的作用。

（三）民办高校应主动适应市场，实行企业化经营

民办高校有天然的市场优势，在其发展过程中，应积极争取和企业合作，面对企业的市场需求，进行有针对性的教学与科研活动，为企业提供相关的专利技术、信息咨询、市场策划和人员培训，以获得企业的经费支持。同时还应积极扩大自己的服务收入，可以大力开展后勤产业改革，通过经营来获得更多的收入。

第四节 校友：慈善捐助及对大学经费的贡献

一 国外大学的捐赠文化与基金管理

盘点世界一流大学，无不在捐赠和基金两方面表现优异。众所周知，哈佛大学、麻省理工学院、斯坦福大学等世界一流院校，不仅培养出了很多杰出的科学家、政治家和其他领域的卓越人才，更是造就了一批杰出的企业家，他们作为校友不仅时常向母校进行捐赠，而且为学校的基金也投入了很多的资金。从目前的数据看，在众多院校中哈佛大学的造富能力首屈一指，从师生共同接受的"走进来学习知识，走出去服务社会"的理念便可见一斑。可以说，富豪校友的规模及其造富能力和捐赠实力是衡量一所大学是否是世界一流大学的极其重要的标准。

除了政府拨款、学生的学杂费、社会服务收入以外，捐赠收入是许多国家的高等教育经费的重要收入来源。从美国高等院校的捐赠数据看，2010年捐赠收入达到了280亿美元。其中主要捐赠来源的贡献情况如下：基金会贡献占比为30%（84亿美元），校友贡献占比25.4%（71亿美元），非校友个人捐赠贡献占比17.6%（49.2亿美

元），公司贡献占比 16.9%（47.3 亿美元）。哈佛大学和斯坦福大学所获的社会捐赠均近 6 亿美元。从英国高等院校的经费来源看，逾 10% 的经费是由社会捐赠所贡献。再看日本高等院校总收入的构成，私立院校的社会捐赠占比高达 50% 以上，公立高校的社会捐赠占比达到了 15%。[1]

反观我国，从目前情况来看，我国高校的资金筹募尚处于起步阶段。绝大多数高校的资金筹募主要来源于海外为数不多的个人或企业家，主要用于建造研究基地、图书馆或者开展科研项目。无论是资金的规模还是资金的利用情况，都远不及国外的一流大学。当然，我国的经济发展水平落后于发达国家，教育体制、税收体制与西方不同，国内的慈善文化还不够浓厚，一些富豪捐款办教育的意愿不强，捐款办慈善事业的行为虽然有，但比较有限，没有形成大气候。

当然，政府的税收政策不同是中外大学筹款境况大相径庭的主要原因之一。在美国，对于社会向大学捐款给予免税优惠。因为在美国人看来，大学（无论公立还是私立）是不以营利为主要目的的教育机构，只要向大学捐款就可以免税，这是美国富豪非常看重的一点，他们把大笔资金宁可捐给学校也不贡献给国家，对他们而言这是名利双收之举。在美国社会道德理念中，生前赚来的钱应该捐给社会，而不该作为遗产留给后人，后人自有他们的生存能力和方式。所以，基于这种认知，美国的遗产税特别高。一些富家子弟虽然得到了巨额遗产继承权，但因承担不起巨额的遗产税，而最后不得不捐给了社会。

在美国的捐赠文化中，对于捐赠行为，高校和捐赠者是双赢的。综观美国高校的研究所、基金会或是科研设备，但凡是由捐赠所得，校方一般都以捐赠者之名永久性冠名。对于企业对高校科研项目的捐赠，有的校方直接按照捐赠者的要求开展科研，校方一般也会将此科研成果回报给捐赠者。在哈佛、斯坦福等一些一流的私立高校，陌生

---

[1] 张会杰、徐钧：《如何评价大学"捐赠—冠名"的筹资模式——基于清华"真维斯楼"舆论话题的评析》，《现代大学教育》2012 年第 1 期。

人无法很容易地找到学院系所,因为这些教学大楼的名字都用的是捐赠者的名字。比如加州大学的一个剧院,被名为巴克来的校友捐赠500万美元,校方以这位校友的名字为这所剧院冠名。后来又获得了华裔医生程荣庭夫妇的捐赠100万美元,校方又将这所剧院的演艺大厅命名为程氏大厅。

在向社会筹款的渠道中,校友是一个很重要的渠道。如何引导校友捐款共同参与母校的发展壮大,是一门很感性的捐赠艺术。在筹款过程中,要充分利用和发挥校友的整体效应,而非只关注知名校友,那样就把筹款行为演变得过于商业化、利益化,也会让筹款行为散发出人情淡漠的味道。因为,知名校友是校友,同时也不乏很多不知名校友,他们同样富甲一方,也同样有很大的热忱为母校贡献一己之力。美国大学与校友的关系处理得很适宜,每年学校都会去信给校友,由校长亲自签名以表诚意和对校友的重视,向他们报告母校近一年的发展状况以及取得了哪些成就。同时,在信中会附上一个已经填写好的回邮信封,倡导校友捐款,不限多寡。在美国,感怀母校情结的成功人士不在少数。

(一)美国

1. 美国大学的捐赠实践

在美国高等教育资金来源中,政府的资金支持比例基本占到一半。在美国,大学经费的另一半是来自私人的资金。从这个角度来说,美国是社会(当然也包括政府)在办大学,不是政府办大学。

社会资金投入高校的方式之一是通过捐赠,美国社会对高等教育的捐赠由来已久,美国很多的知名大学都是利用捐赠资金建立起来的,这当中尤其值得一提的是斯坦福大学、耶鲁大学、康纳尔大学等。美国政府在政策上对捐赠行为给予支持和鼓励,对于社会捐赠资金采取减免税优惠,这种做法使社会捐赠的热情极度高涨,美国社会捐赠达到了空前规模。在此基础上,学校把捐赠资金用于储蓄和投资,从而实现了资金的增值。社会捐赠资金的规模,私立高校要明显高于公立高校。

(1) 捐赠形式

美国教育捐赠的形式非常丰富，具体包括：第一，有形资产，例如土地、机器设备、书籍资料、高档艺术品等等；第二，无形资产，一方面可以是专利、商标等知识产权，另一方面也可以是金融资产，例如各种有价证券。在美国还有一种特殊的捐赠形式称为"延后捐赠"。延后捐赠是指在不影响捐赠人的生活质量的前提下，将捐赠人的某些资产提前捐给高校，高校在一定的期限内向捐赠人支付一定数额的养老金。这种方式以老年捐赠人居多。

(2) 捐赠来源

美国大学所获教育捐赠的来源十分广泛，既有基金会捐赠、校友捐赠，也有企业捐赠和教会组织捐赠。在众多的捐赠来源中，基金会捐赠一般占比最高，其次是校友捐赠。通常情况下，基金会捐赠的金额比较大，而且经常会进行持续捐赠，基金会的捐赠一般会为了某些特定的目的，比如支持高校开展提高教师教学能力的培训，资助科研创新和技术开发等等。

以排名世界第57位的卡内基梅隆大学为例，该校2005年的统计年鉴体现出的运行费用中有相当一部分来自外界的捐赠。其中校友和企业的捐款数额最多。

表5-3　　　　卡内基梅隆大学获得赠款情况统计　　　（单位：万美元）

来源	2001年	2002年	2003年	2004年
校友	15670	6610	9951	16915
其他个人	29556	8275	4260	10096
基金	9449	9495	15438	14309
企业	16717	11913	13728	16568
合计	71392	36293	43377	57888

(3) 捐赠资金的使用和管理

美国大学对于捐赠资金的高效使用以及严格管理是教育捐赠长盛不衰的重要原因之一。对于捐赠资金的用途，一方面要根据捐赠者的意愿以及学校的客观需要进行分配，另一方面学校还会进行专门运作，主要是通过投资的方式实现增值。具体来说，捐赠资金主要会用于学校的科研工作、学生的奖助学金发放、提供助学贷款以及学校的基础设施建设等方面。

在捐赠基金的运作与经营方面，美国大学严格遵从专业化、市场化的原则。2008年美国院校商业官员全国委员会对美国785所院校基金运营状况统计分析后发现，所有的院校都有用于资本投资的基金，2007年度哈佛大学以346.35亿美元的基金规模位列全美大学的榜首，其他基金规模超过150亿美元的大学包括耶鲁大学（225.30亿美元）、斯坦福大学（171.64亿美元）、普林斯顿大学（157.87亿美元）、得克萨斯大学系统（156.14亿美元）。美国的大学采用设立专门机构或公司的办法，对捐赠基金实施高效的管理和运作。在加利福尼亚大学，投资委员会负责制定捐赠基金管理宏观政策，由副校长兼任的司库负责基金的投资事务，下设投资服务处和投资管理处。投资服务处下设顾客联络部、运作部、项目管理部、信息系统部、行政事务部。投资管理处下设公共资产投资部、固定收入投资部、其他方式投资部、投资风险管理和分析部、交易部等专业管理部门。投资委员会管理的基金包括共同投资基金、高收入投资基金和短期投资基金。共同投资基金是加利福尼亚大学最主要的投资工具，吸收了总校和分校5000多个基金捐款。为了分担风险，该投资基金在不同资本市场进行投资，其中在美国资本市场的投资占基金总额的40%，国际资本市场投资占25%，固定收入类投资占20%，其他类型投资占5%。1996—2006年间，除2001年度和2002年度分别出现6.9%和9.5%的亏损之外，其他年份均有不同程度的收益，1997年的收益率高达24.2%，10年间的平均年收益率为9.6%。短期共同投资基金主要来自各分校、各类项目暂时结存的资金，投资委员会对这些基金合理搭配，进行短期投资。高收入投资基金的投资目标是获得较高且稳定的收益率，以便为捐赠人提供一定数目的养老金或缴纳保险费用。2008年，加利福尼亚大学共同投资基金的市场投资收益为1.59亿美元，短期共同投资基金的市场投资收益为3.48亿美元。与2007年相比，2008年短期共同投资基金的市场投资收益增加了800万美元。

据统计,哈佛大学每年的预算约为30亿美元,即使今后不再有任何捐款,只要现有的捐赠基金每年有8.5%的收益率,那么就足以支付整个大学的开支。而根据以往数据显示,其收益率在大部分年份内都能达到两位数。

耶鲁大学的理财水平更是高出哈佛一筹,在2006会计年度内,耶鲁因避险基金的出色表现以及在美国以外地方的股票投资收益,取得了22.9%的年度投资回报率,连续两年在该项指标上超过哈佛大学,后者当年的基金投资回报率为16.7%。时任耶鲁大学校长的理查德·雷文表示:"基金的增值将会使耶鲁的教学和研究水准再上一层楼。"

表5-4　　　　　　2005—2006年美国一流大学投资回报率

学校名称	捐赠基金市值 (亿美元)	2005年回报率 (%)	2006年回报率 (%)
哈佛大学	292	19.2	16.7
耶鲁大学	180	22.3	22.9
斯坦福大学	152	19.5	19.4
普林斯顿大学	130	17	19.5
麻省理工学院	84	17	23

数据来源:Cecily. MIT Returns Get "A" Among Big Funds, Pensions & Investments, 11/13/2006, Vol. 34 Issue 23, 3-53。

(4) 相关法规及配套措施

为了支持与鼓励个人、企业及非营利组织向高等学校踊跃捐赠,保护捐赠者的合法利益,联邦政府和州政府制定了一整套法规,并且随着社会的发展对这些法规不断进行完善和补充。2002年制定的"财经法案"第96条和第97条对不动产捐赠和捐赠中的个人所得税优惠政策作了详细的司法解释。2003年颁布的个人所得税法修正案第27条对私人捐赠方面的规定进行了必要的补充和修改。

根据美国法律,向学校、研究所、图书馆、教会等享有免税待遇并获得免税代码的非营利性机构捐赠,可以享受税收优惠政策。根据2003年布什总统的减税方案,美国收入所得税税率根据收入水平的高低划分为 10%、15%、25%、28%、33% 和 35% 6 个档次，收入水平越高，税率越高。公民个人向大学等非营利机构捐赠时，捐赠数额在收入所得税的计税金额中扣除，税率根据扣减后的基数确定。因此，捐赠人不仅计税的数额减少，而且税率档次也有可能降低。此外，向大学捐赠的企业在缴纳收入所得税方面也享有与公民个人相类似的优惠政策。这些优惠政策有效地激发了公民个人和企业向大学捐赠的热情。

与此同时，征收高额遗产税的政策也在很大程度上促使富豪向慈善事业捐款。政府针对个人捐款所提供的配套资金，更加有效地调动了人们向大学捐款的积极性。如佛罗里达州政府为向州立大学的教育、图书馆、艺术和奖学金事宜捐赠的大额捐赠者提供"佛罗里达州大额捐赠信托基金"，捐款者将获得 75% 的配套资金，连同其捐款金额全部计入捐赠者名下。"佛罗里达/爱里克科特里斯重点设备推动拨款计划"向为校园学术设备建设和改进事宜捐款的捐赠人提供 100% 的配套资金。① 此外，一些公司也提供公司配套资金，鼓励员工向大学等公益机构捐款。

2. 美国高校捐赠的动因

（1）文化层面

①宗教信仰

宗教信仰是美国大学捐赠的根本动因。美国是一个信仰基督教的国家，基督教文化深深地感染着美国人。基督教的"富人原罪"教义也成为慈善思想与行为的直接动因。《圣经·马太福音》中提到：骆驼穿过针的眼比富人进神的国还容易，换句话说即为：富人带着财富进天国比骆驼穿过针眼还难。基督教信奉的是人在死后如果想进到天堂，就必须在死之前将财富捐赠出去。被誉为美国现代私人慈善事业奠基人的约翰·D. 洛克菲勒曾公开表示，对基督教的虔诚信仰是其从

---

① 孟东军、陈礼珍、张美凤：《中美大学教育捐赠管理比较研究》，《中国高教研究》2005 年第 7 期。

事慈善事业的根源。

教育是慈善捐赠的最主要的关注点，而大学是推动社会进步、促进科学发展的重要基地，因此，捐赠高等教育便成为教育捐赠的首选。

②个人价值观

美国历史不断演进的过程中，逐渐形成了以自由、宽容、民主、公平、个人主义等为核心的美国社会主流价值观。在这种社会价值观的背景下，人们更加重视个人价值的体现，而个人价值常常需要在社会中体现，人们更加重视对社会的贡献，出于对高等教育的崇尚，促使人们把钱投入大学，这样人们会认为对社会贡献的价值实现了最大化。

③个人荣誉感

美国大学的毕业生常常捐赠资金以回馈母校，这部分资金是公立和私立大学都非常重视的收入。美国的大学都有一个庞大的基金募捐网，涵盖了大多数毕业生。毕业生的捐赠一方面是为了感激母校的培养，另一方面，母校有了充足的资金，取得更大的发展，对于毕业生而言也是一种荣誉。基于这种荣誉感，许多家庭可能是两位成员以上都毕业于同一所大学，这种父辈子辈的校友关系在对母校捐赠的问题上，更容易达成共识。大学常用这些钱兴建图书馆、体育设施等。大学接受的款项需要向政府进行申报，以便对捐赠人负责。

（2）政府层面

①遗产税政策

为了提高个人捐赠的积极性，美国政府制定了有利于促进捐赠的遗产税政策。例如，从1977年起，美国对遗产税和赠与税征收相同的税率，2001年，美国政府对67.5万美元至300万美元的遗产征收37.5%的遗产税，对于超过300万美元的遗产征收55%的遗产税。近些年，美国实施了一系列的减税计划，遗产税的起征点提高、免征额增加、税率有所降低，但总的来说，遗产税仍然很高。同时，美国遗产税的征收采用"先课税再分配"的方式，也就是说，继承人需要先缴纳税款，然后才可以继承遗产，而高额的税款常常使很多继承人无法在规定时间内筹集到，放弃继承的事例屡见不鲜。美国之所以设立这样的遗产税制度，目的是引导和鼓励公众将遗产捐赠给一些像高校这样的非营利机构，同时，政府还会按一定比例配套捐赠资金，但资金计入捐赠者名下，更加增强了捐赠者的积极性。

②所得税政策

美国 1969 年的《税收改革法》及其后来的修订和调整，改变了美国人向慈善事业捐款的方式。美国人可以建立信托基金，将自己的资产转移到这些信托基金里，然后一生都可以从信托基金中获得收入。这项法律规定，在捐款人死后，信托基金里的资产必须捐给一个合法的慈善团体。不过，这项规定同时允许抵消所得税，抵消额按捐款人或者所有从信托基金获得收入的受益人的年龄计算。

（3）大学层面

①奖学金制度

美国高校普遍采取奖学金制度，学生从入学一刻起，便接受学校的资助，为其学业的完成提供了有益的帮助和可靠的保障。因此，学生在毕业之后，尤其是取得了一定成绩之后，会怀着一颗感恩的心，通过各种方式回馈母校，向母校捐款就是其中的一种回馈方式。这种捐赠时常会持续他们的一生，所以这部分资金的来源相对稳定。

②校友会

美国的第一个校友会于 1820 年在威廉姆斯学院成立，校友会的主要职责之一就是筹集资金。美国大学的校友会经过近 200 年的发展，已经成为大学获得校友持续捐赠的主要媒介。美国大学的校友会不会直接要求校友进行捐赠，而是通过一系列的活动和服务逐步引导校友形成对母校捐赠情感上的认同，激发人们产生校友情结。例如，有些学校针对在校学生开展爱国、爱校教育，设置各种各样的募捐活动，动员学生从几元钱做起，制订长期捐赠母校的系统计划。有些学校以重要的时间点为契机，举办毕业返校活动、校庆活动，目的是增强毕业校友对母校的怀念之情。同时，学校还会定期开展优秀校友评选活动、组织校友集体旅游以及其他一些丰富多彩的活动。通过各项活动的开展创造了校友为母校捐款的机会。一些知名大学的校友聚会参加率都比较高，而且募集资金额度也比较大。

另外，美国大学还为校友及其家属提供继续教育、校友子女就读大学的优先权、校友创业的资金支持等。

③校董会

美国的大学普遍成立了校董会，校董会成员来源广泛，主要由校内管理人员、校外学术专家、校友、法律界人士、学生会成员和学生家长等人员共同组成。但校董会成员以企业界人士、政府部门人员或所在社区人员居多。学校的运作、未来走向和资金筹集及用途，包括校长人选的确定等重大问题都需经校董会讨论通过。任命、支持、监督和解聘校长是美国高校董事会的首要治理责任，其次是确保高校财政良好运转。

在考虑任命董事会成员时，私立和公立高校越来越多地寻找有捐赠能力和筹款能力的人选。例如，学校往往邀请一些知名校友进入董事会，这些校友一方面对学生的感召力较大，另外，他们本身具有一定的经济实力和社会地位，是大学捐赠的主要力量。同时，董事会成员还经常利用自己在社会上的影响力和感召力游说其他公司、基金会、政府部门和个人进行资助和捐赠。

④基金会

美国大学的稳步发展得益于20世纪初的基金会运动，该项运动为高等教育注入了大量的慈善资金。基金会是一种以非营利性法人或慈善信托形式存在的组织，其存在的目的是资助与其没有联系的机构、协会或个人的科学、教育、文化、宗教或其他慈善活动，从而促进社会公共福利发展。[①] 在所有的教育机构中，大学基金会的资产最为雄厚，筹款能力最为强劲。大学基金会拥有专业的筹款人才、严谨的谈

---

① 王任达、刘春生：《发展大学基金会 促进大学教育捐赠》，《内蒙古师范大学学报》（教育科学版）2005年第11期。

判态度以及成熟的募款机制，这些都为美国大学成功获得捐赠发挥着巨大作用。

（二）英国

近些年，政府开始削减投入，英国的各高校面临巨大的经济压力。例如牛津大学，除去学费和政府经费资助，培养一名大学本科生学校每年还需要投入 8000 英镑的费用，而这笔钱只能靠学校自己解决。而且根据早前公布的布朗报告的计划，即使英国高校增加学费，但是超过一定额度之后，就需要缴纳很高比例的税款，学校最终获得的经费收入所剩无几。

英国政府和高校都在努力开拓新的资金渠道，增强学校自筹经费的能力。据统计，2008 年英国高等学校总的经费收入为 234.4 亿英镑，其中公共资金占 60% 左右，学校自筹经费达到了 40%。在自筹经费中，获得捐赠是重要方式。

据英国国家社会研究中心（National Centre for Social Research）调查数据显示，2007—2008 年度英国大学获得捐赠总额为 6.75 亿英镑，受金融危机的影响 2008—2009 年度下降到 5.32 亿英镑，2011—2012 年度达到 7.74 亿英镑，较上一年度增加 14%。这笔经费包括已经获得的捐款，以及承诺将捐赠的款项，还有遗产赠与和"善心捐赠"。英国著名的牛津大学就一直是社会捐赠的主要对象，捐赠者来自社会各界，香港零售巨头潘迪生也为牛津大学中国研究中心建设捐赠了 1000 万英镑。牛津大学校长安德鲁·汉密尔顿（Andrew Hamilton）教授表示，这些捐赠赋予牛津大学新的未来。英国大学获得的捐赠基金的增长速度虽然很快，但和美国比还是有较大差距。

1. 英国大学捐赠的特点

第一，捐款不均衡。

英国不同大学获得捐赠款在数额方面差距较大，以 2007—2008 年度所获捐款额为例，牛津大学和剑桥大学获得的捐赠占到英国大学所获捐赠总额的一半以上，在罗素集团（Russell Group）下的一流研究类大学得到的捐赠占捐赠总额的 24%。与世界一流大学相比，一些知名度较低的院校就没有那么幸运了，因为名气不够响亮，所以获得的捐赠也是数量有限、杯水车薪。英国国家社会研究中心也做了此类调查，结果显示大部分捐款集中在少数大学。英国大学 2011—2012 学年度捐款中，牛津和剑桥大学又一次获得了新款项的一半，这两所大学已经连续多年达成募款目标。有六所高教机构获得的新款项超过 2000 万英镑，但是有 29 所高教机构获得的新款项还不到 10 万英镑。剑桥大学是英国最富有的大学，早在 2009 年总资产就已经达到了 40 亿英镑，按全校教职员工以及学生进行平均，则每人分摊资产 13 万英镑，甚至超过了世界最富裕国家之一的摩纳哥的人均 GDP 水平，真的是"富可敌国"。而排在其后的牛津大学，总资产也达到了 33 亿英镑，远远超过其他英国大学。剑桥大学的总资产是除牛津大学之外其他英国大学资产的总和。

第二，高校在捐赠工作上的支出呈上升趋势。

在一项关于高校募款的调查中，一共有 143 所英格兰、苏格兰、威尔士和北爱尔兰的高教机构参与，包括八所继续教育学院。调查发现，大学花费在募款工作上面的支出比过去有明显增加，而且聘雇更多人从事这方面的工作。越来越多的英国大学采取美国大学的方式，对事业成功的毕业校友和财富过人的慈善家募款。按照募款成本计算，每获得 1 英镑的捐款，大学所花费的平均募款成本为 36 便士。

第三，聘请专业的团队来运作捐款资金。

英国大学同美国大学一样，在捐赠资金的运作方面也已经走上了专业化的道路。实践证明，在募捐问题上，所聘人员或团队是否专业化或是否有影响力，效果大不相同。从这个角度来看，英国高等教育与美国在机制与运行方面越来越接近。

2. 英国政府鼓励捐赠的政策

增加社会捐赠不单单需要捐赠者的主观积极性，同时高校也需要做出积极的努力，来助推捐赠行为的发生。因此，英国政府在鼓励捐赠方面主要从社会和高校两个层面做出相应规定。

(1) 针对捐赠者的税收激励政策

①个人捐赠者

第一，个人所得税减免政策。

个人所得税的减免政策包括捐赠援助计划和工资扣除捐赠计划两部分。

捐赠援助计划是英国政府针对英国纳税人所采取的捐赠刺激政策，主要的内容是可以将捐赠者的捐赠款项视为缴纳的税金。同时，这项政策也在不断进行调整，先后取消了最低600英镑适用标准以及捐赠款项的形式要求。但英国国内的批评声音还是很大，尤其是一些高收入阶层，他们反对的原因在于政策规定复杂、执行金额标准低。

工资扣除捐赠计划是一种对英国纳税人免税的捐赠方式，即边挣钱边捐赠。选择工资扣除捐赠计划的雇员是在缴纳个人所得税前直接从工资总额中扣除承诺的捐赠款。由于工资扣除捐赠计划具有节省精力、（高税率纳税人）无须索要税收减免、鼓励计划捐赠和定期捐赠等特点，工资扣除捐赠计划在这些方面更受捐赠者喜欢。

第二，收入和资本收益税减免政策。

如果捐赠者将自己持有的上市公司股票或是土地、建筑等捐赠给高校，那么捐赠者可以根据捐赠物的市场价值拿回缴纳的收入和资本收益税。也就意味着，该类捐赠物的收入和资本收益税对于捐赠者来说是可以免除的。但是，其他形式的捐赠物是不适用的。

第三，遗产税减免政策。

英国政府规定遗嘱中承诺的捐赠于教育事业的资产是可以免除遗产税征收的，这也在一定程度上调动了捐赠者的捐赠积极性。

②企业捐赠者

上文所说的捐赠援助计划同样适用于企业捐赠者，但由于企业的性质不同，英国政府将企业划分三类：公司制企业、独资企业和合资企业。不同类别的企业在利用捐赠援助计划时规定有所不同。但这些政策对不同企业的捐赠行为都具有重要的激励作用。

第一，针对公司制企业的政策。

公司制企业在进行捐赠时，不能直接从捐赠款中扣除纳税额，而是通过在应纳税收入中扣除捐赠额的方式达到减税的效果，也正是因为这样，公司制企业在进行现金捐赠时更便利，只需直接捐赠现金即可，不必提交相关的报告。

第二，针对独资企业的政策。

独资企业在利用捐赠援助计划进行捐赠时将享受与个人捐赠同样的政策，即捐款将被视为已经扣税后的收入，获得捐赠的慈善机构可以从税务局索回被视为已经缴纳的税款。也就是说，独资企业每捐赠1英镑，慈善机构将额外获得28便士。高税率纳税人可以申请索要高税率（40%）个人所得税和基本税率（20%）个人所得税之间的差额。

第三，针对合资企业的政策。

合资企业利用捐赠援助计划进行捐赠时，合资企业的捐款将按个人捐赠来对待，所有出资人的捐赠将被视为一项个人捐赠，获得与个人捐赠等同的税收优惠，当然，如果捐赠者主动提出要求将总捐赠分开也是可以的。

（2）针对高校的匹配资助计划

为了推动捐赠事业的发展，除了采取对社会捐赠者的激励措施以外，还需要高校从主观角度积极争取捐赠。为了达到这个目的，英国政府制订了一项匹配资助计划。该计划的核心内容就是高校每募得1英镑捐款，政府就会配套一定比例的资金。具体的配套比例根据高校的筹款能力来定。总体指导思想就是，对于缺乏筹款经验的高校（包括继续教育学院）政府匹配资金额较高，对于筹款经验丰富的高校，政府匹配资金额较低。像剑桥大学、牛津大学这类大学，自身筹款能力强，则政府按照1∶3的比例进行配比资金。匹配资助计划开始于2008年，由英国高等教育专门机构负责管理实施，计划期限为3年。该计划在捐赠资金的使用领域方面也有具体要求，如果捐赠资金用于学校教学楼或其他建筑建设、设备采购、发放学生奖学金和助学金、改善师资队伍、科研创新，政府是可以进行匹配资助的。但是如果捐赠资金用于高校无形资产的使用费、获取高校科研成果及其他内部资料，或是与捐赠者有特殊关系的员工聘用等，政府是不予匹配资助的。①

二 我国大学捐赠行为滞后的原因分析

（一）缺少从责任、信仰层面形成的捐赠文化

在我国现阶段，相当一部分居民和企业，对自身的权利义务以及应承担的社会责任缺乏明确的认识，我国对于企业社会责任的界定也没有明确表述，更缺乏企业社会责任的评价标准，没有完整的评价体系，这使许多企业缺乏履行社会责任的积极性，个人和企业的捐赠行为仅仅是出于回报社会的慈善行为考虑，并没有上升到责任的层面。

2014年2月12日《人民日报》刊载一篇题名为《人民有信仰，国家才有力量——论弘扬社会主义核心价值观》的文章，文中称"一个国家和民族，贫弱落后固然可怕，但更可怕的是精神空虚"。失去了理想信仰，内心没有约束，行为没有顾忌，再多的外部要求，也会"法令滋彰，盗贼多有"；丢失了主导价值，没有了明确准则，冲破了道德底线，再丰裕的物质生活，也难免"金玉其外，败絮其中"。足见信仰对一个国家和民族的重要意义。中国社会目前存在不容忽视的信仰缺失问题，这就使得慈善捐赠行为没有内在的根基，捐赠的积极性和影响力在一定程度上被弱化。另外，中国人崇尚的是"尊师重教"，因此，我国多数的社会捐赠行为是带有文化传统和民族情感的象征性行为，但出于自发性地支持我国教育事业的发展，支持大学的进步，不求回报的行为目前还仅仅局限于少数人。同时，受儒家"中庸之道""藏富不露"思想的影响，国人对于私有财产常抱有"握紧""攒好"的"低调"态度。一方面是社会唾弃炫富的行为，另一方面，

---

① 谷贤林、王铄：《英国高等教育捐赠主体、制度保障与回馈方式分析》，《比较教育研究》2011年第10期。

一些人担心捐赠会暴露自己的财富状况，造成社会上其他人的嫉妒，这些顾虑绝非少数人所有。这是部分人不愿向大学捐赠的内在文化原因。我国正在努力培育人们"回报社会、积善行德"的捐赠理念，促进社会文化大环境的形成，但捐赠大学的社会行为还没有形成规范化、制度化的运作机制，更没有形成国民普遍参与、带有共识性的捐赠文化，因而是难以广泛持续的。

（二）中西方遗产理念差异巨大

长期以来，对于中国人而言，祖祖辈辈形成的传统就是为子孙后代积攒尽可能多的财富，这被视为天经地义的事情。虽然在改革开放的今天，我们的观念转变了，但是许多人的思想并未真正开放。无论家财万贯还是穷苦人家，长辈们都希望在自己离开的时候，子女可以继承一笔遗产，希望子女不必为了生计而到处奔波，并被认为这是父母对子女应尽的责任，是养儿育女、香火续接的一种常态。而西方的父母则是另外一种观念，即在孩子成年之后任其自由成长，要求孩子靠自身的努力获得财富。这种观念认为从父母手中继承遗产是不劳而获的表现，对孩子的成长、成才没有益处，因而是不被认可的。这种对待遗产的观念决定了中国人会尽可能多地将财产留给子孙后代而不愿意捐赠出去。而观念的变革是要靠社会的变迁过程中几辈人的努力来实现的。

（三）税收政策不完善

和西方国家相比，我国的税收体系是不完善的，尤其在对征遗产税问题上。多年来，中国一直都没有停止关于遗产税征收的讨论。1985 年《关于〈中华人民共和国继承法〉（草案）的说明》曾提到设立遗产税问题："现在有些遗产数额较大，而且有增长趋势，征收遗产税的问题需要研究，如果要征收遗产税，可以另行制定有关税法。"[①] 1993 年 12 月国务院批转国家税务总局《工商税制改革实施方

---

① 王汉斌：《关于〈中华人民共和国继承法（草案）〉的说明》，http：//www.npc.gov.cn/wxzl/gongbao/2000-12/26/content_5001636.htm。

案》中再次提到了"开征遗产税"。1997年党的十五大报告正式提出"调节过高收入，逐步完善个人所得税制度，调整消费税，开征遗产税等税种"，这些都为中国遗产税立法提供了政策依据。2004年9月，财政部出台了《中华人民共和国遗产税暂行条例（草案）》，该条例在2010年进行了修订，但始终没有实施。2013年2月5日，中央国务院同意并转发《关于深化收入分配制度改革的若干意见》中，第四部分第15条明确表明：研究在适当时期开征遗产税问题。虽然关于遗产税的讨论一直没有停止，但是在中国现阶段真正开始征收遗产税还存在着诸多难题。税收政策不完善，将直接影响捐赠理念和捐赠行为。

（四）校友会未尽其用

在对高校捐赠问题上，校友会的作用至关重要。如何组建校友会，使其作为一个常设机构持续性地发挥作用，是摆在每一所高校面前的一个现实的课题。我国高校大部分都成立了校友会，但只有少数知名高校的校友会发挥着重要作用，多数高校的校友会多是一些附属机构，除非在校庆或是有重大事件的时候才会组织一些活动，其余时间很少发挥作用，更谈不上为高校积极筹款了。另外，校友会对待校友存在"等级差别"，一些知名企业家、政府官员在校友会活动中更受尊敬和重视，而一些普通的校友则常常被"冷落"。有些学校的校庆校友乘兴而来，败兴而归，甚至有的校友携捐款而来，原封不动地带着捐款而归。有的学校还曾出现过哄抢著名校友的现象。这种冷热不均的行为，根本无法正常地发挥校友会的作用。这一问题，值得诸多高校认真反思。

（五）急功近利的心态影响

美国大学的捐赠很多都是从收集小额捐赠开始慢慢做起的。威廉姆斯学院、明德学院、鲍登学院等都是依靠数额不大的捐赠开始建立的。不积跬步，无以至千里；不积小流，无以成江海。我国部分高校目前就有一种急功近利的思想，期待某位功成名就之人，一下子进行大笔捐款。其实，募捐工作往往从小额捐款做起，在培养校友们母校情怀的基础上，逐步强化其责任意识，通过一系列有意义的活动逐步培养其捐款意识,在此过程中,应特别考虑到校友们的个人发展与经济状况不同,能力大小不同,捐赠额度存在差异,应全面考虑到每一个体的感受,对此,应强调校友的积极"参与"而不是更看重"钱数"。

三 国外大学捐赠给我国大学带来的启示

《2016 中国大学评价研究报告》显示,1980 年至今,全国高校累计接收国内外社会捐赠(含软件捐赠)总额达到 750 多亿元,其中,获得社会捐赠额 100 亿元以上的高校有 1 所,50 亿元以上的有 2 所,20 亿元以上的有 12 所,10 亿元以上的有 17 所,5 亿元以上的捐赠有 30 所,1 亿元以上的有 63 所,5000 万元以上有 88 所,累计在 1000 万元以上大学有 172 所。从上榜高校所在地区来看,累计社会捐赠总额 10 亿元以上的地区有 14 个,北京高校接收社会捐赠金额最多,高达 200 多亿元,遥遥领先其他地区;其次是上海有 100 多亿元,广东有 80 多亿元,湖北有 50 多亿元,江苏有 40 多亿元,浙江、湖南、安徽、福建、吉林、陕西、山东、辽宁、天津等地区高校捐赠均在 10 亿元上。这些数据表明我国高校接收社会捐赠发展较快,但是与发达国家高等院校相比,规模仍然较小。推动我国高校捐赠的发展需要从文化理念、政府、高校等几个方面共同努力,其中,观念、文化是根本,其他外界因素是辅助手段,推进高校捐赠要做到既要治标,又要治本!

(一)从观念意识上引导人们崇尚慈善捐赠

美国政府培养慈善意识是从青少年开始,学校会制定各种措施鼓励青少年参加志愿者活动,并对参与者予以奖励,同时将是否做过志愿者作为一项重要的考核指标成为学校录取、单位录用的依据。这样看来,我们国家的慈善事业也需要"从娃娃抓起"!从观念意识上逐渐渗透,引导人们将慈善作为一件必不可少但又很平常的事情来看待,慈善应该是人们一生都不会停止的事情,应成为一个社会不可或缺的文化。乐善好施、扶危济困是中华民族的传统美德,更应该是全社会广泛认同的时代风尚。同时,国家应培育适合我国大学捐赠的社会文化环境,在全社会范围内形成捐资助学的氛围。

（二）开展税收改革

中国改革开放三十余年的发展，带动我国经济快速增长的同时，也出现了一大批富人，这批富裕阶层手中掌握着大笔资产，对这部分人征收遗产税，可以最大限度地维护社会公平，促进社会和谐，维持社会稳定。但毕竟我国总体上还处于社会主义初级阶段，如何合理、有效地征收遗产税是需要认真研究的问题。但可以肯定的一点是，征收遗产税会在一定程度上激励富人进行捐赠，引导富人进行奉献。这是经济发展到一定阶段的必然结果，也是随着社会发展，部分社会成员财富积累到一定程度的必然选择。其中制度引导至关重要。我国可以借鉴美国遗产税征收的相关规定，对于捐赠等慈善行为进行税收减免，设置合理起征点，并配合大力宣传，形成富裕阶层的自发捐赠意识。

（三）建立大学董事会

董事会制度对美国高等教育的发展起到了极其重要的作用，相比之下，我国高校情况则不同。在计划经济体制下运行多年，我国很多高校对于传统行政管理模式尚未从根本上做出改变，市场经济体制下的运行制度和管理模式在很多高校中并未体现出来，在经济全球化、教育全球化的背景下，我国高校学习西方发达国家高等教育成功经验，建立大学董事会制度是很有必要的。诚然，在我国特殊国情下，关于董事会的地位、定位、职能，以及作为决策机构，基金会与党委会、校长办公会的关系又如何权衡等问题还需要做进一步细致研究。

（四）充分发挥校友会作用

如何在科学规划的基础上设置校友会并使之有效发挥作用，是目前我国高校需要认真思考的问题。国外诸多高校的发展历史表明，高校的发展壮大，永远离不开校友会的支持。高校的驰名与卓越，永远伴随着校友会持续的无私奉献。我国高校应在高等教育大发展的特殊的历史时期，对校友会工作给予特别的重视。作为一个常设机构，应配置专业人员，积极开展校友活动。另外，校友会开展活动时也应意识到，我们不可能要求所有的捐赠者都是没有任何利益诉求的，要重视捐赠者的利益，并将捐赠者的利益与学校的利益有机地结合起来，洞察人们捐款的动机，并提供各种可能的激励机制促使人们关心母校发展，支持母校发展，并用自己的实际行动带动越来越多的校友投身慈善事业。据艾瑞深中国校友会网发布2015中国大学校友捐赠排行榜提供的信息，全国共有21所高校跻身校友捐赠"亿元俱乐部"，从地区上进行比较，北京、湖北、广东、浙江、江苏等经济发达地区的名校校友最为慷慨，捐赠总额均在7亿元以上，辽宁以1.75亿元位居第13位，其中东北大学以1.08亿元在全国高校中位列第21位。而除去东北大学外，辽宁省的其他大学合计在一起的校友捐赠仅有0.67亿元。

艾瑞深中国校友会网2016年的最新统计表明，1980年至今，我国高校从捐赠来源来看，来自高校校友的捐赠仅有170多亿元，约占社会捐赠总额的22%，其中，北京大学、清华大学、武汉大学、复旦大学、中国人民大学的校友表现突出。调查发现，粤浙闽等著名"侨乡"高校有着与生俱来的地域优势，祖籍粤浙闽的海外华人华侨和港澳台同胞的教育慈善捐赠首选其家乡高校，在其家乡高校接收的社会捐赠中占较大比例，如汕头大学、浙江大学、厦门大学、中山大学、宁波大学和华侨大学等高校受益匪浅。但是从全国范围来看，我国高校在校友捐赠问题上与国外大学之间的差距还是比较大的。

表5-5 截至2015年12月我国高校累计接收社会捐赠前十位

(单位：亿元)

位次	学校名称	捐赠总额
1	清华大学	101.82
2	北京大学	67.65
3	汕头大学	49.61
4	上海交通大学	44.83
5	同济大学	40.76
6	湖南大学	28.32

续表

位次	学校名称	捐赠总额
7	浙江大学	27.67
8	武汉理工大学	25.48
9	武汉大学	23.39
10	南京大学	22.58

数据来源：2016中国大学评价研究报告，中国校友会网，http://www.cuaa.net/。

表5-6　　截至2015年12月我国高校累计接收校友捐赠前四位

（单位：亿元）

位次	学校名称	捐赠总额
1	北京大学	21.09
2	清华大学	19.55
3	武汉大学	12.31
4	复旦大学	10.13

数据来源：2016中国大学评价研究报告，中国校友会网，http://www.cuaa.net/。

第五节　大学：资产经营及对自身实力的强化

改革开放以来，中国高等教育发展进入了一个新的历史时期。以1985年《中共中央关于教育体制改革的决定》颁发为标志，中国大学开始了重要转型发展，以欧美高教模式为主，参照世界各国大学发展经验，走上自主探索、建设中国特色社会主义高等教育模式的道路。

学位制度、研究生教育的恢复和大学科研机构的普遍建立，专业调整、学科建设与"211工程""985工程"的实施，通过这一系列的改革，大学的学科、专业迅速扩张，研究生教育从无到有，各学科、专业的实验室、实验基地相继建立，我国大学教学与科研呈现出规模增长、质量提升的局面。中央政府和地方政府设立大量教育项目，投入了大量经费，支持国家级、省级重点大学的学科建设、科学研究和研究生教育的发展。同时，高校开始实现从作为社会公共福利机构的组成部分向半公共的成本分担型教育机构的转型。① 从 20 世纪 90 年代初试点收费到 1997 年高校全面实施收费制度，高等教育成本分担机制逐步形成。一方面我国高校办学经费全部来自政府的局面得以改善，政府和高校同时从经费紧缺的困境中解脱出来，从而在投资体制上为 1999 年的大规模扩招做了准备；另一方面，随着教师聘任合同制的实施，福利型医疗、分房、租房等制度的取消和后勤系统的社会化，大大消解了大学的公共性和福利性，而代之以不同形式的成本分担，或者政府公共事务管理的组成部分。

与此同时，我国高等教育也实现了从精英教育向大众教育的转变。开始于 1999 年的高校扩招实现了我国高等教育的历史性增长，普通高校从 1998 年的 1022 所增长到了 2012 年的 2442 所，在校本专科生 1998 年为 340.87 万人，2012 年全国各类高等教育总规模达到 3325 万人，高等教育毛入学率达到 30%。② 中国高等教育规模已经达到了世界首位。

然而，令我们遗憾的是，在世界一流大学排行榜中，中国的上榜大学数量却微乎其微。"2012 年世界最好大学排名"采用了 QS 世界大学排名提供的数据资料。在前 400 名之中，美国大学有 83 所，英国 45 所，德国 35 所，澳大利亚 22 所，法国 19 所，加拿大和日本各 16 所，荷兰 12 所，韩国 11 所，中国仅有 9 所。前十名均为美英两国的大学，总分所在的区间为 95.1—100。其中美国有 6 所，英国有 4 所。美国的麻省理工学院排名第 1 位，英国的剑桥大学排名第 2 位，美国的加州理工学院排名第 10 位。我国排名靠前的 5 所大学分别是北京大学（第 44 位）、清华大学（第 48 位）、复旦大学（第 90 位）、上海交通大学（第 125 位）、南京大学（第 168 位），总分区间为 53.2—78.8。

《泰晤士报高等教育专刊》2012 年排行榜中，前 10 均为美英两国大学，总分所在的区间为 90.4—95.5。其中美国有 7 所，英国有 3 所。美国的加州理工学院排名第 1 位，英国的牛津大学排名第 2 位，美国

---

① 荀渊：《近 30 年来中国大学的转型与发展困境》，《江苏高教》2011 年第 1 期。
② 教育部：《2012 年全国教育事业发展统计公报》，http://www.moe.gov.cn/publicfiles/business/htmlfiles/moe/moe_633/201308/155798.html。

的芝加哥大学排名第 10 位。我国排名靠前的 5 所大学分别是北京大学（第 46 位），清华大学（第 52 位），复旦大学、中国科学技术大学、南京大学（排位均在 200 名之后）。[①] 虽然两个排行榜所采取的评价指标有所不同，结果也有所差异，但是两个排行榜的指标能够在一定程度上较客观地反映出世界大学的发展情况。

中国大学与世界一流大学的差距是什么？诸多学者一直在探讨这个问题，得出的普遍性结论是中国大学的学术水平以及论文引用等方面较世界一流大学有很大差距。此类观点本课题组也比较赞成。但是，我们可能忽略了其他重要的问题。现代大学的核心竞争力除了学科、专业建设、人才培养之外，这些因素的背后还有更重要的东西，即大学的经济能力！大学经济能力的高低已经成为制约现代大学发展的极其重要的因素。计划经济条件下，大学资金靠政府的时代已经过去了，大学自身的资产经营能力、筹资能力是办好现代大学的重要基础，是形成核心竞争力的重要因素。

综观世界一流大学，我们不难发现，排名在前的大学其经济实力都是不可小视的。尤其是对于现代大学，没有强大的经济后盾，大学的发展将在一个又一个瓶颈面前举步维艰。而对于一些一流大学而言，强大的经济后盾则可使之如虎添翼，使其人才培养、科学研究、服务社会的能力与层次不断得以提升。但凡经济实力雄厚的大学，其资产运营都比较突出。国外大学的资产运营主要包括以下几个方面。

一　创办和经营企业

美国之所以有今天的发展，原因之一是其把市场经济的精髓解读得淋漓尽致，美国高等教育的发展更是得益于此。在市场经济体制下，美国高校充分借助自身的技术、智力、设施及无形资产等资源优势，开展市场化运作，创办企业，获得经营收益。而基于高等教育的特殊性，各

[①] 田锋：《我国重点大学建设世界一流大学的奋斗方向研究——基于两个著名世界一流大学排行榜的视角》，《江苏高教》2014 年第 1 期。

州通常又免征高校的资产税和营业税为高校节省开支。美国大学的校产收益明显呈现出规模扩大的态势，目前已成为其获取教育经费的重要手段之一。校办企业比较常见的形式有书店、公寓、洗衣店、自助餐厅等服务性设施，这既能为学生勤工助学提供机会，也能为学校增加一定收入。

二 销售和社会服务

销售和服务收入同样是高校充分利用自身的优势资源，开展对外服务所得的收入，具体形式包括产学研合作收入和销售教育服务收入。

（一）美国

1. 留学生教育服务

留学生教育是高校开展教育销售服务的重要形式。据统计，美国高等学校招收留学生数量在过去 20 年间增加了 3 倍，已经成为美国高校扩大收入的重要来源。美国 2012—2013 年在校留学生人数为 81.96 万人，较前一年上升 7.2%。留学生占到美国学生总数的 3.9%。美国国际教育协会发布了《2015 美国门户开放报告》，报告中提到 2014—2015 学年，在美留学生总数达到 97.5 万人，较上年增长 8.8%。留学生学费收入成为美国高校经费的重要来源。

对于中国高校而言，吸引留学生来华学习是我们要努力的方向。仅以 2015 年为例，在华留学生总数为 39.76 万人，仅为美国留学生人数的四成。而且留学生以亚洲学生居多，占比达到 60% 以上。如何进一步扩大留学生规模从而为高校创收是我们要思考的问题。

表 5 – 7　　　　　　　2015 年在华留学生来源的洲际结构

洲别	总人数	占总数百分百（%）	较上年人数变化	同比变动百分比（%）
亚洲	240154	60.40	14664	6.50
欧洲	66746	16.79	-729	1.08
非洲	49792	12.52	8115	19.47
美洲	34934	8.79	-1206	3.34
大洋洲	6009	1.50	-263	4.19

数据来源：中华人民共和国教育部网站。

表 5-8　　　　　　　　2015 年在华留学生区域分布情况

位次	来源国	国内省市分布
1	韩国	北京
2	美国	上海
3	泰国	浙江
4	印度	江苏
5	俄罗斯	天津
6	巴基斯坦	广东
7	日本	辽宁
8	哈萨克斯坦	山东
9	印度尼西亚	湖北
10	法国	黑龙江

数据来源：中华人民共和国教育部网站。

2. 企业培训

高校开展企业培训的收入是高校社会服务收入的另一项重要来源。在国外，企业会对员工进行培训，尤其是一些知名大企业，会定期举行员工培训，一方面可以提高员工的业务水平以及企业的竞争力，另一方面，这也是树立企业文化的一项内容。高校由于具有高素质的师资队伍，在开展培训方面的优势是其他机构所无法比拟的，因此，很多企业都把员工培训的工作委托给高校，并支付一定的培训费用。

3. 产学研合作

美国高校向来重视与企业的产学研合作，公立大学由于其普及教育的特殊责任，这方面较之私立大学则稍微弱一些，而私立大学为了更多的筹集资金，就不得不加强与企业间的合作，除了与企业合作从事产品的开发与生产，高校还可以自行转让技术与知识。2005 年，美国高等院校依靠专利转让获得资金达 3.18 亿美元。哈佛大学 1990 年的专利转让费只有 2.4 万美元，而到 2004 年，上升到 540 万美元，增加了 200 多倍。专利转让的项目随学校不同而不同，例如美国亚利桑那大学的专利有"高产混种棉花"，内布拉斯加大学的专利是一种不需要除草、浇水，也不需要施肥的"草场草"。

出让专利和技术，是获得经济回报的一种重要形式。虽然目前专利转让费还不是很可观,在高等院校的经费收入中所占的比例仍然微不足道,但考虑到其快速的发展势头,专利转让不仅可能成为大学与企业合作的一种重要形式,而且很可能成为大学经费收入中的亮点。一是出让专利可以为学校带来资金,将这笔资金再投入新的科研项目中,从而带来学校科研的良性循环;二是通过出让专利并生产专利产品,可以为学校创造工作机会;三是知识创造与开发是有区别的。虽然将知识创造与开发结合起来可能产生最大经济效益,但具体实施仍有一定困难。大学有创造新知识的长处,企业有搞技术开发和开发市场的长处,因此,出让大学部分专利,不仅可以免除大学搞市场开发和产品开发的时间和精力,使大学集中精力于科技发明,而且是大学与企业加强合作和沟通的最佳契合点。

(二) 日本

日本高等院校一方面也会同企业开展产学研合作,以及提供一些培训咨询等服务来获得收入,另一方面,会提供各类社会服务获得收入,尤其是日本的私立高等院校,社会服务收入是其经费来源的重要渠道之一。在日本私立高校的总经费中有10%以上是来自高校提供的社会服务收入。高校所提供的社会服务主要是利用校内的设备等教学资源,例如租借体育场馆、食堂以及教室等,校医院对外服务等。据统计,早在1978年日本私立高校的服务收入就达到194亿日元,在20世纪90年代,日本的早稻田大学和庆应义塾大学利用学校条件实现收入分别占其办学总经费的18.69%和13.40%。[①]

三 创办大学科技园

美国大学科技园已有60多年的发展历史,世界上第一个高校创办的科技园是美国斯坦福大学于1951年在校内创建的,称为斯坦福研究公园,之后发展成为世人皆知的"硅谷"!此后,依托哈佛大学、麻省理工学院1959年在马萨诸塞州的波士顿建立了Route128高技术开

---

① 汪芳:《日本私立高校经费来源及启示》,《理工高教研究》2002年第1期。

发区；依托杜克大学、北卡罗来纳州立大学和北卡罗来纳大学建立了北卡罗来纳州三角研究园。到了20世纪90年代，美国成为世界上科技园数量最多、发展速度最快的国家。从科技园的发展过程来看，比较成功的大多是依托高校的科技创新资源发展起来的，因此，很多在建立之初没有同高校合作的科技园开始寻找合适的高校进行共建。在众多的科技园中大学科技园是主力。大学科技园的主要功能是将高校科研成果产业化，将知识转化为实际生产力，这种做法产生的社会经济效应是巨大的，一方面，通过科技转化高校实现了经济收益，另一方面，企业也是急需各类知识技术的，正好满足了企业发展的要求，两者的共同作用还带动了整个社会的经济发展。随着科技园的良性发展，对于高校知名度的提升也起到了促进作用。

四 基金会运作

充分利用资本市场进行投资运作是美国高校增加经费收入的一个重要渠道。在美国，近些年来无论是公立高校还是私立大学，学费都呈现不断攀升的趋势。《美国新闻与世界报导》（U. S. News & World Report）统计并列出了2014年至2015年美国大学学费最低的10所公立大学和私立大学以及10所学费最高的公立大学和私立大学。全美公立大学学费排名前10位的为3万—5万美元，全美私立大学学费排名前10位的则为5万—6万美元，学费较低的高校也要1万美元左右。但是美国高校尤其是一些著名的私立大学，却能保证被录取学生不会因为学费问题上不了大学。原因就是高校可以帮助贫困学生通过提供助学岗位、奖助学金等方式筹措学费。而高校之所以有能力解决这些问题是因为美国高校高效率、高收益的资金运作。美国高校成立基金会，并将资金进行资本运作。据不完全统计，美国教育上市公司有上百家，以公司大学的方式运作，以大学教育为主体成立教育投资或教育管理公司，然后进入资本市场，为私立高等教育提供了融资渠道，也为高等教育的大众化发展拓宽了融资和投资渠道。除此，它们还投资于股票、债券等金融市场，有些学校甚至成立了资产管理公司，委托专业人员来管理庞大的学校基金，投资收益已构成学校的一项重要收入来源。这些都可以为我国高校办学经费的筹措提供借鉴。

表 5-9　　　　　　　美国大学学费最高的前十位公立大学

学校名称	2014—2015 年州外学费	U.S. News 排名
弗吉尼亚大学	MYM42184	23
密歇根安娜堡	MYM41811	29
威廉玛丽学院	MYM39360	33
佛蒙特大学	MYM37874	85
加州大学埃尔文分校	MYM37635	42
弗吉尼亚军事学院	MYM37574	64
加州大学戴维斯分校	MYM36774	38
加州大学圣巴巴拉分校	MYM36624	40
加州大学河滨分校	MYM36286	113
加州大学圣克鲁斯分校	MYM36276	85

数据来源：http://www.topsedu.com/cost/201601/18/1678.html。

表 5-10　　　　　　　美国大学学费最高的前十位私立大学

学校名称	2015—2016 年学费	U.S. News 排名
瓦萨尔学院	MYM51300	文理学院排名 11
莎拉劳伦斯学院	MYM51034	文理学院排名 59
三一学院	MYM50776	文理学院排名 45
塔夫茨大学	MYM50604	27
欧柏林大学	MYM50586	文理学院排名 23
阿默斯特学院	MYM50562	文理学院排名 2
乔治·华盛顿大学	MYM50435	57
卡耐基梅隆大学	MYM50410	25
富兰克林与马歇尔学院	MYM50400	文理学院排名 37
西蒙洛克学院	MYM50211	北部学院排名 11

数据来源：http://www.topsedu.com/cost/201601/18/1678.html。

据基金会中心网统计，我国高校基金会以年均 50 家左右的速度增加，基金会已成为高校动员社会资源的重要组织形式。[1] 从目前我国

---

[1] 《我国高校基金会净资产总量达 158 亿元》，http://news.xinhuanet.com/edu/2013-12/26/c_118725648.htm，新华网。

高校基金会的发展速度可以预测,中国大学在未来发展过程中,高校基金会必将发挥越来越大的作用。一方面其将深刻改变着大学经费的规模和构成比例,另一方面,其将使中国的大学更加开放,更加面向市场、面向社会,进而与诸多企业、校友的联系更加密切。大学基金会的运作方式、运作效果可能直接影响着该大学的经济实力,进而可能直接影响大学的发展方向和发展速度。

第六章 市场的决定性作用与大学资产经营的态势分析

第一节 市场在资源配置中的基础性作用与决定性作用

一 市场在资源配置中起决定性作用的提出

回顾新中国的经济发展史,党的十一届三中全会的召开称得上是一个历史的节点,从此人们不再避讳谈市场在资源配置中的作用,对于政府与市场关系的认识也逐渐深化。我国对于市场在资源配置中的作用的界定经历了"基础性"到"决定性"的深刻转变。

1978年党的十一届三中全会提出,"应该坚决实行按经济规律办事,重视价值规律的作用"。1982年,党的十二大召开,提出了要"发挥市场在资源配置中的辅助性作用",党的十四大进一步提出"要使市场在国家宏观调控下对资源配置起基础性作用",2003年党的十六届三中全会再次提出,"要在更大程度上发挥市场在资源配置中的基础性作用",2012年党的十八大进一步明确了市场的作用,提出"要在更大程度、更广范围发挥市场在资源配置中的基础性作用",而2013年中国共产党十八届三中全会对于市场在资源配置中的作用则做出了实质性的改变,会议审议通过的《中共中央关于全面深化改革若干重大问题的决定》提出,"使市场在资源配置中起决定性作用"。两个字的改变却将市场经济最本质的精华体现了出来，我国对于市场在资源配置中的作用的认识更加深刻。以往我国强调市场在资源配置中起"基础性作用"，在"市场"和"政府"出现矛盾的时候，"市场"是要让步"政府"的，这就使市场经济效率低下。在资源配置问题上，起决定性作用的是"市场"，而且只能是"市场"。

经济学告诉我们，资源是稀缺的，资源配置主要解决三个问题：首先是生产什么、生产多少；其次是如何生产，包括生产方法的选择以及生产要素的合理组合；最后是为谁生产，即生产出来的产品如何分配。那么在资源配置中，市场和政府的关系如何界定是经济学要解决的主要问题。理论和实践都反复证明了，市场在资源配置中起决定性作用是最有效的方式。

虽然我国确立了市场在资源配置中起决定性作用的指导思想，但市场经济并不意味着政府无所作为、作用淡化。市场在资源配置中起决定性作用，但并不等同于起全部作用。市场能解决效率问题，但无法解决公平问题，而这些就需要发挥政府的作用。《中共中央关于全面深化改革若干重大问题的决定》对更好地发挥政府作用提出了明确要求，强调"科学的宏观调控，有效的政府治理，是发挥社会主义市场经济体制优势的内在要求"，"政府的职责和作用主要是保持宏观经济稳定，加强和优化公共服务，保障公平竞争，加强市场监管，维护市场秩序，推动可持续发展，促进共同富裕，弥补市场失灵"。这段话很好地界定了政府的作用，政府行为不能"缺位"，更不能"越位"！简单来说，就是市场能做好的，政府就不必干涉，市场做不好的，政府就得管。同时，政府应该从宏观角度对市场秩序进行维护和管理，创造开放有序的市场环境，减少微观干预，转变传统计划经济的思维理念，按市场规律办事，妥善处理好政府和市场的关系，让市场和政府都能更好地发挥作用。

二 政府参与度减少与大学自主权增加

对于大学自主权范围的界定国内外诸多学者发表了各自的看法，其中，英国教育家埃里克·阿什比（Eric Ashby）将大学自治归纳为抵制非学术干预、经费使用、教职工聘用、学校招生、课程设置、学生考核方式六个方面的自由。美国卡内基高等教育委员会对大学自主权的界定更加广泛，相比阿什比的观点而言，增加了学校的学术自由以及学校有制定研究和服务活动的行政政策的权利。无论哪种说法，都充分印证了大学自主权增加的重要性。2009年1月，针对中国正在起草的中长期教育规划纲要，时任国务院总理温家宝指出："教育方针、教育体制、教育布局和教育投入，属于国家行为，应该由国家负责。具体到每个学校如何办好，还是应该由学校负责、校长负责。不同类型学校的领导体制和办学模式应有所不同，要尊重学校的办学自主权。教育事业还是应该由懂教育的人办。"温家宝总理在2010年1月26日在听取科教文卫体代表对《政府工作报告（征求意见稿）》的意见、建议时提出："一所好的大学，在于有自己独特的灵魂，这就是独立的思考、自由的表达。千人一面、千篇一律，不可能出世界一流大学。大学必须有办学自主权。"这一判断，对我国高校未来若干年的发展都具有重要的指导作用。

（一）大学必须有足够的自主运作权

大学的自主运作权主要是指大学在招生、专业设置、课程教学、员工聘用等方面拥有自主权。在这一方面，我国经过一系列改革已经取得了一定的成效，但与现代大学应具有的办学自主权相比，仍有很大的拓展空间。2012年10月11日，我国教育部发布了新修订的《普通高等学校本科专业目录（2012年）》和《普通高等学校本科专业设置管理规定》（下文简称《新规》），《新规》中强调，在国家颁布的专业目录内新设国家控制布点以外的专业，由审批制改为备案制。具体来说，只有设置国家控制布点专业及尚未列入《普通高等学校本科专业目录》的新专业，才需经教育部审批。大学在《普通高等学校本科专业目录》内设置非国家控制布点的专业时，仅需在专门网站提交材料公示，经高校主管部门审核相关材料及公示意见、反馈后，报教育部备案即可。这是我国扩大高校自主运作权方面的重大改革。

在招生方面，我国从2003年开始推行自主招生，自主招生即高校自主选拔录取改革，是我国高校自主运作权扩大的又一表现。"试点学校根据创新人才选拔和专业培养需要，积极探索以统一考试录取为主、与多元化考试评价和多样化选拔录取相结合，学校自主选拔录取、自我约束，政府宏观指导、服务，社会有效监督的选拔优秀创新人才的新机制。"2014年12月17日，教育部发布《关于进一步完善和规范高校自主招生试点工作的意见》，肯定了高校自主选拔录取改革试点是高校考试招生制度的有机组成部分，是我国高校招生多元录取的重要方式之一。

2013年党的十八届三中全会《中共中央关于全面深化改革若干重大问题的决定》（下文简称《决定》）中关于教育综合改革更是做出了进一步的表述："深入推进管办评分离，扩大省级政府教育统筹权和学校办学自主权，完善学校内部治理结构。强化国家教育督导，委托社会组织开展教育评估监测。健全政府补贴、政府购买服务、助学贷款、基金奖励、捐资激励等制度，鼓励社会力量兴办教育。"《决定》明确提出了要扩大学校的办学自主权。2016年4月15日，国务院总理李克强先后考察了清华大学、北京大学。李克强指出："要加快推进高等教育领域'放、管、服'改革。结合高校特点，简除烦苛，给学校更大办学自主权。凡高校能够依法自主管理的，相关行政审批权该下放的下放，要抓紧修改或废止不合时宜的行政法规和政策文件，破除制约学校发展的不合理束缚。"

然而，高校如何用好自主权也是摆在高校和政府面前的重要课题。自主招生滋生的腐败现象层出不穷，专业设置不科学，急功近利等。课题组认为，扩大高校的自主运作权是高校发展的必然要求，但是扩大自主权不等于放任，国家和政府应做好引导工作，后期的考评和监管更是不可缺少的。

（二）大学必须有自主的资产经营使用权

所谓资产经营使用权是指高校在教育经费的筹集、分配和使用方面所拥有的自主权。大学资产经营使用自主权是大学自主权的重要方面，在市场经济条件下，如果大学不能对学校资产进行自主支配无疑将制约高校的发展。

我国的《高等教育法》第三十八条规定："高校对举办者提供的财产、国家财政性资助、受捐赠财产依法自主管理和使用。"但中国高校面临的现实情况是"有法不能依，依法不能行"。《高等教育法》赋予高校的自主权在许多方面难以落实。究其原因主要包括两个方面：一方面，某些高校滥用资产使用自主权，设立"小金库""账外账"等，腐败现象严重。为了抵制腐败，政府在大学经费的分配和使用方面不但没有放开，反而加强了控制。另一方面，受计划经济体制长期影响，政府始终把高校看作政府的职能部门加以管理，对高校的自筹经费实行"预算外资金专户储存"的制度，对高校的财政拨款实行"国库集中收付制度"和"零余额账户制度"，对高校经费的使用更是严格限定用途，甚至规定具体分配的比例。国库集中支付制度的实施是为了适应社会主义市场经济的公共财政体系，在吸收借鉴国内外经验的基础上，我国于2001年下发《关于印发〈财政国库管理制度改革试点方案〉的通知》，标志着国库集中支付制度改革正式开始。2002年1月，教育部被纳入试点单位，五所部属高校率先成为国库集中支付改革试点。江苏、湖南等省份的高校随之进行了改革，浙江省也于2007年1月开始实施国库集中支付制度改革。国库集中支付制度有助于防范资金使用过程中的违法乱纪和贪污腐败现象，促进廉政建设，但是，对于高校这类特殊组织机构而言利弊分析的结果却未必尽然。

万事万物的发展都是有内在逻辑的，大学的发展也一样，正如阿什比所言，"内在逻辑对高等教育体系的作用犹如基因对生物体系的作用一样，它要保持这种体系的特性；它是这种体系的内在回转仪"。大学发展的内在逻辑是什么样的呢？简单来说，不同的大学有不同的定位和发展目标，但相同点是大学都是传播知识、研究学术、创新技术和服务社会的组织。大学的所有活动都离不开知识。而众所周知，与知识相关的劳动和活动是无法准确预知的，由此产生的一系列支出也不可能像政府工作一样精确地提前一年预算。而在这种情况下，最优选择就是将大学内部的问题交由大学内部的人员来处理，从而实现低成本、高收益、高效率。

政府在大学内部经费的分配和使用方面需要放权。大学的运行需要经费支撑，本书前文曾专门论述了高校的经费来源，在我国政府拨款占有较大的比例，但是无论高校的经费是来自政府拨款还是社会捐赠，抑或是高校自营收入，这些都是资金的来源问题，不能由来源决定使用。

在国际化的视角下同样要求大学资产经营使用自主权的回归。早期国外大学在资产经营使用权方面主要可以归结为四种模式，但随着各国经济、科技水平的不断发展，这四种模式均发生了变化。第一种是日本模式，历史上日本政府对于日本大学，尤其是国立大学的经费使用管理是非常严格的，然而随着高校法人化改革的推进，日本国立大学在经费使用方面的自主权不断扩大。第二种是德国模式，欧洲模式主要以德国为代表，德国大学的资产经营使用自主权相比日本要高，德国大学的教授对研究资金是有支配权的，但是德国大学对经费的使用却没有最终的决定权。经过改革，德国大学现在可对经费实行包干，并自主进行科研人员的聘用，年底向州政府提交报告即可。第三种是英国模式，英国大学对于经常性拨款拥有比较之下更大的支配权。第四种是资产经营使用自主权程度最高的美国模式，美国私立大学在分配和使用经费方面拥有完全的自主权力，也被称为美国模式。

正是基于高校自身的特殊发展规律和组织特性以及世界性的大趋势，我国政府行政部门应改变目前"划桨"的职能为"掌舵"的职能，改变其对大学财务的完全控制权。根据高等教育的发展规律，大学收取的学费、住宿费、短训班培养费、横向的科研费用等收入应属对教育服务正常的补偿，不属于政府的财政收入，也不同于其他单位的预算外资金，属于非财政性资金。理应将这些内容的资产处置的自主权归还给大学，否则，势必会束缚大学自身的发展和活力的激发。实践也在不断地证明，无论是何种类型的大学，谁的发展符合其自身的内在逻辑，谁就具备了成为一流大学、创新型大学的基因基础和发展潜质，否则，大学的发展将受到严重制约。

第二节　市场的决定性作用与大学资产经营面临的问题

一　中国大学资产经营的非市场化运作

（一）大学资产经营管理公司的成立

我国大学资产经营管理公司的成立是依据我国 2005 年教育部发布的《关于积极发展、规范管理高校科技产业的指导意见》（以下简称《指导意见》），《指导意见》第二部分第一条明确提出："建立新型的高校产业管理体制。改革高校以事业单位法人的身份直接办企业的体制，重新确立国有经营性资产的责任主体。依法理顺高校与企业的产权关系，明确高校企业出资人代表，建立起科学、规范的高校产业管理体制，规避学校直接经营企业的经济和法律风险。高校要对所投资企业占有和使用的国有资产进行清产核资，清产核资要申请立项，清产核资结果应经上级主管部门审核并报国有资产管理部门确认。按照资产属性，建立经营性资产与非经营性资产分类建帐、分开管理的制度。各高校要设立学校资产管理委员会或领导小组，加强对经营性资产的监督与管理，确保国有资产的保值和增值。高校要依法组建国有独资性质的资产经营有限公司或从现有校办企业中选择一个产权清晰、管理规范的独资企业（高校资产公司），将学校所有经营性资产划转到高校资产公司，由其代表学校持有对企业投资所形成的股权。高校以投入到高校资产公司的财产承担有限责任。各高校要在 2006 年底前组建高校资产公司并完成资产划转。高校除对高校资产公司进行投资外，不得再以事业单位法人的身份对外进行投资。高校以出资人身份向高校资产公司派出董事会和监事会成员,董事会和监事会依据《公司法》的规定行使相应职权。高校资产公司的主要任务是:管理学校所投资企业的股权和经营性资产,确保国有资产保值增值;促进高新技术成果的转化,孵化科技企业,创办具有文化教育特色和智力资源优势的企业;统筹管理、整合资源,推进学校科技产业化工作。"依据《指导意见》,我国高校纷纷开始了资产经营管理公司的组建工作。

(二)大学资产经营管理公司运作中出现的问题

高校资产经营管理公司可以看作高校和其投资或控股的生产经营性校办企业之间的桥梁,其特殊作用决定了一方面高校资产经营管理公司具有行政特点,是高校执行监管的代理人;另一方面,其又具有经营特点,需要在市场经济条件下进行对外投资经营。这种先天的缺陷决定了高校资产经营不可能完全进行市场化运作,高校资产经营管理公司在运作中必然会面临各种问题。

1. 资产经营管理公司的运行效率问题

高校资产经营管理公司一般不设股东会,它的重要决策都由高校这一单一股东来决定。而高校对于重大事情的决策一般由党政办公会议决定。但我们都清楚一点,那就是学校的主要任务是教学和科研活动,专长也是如此。党政办公会议在决定专业建设、学科建设、师资队伍建设和人才培养方面是擅长的,而且这些也是学校党委会和校长办公会的主要内容。但对于产业经营问题并不十分擅长,而且高校也没有把其当作重点工作来抓。这种模式不能适应市场经济的要求,决策过程程序化问题突出,往往不能针对市场情况迅速做出反应,运行效率低下。高校资产经营管理公司迫切需要一个能代表学校股东利益的专门机构,并开展高效率的工作,根据行业产业特点和地方经济发展的需要,迅速捕捉市场机会。

2. 董事会的构成及专业性问题

我国《公司法》规定,对于股东人数较少或者规模较小的有限责任公司可以不设董事会,高校资产经营管理公司是符合这个要求的。

但高校资产经营管理公司的资产性质又是国有的,从这个角度来看,需要参照《公司法》有关国有独资公司的规定设立董事会。很多高校资产经营管理公司的董事会成员往往由学校的各部门领导担任,尤其是分管资产、财务、科研的部门领导,但这些领导自身担负着繁重的行政工作,对企业经营并不熟悉,对市场状况不够了解,在决策时容易以高校的思维对市场进行预测和判断,往往体现出较浓的学院派色彩。

3. 监事会的组建及作用发挥问题

作为股东大会领导下的公司的常设机构,监事会的突出职能就是监督。对于规范运作、具有一定规模的现代公司而言,监事会与董事会是并立存在的,其最大的特点是独立地行使对董事会、总经理、高级职员及整个公司管理的监督权。而高校资产公司的监事会通常由学校财务、审计等部门的负责人组成,与董事会成员相似,许多成员本身有大量的行政工作,同样对于企业经营和财务管理不够熟悉,往往难以胜任日常监管工作,对于出现的问题不能及时发现并迅速解决,从而大大降低了监事会的职能与效率。

4. 经营者的选派及经营能力问题

企业经营客观上要求经营者具备经营管理能力,能够适应市场经济的要求,而且在需要的情况下能够长期稳定地从事管理工作。高校资产经营管理公司的领导班子是由学校任命的,而学校在选择人员的时候会侧重从现任的领导中挑选,选择面存在过窄问题。同时学校领导班子的调整还会导致资产经营管理公司相关负责人调整,这些因素在很大程度上制约了企业的发展。

二 大学法人资产保值增值的必要性与可行性

(一) 必要性

1. 高校法人资产存在显性和隐性流失问题

我国高校在法人资产管理方面存在着诸多问题,造成了高校法人资产流失严重。这些问题主要表现在以下几方面。

第一，投、融资决策失误。

高校在进行资产投资过程中，由于投资主体对市场了解不够、决策者专业知识不足、实践经历欠缺等问题，有些投资项目收益较低，甚至某些项目亏损严重，从而造成资产缩减的结果。在融资方面，有的高校一味地不计成本、不顾自身经济基础和还贷能力进行过度融资，一方面使自己背负着巨额的债务负担，另一方面不得不与政府一道共同承担着巨大的金融风险。

第二，内部管理体制存在漏洞。

目前很多高校的内部管理是混乱的，不能做到各司其职、互不干涉，缺乏科学严格的管理规章。在某些关键岗位上管理缺失，例如会计和出纳的工作合并，招标和审计工作脱节，而由于采购工作的特殊性，常常采购又由领导来负责，这就造成了高校内部收支混乱，在缺乏约束与监管的情况下，各部分难以形成相互制约的机制，加之一些特殊项目、特殊领域高精仪器设备的特殊性，高校管理中内部人控制问题便难以杜绝。

第三，物资采购过程不透明。

某些高校部门之间有时缺少横向沟通，各自为政，资源独享，这就使得有些高校出现重复购置同类教学、科研仪器设备等资源，设备资源利用率低下，浪费严重。与此同时，部分高校的教学书籍、大型仪器设备等高校物资采购活动操作不透明，形成了各种寻租行为，个别高校管理者还可能因为缺乏防范意识，盲目轻信他人而上当受骗，进而造成国有资产流失。

第四，财务与账目管理不规范。

一些高校财务管理混乱，会计核算没有按照会计制度执行，支出管理存在很多薄弱环节。典型的做法包括：随意扩大开支标准和范围，以加班费、劳务费、奖金、课酬、补贴、津贴甚至业务招待费等名义乱发滥支。此外，一些高校领导或业务主管，在校办产业中弄虚作假，贪污、挪用和侵占公款，或违反财经纪律，截留收入，私设"小金库"，账外账，侵吞国家财产。尽管党的十八大以后此类问题明显收敛，但仍未完全杜绝。

第五，对于无形资产缺乏足够的重视。

我国相当一部分高校对于自身无形资产的价值缺乏认识，如同许多企业决策者未能从战略高度重视自身的品牌、商标一样，在高等教育发展过程中，许多高校决策者对无形资产的属性及其特殊价值以及无形资产对高校综合实力的作用、影响认识不够，缺乏对高校持有的无形资产的保护意识，从而造成了无形资产的随意流失。尤其是当无形资产转让或通过无形资产对外投资时，难以得到应有公正的补偿。

2. 政府投入不足

政府投入不足迫切要求高校自身进行资产的保值增值。如前文所述，从1999年全国高校扩招以来，各级政府重视和关心高等教育事业的改革与发展，不断增加高等教育资金投入。2012年全国财政性教育经费支出达2.2万亿元，实现了《教育规划纲要》提出的国家财政性教育经费支持占国内生产总值比例达4%的目标，2015年全国财政性教育经费约2.64万亿元，占GDP的4.15%，虽然这种投入的总量不断创出历史新高，但近两年全国财政性教育经费占GDP比例的提升却比较缓慢，全国教育经费的投入与许多高校不断改革和快速发展的需要相比，仍有较大缺口，对高校而言，各类经费的供求矛盾仍然突出。因此，高校有必要从自身出发，有效地实现法人资产的保值增值。

3. 高校需要可持续发展

伴随高校竞争的日益加剧，在"双一流"建设中，高校自身是否有特色，是否有竞争力，是否可持续发展，是高校自身必须面对和思考的问题。高校法人资产实现保值增值，是关系到高校能否实现可持续发展的重大的现实问题。高校的法人资产是保障高校发展后劲的重要物质基础，如果不能够科学地使用和管理高校法人资产，此类资产不仅不会增值，反而可能造成贬值及流失，进而会严重影响高校的办学实力和可持续发展。

(二) 可行性

1. 高校领导高度重视

首先，充分认识法人资产保值增值的重要性。

我国部分高校领导已经能够充分认识到高校法人资产保值增值的重要性，并在实践中努力创新高校法人资产保值增值的途径，例如，开展多种形式的合作办学，通过校园置换改善教学环境等。同时，高校管理者的经营意识在不断增强，相关管理制度不断明晰，权责利问题更加明确。

其次，注重科技创新及科研成果转化。

以辽宁省为例，近年来，辽宁省高等学校积极拓展科技研发空间，为知识产权创造能力的提升做出了积极的贡献。根据《辽宁省教育厅关于2015年高等学校科技创新工作任务分解的通知》，2015年辽宁省高校承担的科技方面的工作任务包括：高等学校联合攻克关键核心和共性技术100项；承担重大科研项目1000项以上；完成企业关键技改课题2000项；科技成果省内转化率达到75%以上；高等学校创办的科技型企业实现主营业务收入250亿元以上；大力培育上市企业。这对诸多高校而言，既是机遇，又是挑战。同时，根据2015年《辽宁省人民政府关于印发辽宁省科技创新驱动发展实施方案的通知》，到2020年，辽宁将构建起与产业发展相适应、创新资源高效集成的自主创新体系。全省研发投入总额力争翻一番，每万人发明专利拥有量达到7.36件。培育一批抢占产业发展制高点和具有国际影响力的新增长点，开发100个"中国第一"的技术和产品，战略性新兴产业主营业务收入占规模以上工业企业主营业务收入比重达到20%以上。科技创新成为驱动全省经济社会发展的主导因素，辽宁成为全国乃至东北亚有较大影响力的创新区域。

为了进一步激励高校的创新能力，各级行政主管部门积极鼓励各高校建立校级、省级和国家级"协同创新中心"，依托辽宁省高等学校重大科技平台和对接辽宁省重点产业集群的工程（技术）研究中心，面向行业产业开展协同创新，服务区域发展，实现创新成果的转化和应用。2016年4月5日，国务院正式批复沈阳、大连两个国家技术产业开发区建设国家自主创新示范区，为辽宁高校的科技成果转化搭建了重要的平台。

2. 政府提供法律、政策支持

(1) 关于国有资产经营管理

为了促进高校科技产业健康、持续发展，保证高校产业改革改制工作有序、规范地进行，《教育部关于高校产业规范化建设中组建高校资产经营有限公司的若干意见》（以下简称《意见》）明确提出了高校产业规范化建设中应依法组建高校资产经营有限公司，根据此《意见》，高校所有经营性资产原则上都要进入高校资产公司，由其负责经营和管理，确保国有经营性资产保值增值。在此模式之下，学校资产被分为非经营性资产和经营性资产两类，学校作为资产经营管理公司的唯一股东，以投入资产经营公司的财产承担有限责任，对经营性资产行使占有、使用和收益分配权。这一职能的确定，使得高校的所有投资行为和经营活动有了明确的承载主体，即统一由此公司代表学校以出资人的身份进行企业化运作。一方面可面向市场推进高校科技成果转化和孵化等产业化工程，另一方面可在高校和企业之间构建了一道"防火墙"，从而使高校可以规避直接经营企业所带来的各种现实和潜在的风险。在此背景下，全国各地相继制定了实施细则，以上海市为例，2007年上海市教育委员会颁布了《关于进一步推进市属高校产业规范化建设和组建高校资产经营公司的意见》，强调理顺并加强高校经营性国有资产管理工作，建立健全高校国有经营性资产管理体制，确保高校经营性资产保值增值，促进高校教育事业和科技产业的发展。

(2) 关于知识产权保护

科技成果转化既是一个科研问题、学术问题，又是一个针对市场需求的产业化问题。其中，知识产权保护至关重要，它是解决一切问题的前提。高校是科技成果的重要产地，理所当然也是产权保护的关键领域。目前，无形资产已被广泛承认，创业创新已被提升到了一个新的高度。将知识产权的价值纳入国民经济数据中，对知识产权既是一种保护，又是对创新的鼓励。近年来，我国各地政府普遍制定了有关知识产权保护的条例，加大对知识产权的保护将有利于高校知识产权的促进及转化。以辽宁省为例，从2014年3月1日起正式开始实施的《辽宁省专利条例》（以下简称《条例》），从法规制度层面提高了专利促进、运用、保护、服务和管理工作水平。在专利促进方面，《条例》规定，省、市、县政府应当设立专项资金，用于资助专利申请和专利维护以及促进专利实施和产业化等事项。在专利奖励方面，《条例》规定辽宁省人民政府应当对获得中国专利奖和省专利奖的单位或个人给予一次性奖励。被授予专利权的单位应当对职务发明创造的发明人或者设计人给予奖励或者报酬。《条例》还规定，专利发明人或者设计人的相关专利，可以作为专业技术职称评审的依据，对技术进步产生重大作用或者取得显著经济效益，并能出具税收等相关证明的专利，以及获得辽宁省专利奖、中国专利奖的专利，均可以作为专利发明人或者设计人破格申报相应专业技术职称的依据。《北京市专利保护和促进条例》（以下简称《条例》）经2005年5月20日北京市十二届人大常委会第20次会议通过，2013年9月27日北京市十四届人大常委会第6次会议修订，2013年9月27日北京市人民代表大会常务委员会公告第2号公布。该《条例》分总则、专利保护、专利促进、法律责任、附则5章51条，也于2014年3月1日起施行。对于诸多高校而言，这些《条例》的出台，对知识产权的保护，对科技成果的转化，特别是对高校法人资产在保值基础上不断增值具有重要意义。

三 大学管理者的经营理念

在市场经济条件下，现代大学和企业一样面临经营问题，大学管理者需要研究如何适应区域经济发展需要和消费者的需求去开展经营管理活动，如何向社会输出合格的人才，以保证大学的生存和发展。人力资本是现代社会的主要生产要素，高校作为市场经济的重要组成部分，承担着向社会提供人力资本的责任。正如美国著名的经济学家、诺贝尔经济学奖获得者舒尔茨在其专著《教育的经济价值》中所阐述的著名论断：教育投资作为一种资本，是游离于物质资本的另一种生产要素。另外，高等教育和企业都受到市场的调节，这种调节促使它们都必须建立与市场经济相适应的运行机制，需不断完善内部管理，增强活力，用市场的原则和标准来检验其产品，并通过横纵向比较对生产者的能力水平进行评估。

国外一流大学的管理者都在像企业家一样经营学校。波士顿大学校长罗伯特·布朗是美国国家科学院和工程学院院士，在一次接受文汇报记者采访中提到："我们大学去年（2006年）的预算为15亿美元，其中3亿美元是从政府申请来的科研经费。这是竞争性很强的研究经费，不是政府直接给我们大学的，是我们院系的教职员工提出申请，并与其他大学和研究所对项目进行竞争，最后由评委决定提供的。我们大学的基金即将超过10亿美元，这个数字在名牌大学中居中。我们在筹集资金方面起步很晚，最近10年来才有明显增加。对于这10亿美元的基金，我们拿去投资。基金投资收入的5%可以用于支付教授奖学金、学生奖学金、兴建实验室和开展研究项目。这就是说我们每年只能使用5000万美元，其他的收入继续扩充基金。我花40%—50%的时间用于筹集资金，我花很多时间跟别人沟通交流，通常与筹款活动有关。我就任校长时间不到两年，目标是每年筹集8000万—9000万美元。""大学不是企业，我们的目标不是赚钱，而是提供最好的教育，吸引最好的学生，掌握和创立研究与教育方面的新知识，参与一些社会活动，使我们对社会产生影响。但我们不能亏损，亏损就会破产，没有人来为我们提供经费。我们必须像经营企业一样很好地管理大学，只要有了足够的资金，我们就可以更好地实现我们的使命。"波士顿大学校长在高校经费运作方面的理念和行为，为该校的筹款和事业发展奠定了重要基础。这对中国大学的管理者也具有深刻的启示作用。可以预见，随着现代大学制度的不断完善，我国现有部分大学的筹资能力和经营意识一定会不断强化。

因此，把经营的理念融入大学管理中不但是必要的，而且是可能的。大学管理者需要用经营的理念发展大学，将企业的经营管理思想部分运用到大学管理中去，指导大学的发展。大学的管理者只有具备了"企业家"精神，大学的发展才能适应不断变化的市场需求，才能在激烈的竞争中立稳脚跟、办出特色。

（一）企业家精神的含义

18世纪30年代，法国著名经济学家理查德·坎蒂隆（Richard Cantillon）首次提出了"企业家"这一概念，企业家是可以提高资源利用效率的一类特殊人群，这类特殊人群所具备的特殊技能被称为"企业家精神"，它是一种重要而特殊的无形生产要素。长期以来，"企业家"这个概念一般是从商业、管理及个人特征等方面进行定义的。到了20世纪以后，企业家精神的定义扩展到了行为学、心理学和社会学分析等领域。在现今的西方发达国家，众多企业家到政府或者事业单位工作，他们不断提出和践行用企业家精神来改善政府服务工作和社会管理工作。现代大学的经营管理同样需要大学的管理者具备企业家精神。

（二）企业家精神的内在特质

企业家一般都具有创新、冒险、合作、敬业、学习、执着、诚信的内在特质，这些特质也是企业家精神之所在。

1. 创新是企业家的本能

熊彼特对于企业家的理解是，企业家是从事"创造性破坏"（creative destruction）的创新者，这一观点简要而生动地凸显了企业家精神的实质。无论何时，墨守成规或者缺乏创新一直是制约企业发展的诟病。只有不间断地创新，才能使企业不断地充满活力，不断地提升竞争力。否则，缺乏创新的企业肯定会捉襟见肘，止步不前，甚至在市场竞争中命悬一线。但创新不是"天才的闪烁"，而是企业家坚持不懈工作、不甘平庸并不断寻求突破的结果。具有创新意识和创新精神的企业家犹如富有激情的探索者或冒险家，在企业经营的各个方面（产品、市场、队伍组建、组织形式等）都竭力谋求创新。他们不会不停地重复做相同的事情，而是不甘平庸地做不同的事情。

2. 冒险是企业家的天性

两位经济学家和奈特（Frank Rnight）和理查德·坎蒂隆（Richard Cantillon）认为企业家精神内含风险（risk）或不确定性（uncertainty）因素，缺失敢于冒险和承受风险的魄力就不可能成为真正的企业家，也不会有显赫的成就。"若想发现青蛙王子，你必须与无数个青蛙接吻"，这是美国3M公司的一句很有价值的口号。当然，"与青蛙接吻"往往意味着冒险和失败，但是如果既想成功又不想犯错误，那么莫不如什么也不做，束手待毙。"英雄所见略同"的是，像惠普（1939年在美国硅谷成立）、索尼（1946年在日本东京成立）、Acer（1976年在中国台湾成立）、联想（1984年在中国北京成立）、海尔（1984年在中国青岛成立）等很多企业，虽然其创始人的创业机缘、创业背景、创业环境各不相同，但是他们都有着异于常人的思维和魄力，都是在条件不是很成熟且市场环境也不是很明朗的情况下做出了超常规的举动，他们都敢于跳出来"第一个吃螃蟹"，抢占先机，自然也就获得和把握了比他人更早更多的机会。

3. 合作是企业家成功的捷径

艾伯特·赫希曼说过，在重大决策中企业家实行的是集体行为而非个人行为。表面上看，伟大的企业家的行为像是一个人的表演（One-Man Show），而成功的企业家其实非常善于合作，而且他们把这种合作精神上升到企业文化层面，渗透给企业的每个员工。借用美国大片再形象地讲，企业家的诉求不是也没必要成为"超人"单打独斗，而是努力成为并做好"蜘蛛侠"，因为"蜘蛛侠"有很强的"结网"能力和意识。西门子公司就是一个很好的例证，其创始人秉承员工是"企业内部的企业家"的信念，激发员工的潜质。在工作过程中，经理人犹如教练一样，倡导、鼓励员工进行合作，并适时进行引导，给予员工足够的发挥空间，并及时予以激励。正因为如此，西门子公司才创造了值得称道的产品创新纪录和成长记录。

4. 敬业是企业家的信条

经济学家马克斯·韦伯在其著作《新教伦理与资本主义精神》中

讲到，事业需要企业家不停地工作，事业已成为企业家生活中不可或缺的重要组成部分。此外，从个人幸福观来看，这种为了事业而不停工作的生活存在不合理性：在日常生活中，一个人为了经营好他的事业才生存，而不是为了生存才努力经营他的事业。拥有足够的货币只是成功的标志之一，唯有对事业的责任和忠诚才是企业家的"终极体验"和不竭动力。

5. 学习是企业家的动力源

很多人更多关注的是企业家很会赚钱，而往往忽视的是企业家非常善于学习。企业家在其成长过程中，尤其是面临激烈而残酷的市场竞争，需要适时更新自身的理念、思想、意识和素养，才能与时俱进，才能不被淘汰，而这需要他们通过学习来实现。尤其是周末，在一些大学或者培训班里，经常会看见企业家们的身影。通过学习，可以使企业家拓展视野，接触最新资讯和知识，使其决策更理性更客观，让自身更从容。同时，在学习过程中，能够结识新朋友甚至比自己更成功的人，拓展人脉，扩大圈子，资源也会更加丰富。有些企业家不只局限于自己学习，甚至要求将学习变成公司的企业文化，渲染、带动所有员工共同学习，交流心得。

6. 坚持是企业家成功的核心要素

我国的一些企业为何只能"领风骚几年"？主要原因就是战略缺失，管理混乱，心态浮躁，崇尚"短、平、快"，盲目推行"多元化"，投机心理过重，却缺乏最重要的一点——坚持。所有企业家的梦想都只能在坚持中实现。要坚持做自己，坚持做自己热爱、相信的事。坚持之所以重要，一方面是因为坚持是一种关键的能力，这种能力也是一个人的特长、专长，这恰是持久竞争力的基本。如果不坚持，一个人的精力和资源自然会分散，不但可能会被不熟悉的领域吞噬，而且熟悉的领域也可能被自己放弃掉；另一方面是因为坚持是一种核心的品质，在这种优秀品质的指引下，无论面临困境还是逆境，杰出的企业家都会从容不迫。一些常人不具备企业家精神的一个重要原因就在于在艰难的时刻缺乏坚持的勇气和坚守的毅力。同时，坚持还有一个很重要的内涵就是坚持求变，这样才能与时俱进，紧跟潮流。

7. 诚信是企业家的立业之本

凡勃伦在其著作《企业论》中就已明确提出，能高瞻远瞩的企业家都很重视包括诚信在内的商誉。现如今，基本所有企业都已意识到诚信的重要意义，很多企业将诚信作为企业格言。国家对企业家的诚信也非常重视，订立了"诚信中国节"，"中国诚信企业家大会"也定期召开，集中宣传和表彰在诚信经营方面表现突出的诚信企业家，以促进中国企业诚信体系的构建和完善。很多优秀的诚信企业家被选入"诚信名人堂"。虽然社会上时有失信之事，但绝大多数企业家都一直坚守在诚信的阵地上，因为他们深知诚信是其立身之本，立业之本，也是让企业实现长久繁荣的重要信念支撑。在发达国家，信用机制已非常健全，诚信已上升到前所未有的高度。

第三节 高等教育市场化与高等教育指令化的极端歧途

综观全球高等教育，美国高等教育的市场化程度是最高的，早在1988年，美国总统私有化委员会在一份报告中就提到，包括教育市场化在内的社会服务部门之私有化运动，必将为未来的历史学家称之为20世纪末美国政治生活中最重大事件之一。和美国相同的是，西欧、日本等发达国家的高等教育同样具有较快的发展速度和较高的质量，对于高等教育体制进行市场化改革，让市场化不断地渗入高等教育各个环节和层面是主要原因之一，市场主导型的高等教育为高等教育的大发展奠定了强有力的制度基础。

一时间，学术界关于高等教育市场化的讨论愈演愈烈。围绕着我国高等教育是否进行市场化改革的问题，也存在不同的观点。然而，在实践中伴随着教育市场化、产业化倾向的出现，又不断衍生出一些问题，于是也出现了一些反对的声音，一些人全盘否定政府指令，也有些人全盘否定市场化。课题组认为，关于高等教育市场化与指令化的争论不应该是两者取其一的问题,而应该是如何适度划分的问题。

一 高等教育的两种极端

教育资源的配置方式可以分为两种,一种是根据市场机制进行配置,我们称其为教育市场化;另一种方式是根据非市场机制进行配置,我们称其为教育的指令化。市场和政府并非水火不相容的绝对对立关系,但有些学者把高等教育系统中的政府和市场看成是两种互相排斥的力量,形成了两种典型的极端思想。

(一) 极端一:高等教育市场化就是完全的市场化、极端的市场化

1. 教育市场化的理论追溯

关于教育市场化的指导理论发展可以划分为两个阶段:第一阶段是战前,代表人物包括霍布斯、洛克和亚当·斯密。17世纪英国著名的哲学家霍布斯和洛克深入探讨了政府的起源、内容及运作,为政府理论奠定了一定的思想基础,并对后世产生了重大的影响。他们认为政府不是根据神创造的,而是通过社会契约创造的,君权不是神授的,而是人民转让的,政府的目的是保护人民的生命和财产。19世纪亚当·斯密对市场和政府的作用作出了进一步的论述。第二阶段是战后,一些西方经济学家开始研究"教育市场化"问题,尤其是高等教育领域。这一阶段的代表人物主要是美国著名的经济学家弗里德曼和哈耶克。弗里德曼在其1955年发表的《政府在教育中的作用》一文中提出:长期建立起来的公共教育制度是一种政府垄断。由于对其缺乏必要的市场竞争的约束,无论从经济、社会还是从教育上看都是失败的,因为它导致效率低下,资源浪费。学校对学生,学生对自己的学习均不负责。要改变这种状况,通过以往的改革措施是无效的,唯一的出路是走教育市场化的道路。具体到高等教育领域,他认为无论是私立还是公立高等院校均应向学生全额收取学费。政府对公立院校的资助也必须采取教育凭券或贷款的形式,由学生自主地选择就读的院校,学生将来就业后归还所欠款项。可以说,弗里德曼是教育市场化的积极倡导者。哈耶克认为市场是教育活动的基础和依据,应将市场的竞

争原则运用于教育领域。他认为不平等是一种完全正常的社会现象，它是促进一个社会经济发展所不可或缺的。他所赞同的唯一的平等形式是市场公平，即在教育市场中进行竞争的权利。他认为，政府绝不可以为所有有能力接受高等教育的人提供资助。多少人需接受高等教育完全是由市场来决定的。

2. 高等教育市场化的概念

1997年，经济合作与发展组织（OECD）给高等教育市场化所下的定义是："把市场化机制引入高等教育中，使高等教育运营至少具有如下一个显著的市场特征：竞争、选择、价格、分散决策、金钱刺激等。它排除绝对的传统公有化和绝对的私有化。"从这个意义上来说，教育市场化并不是对传统公有化的完全取代，而是引入市场机制，使高等教育具有市场性，即以市场为资源配置的主要手段，引入市场需求机制使高等学校能够根据市场需求自主调节自身的办学活动。

高等教育市场化意味着大学是一个相对独立的法人实体，摆脱了政府的完全控制甚至是直接管理，按照自身发展的规律发展与运行，以及适应不断变化的经济与社会的发展，适应"适者生存，不适者被淘汰"的市场原则；意味着大学的经费不仅仅是从政府的财政拨款获得，而且要从市场上寻找资金渠道；意味着高等院校要注重投入与产出的比例，在遵循基本经济规律的前提下关注经济效益。

3. 我国高等教育市场化表现

（1）政府管制减少

在计划经济体制的背景下，所有高等教育的所有办学活动都是在政府直接领导下进行的。如20世纪60年代初制定的《中华人民共和国教育部直属高等学校暂行工作条例（草案）》所规定的那样，"大学的专业的设置、变更和取消，必须经过教育部批准……学校必须按照教育部制订或者批准的教学方案、教学计划组织教学工作……专业设置、教学方案、教学计划、教学大纲和教材要求稳定，不得轻易变动。课程和学科体系的重大改变，必须经过教育部批准"。不仅所有的办学活动（比如课程设置和专业设置）由政府操办，资金由政府提供，学校由政府直接管理，就连毕业生的就业问题也一并由政府包办（即所谓的分配工作），高校完全没有办学自主权可言。在20世纪80年代教育改革之前，我国的高等教育体制的管理特征是国家权力的高度集中和严格控制。

自20世纪80年代以来，我国的高等教育市场化随着市场经济的改革逐渐拉开了帷幕。由于完全由政府来管理的高等教育越来越不适应社会的需求，因此，中央政府把高等教育的管理权逐渐下放到地方政府，提高地方政府的办学积极性，不断扩大高校的办学自主权，允许各高校根据学校和市场的需求来制定学校的方针政策。从中可以看出，中央政府改变了以往高度垄断高等教育的政策，努力做到退出直接办学者的角色，这些做法就是高等教育市场化的表现。

（2）融资渠道拓宽

20世纪八九十年代以来，随着我国市场经济体制改革的深入和社会结构的变迁，面对我国巨大的高等教育需求，国家计划经济体制下的政府对高等教育经费的全部包办已力不从心。从1980年招收自费生到1983年教育部对于部分毕业生"供需见面"的分配方法的试行开始，都已经说明了高等院校对政府的依赖在逐渐减少，并主动去适应社会对人才的要求。高等教育逐步按照成本进行收费和高等教育毕业生部分自主就业都说明我国出现了高等教育市场化的现象。让学生分担一定的教育成本、缴费上学实际上说明我国已经把高等教育当作"准公共产品"来对待了。此后，国家还允许并鼓励民间资本进入高等教育领域，使高等教育融资渠道得到了空前的拓宽。

高等教育市场化改革取得了显著的成绩，于是有人提出，高等教育应该放任其发展，采取完全的市场化，由市场来自发的调节，面对国内外高等教育的激烈竞争，听凭市场取舍，优胜劣汰。

（二）极端二：高等教育完全的政府指令化

在高等教育市场化推进过程中，教育公平和教育质量等新的问题逐渐显现，于是人们又开始怀念教育指令化年代政府的无穷魅力。

首先，完全的政府指令化可以减轻高校负担。

在政府指令化年代，教育公平以及教育质量问题一并由政府来思考，政府成为解决问题的主体，高校只需要接受并执行政府的指令即可。高校不需要主动思考，更不需要对政策和方案的可行性有所顾虑，对于执行效果的好与不好也不需要负更多的责任。因此，某些高校更倾向于退回高等教育完全政府指令化年代。

其次，完全的政府指令化可以弱化高校之间的竞争。

在市场经济条件下，各高校之间不断展开科研水平、硬件设施、师资队伍、生源层次、就业状况、综合竞争力等方面的竞争，为的是在全国高校中排个好位次。而位次的前后决定了高校生源的数量与质量。高等教育生源竞争加剧已成为全世界尤其是发达国家或地区的共同趋势。我国自加入WTO后，境外高校生源竞争的触角也越来越广泛地伸向我国，使我国高校对生源的竞争日趋激烈。完全的指令化会使得高校之间的竞争变得弱化，各高校只需按照政府的意愿完成招生计划即可，而生源的数量和质量也完全由政府来决定。

二 高等教育市场化与高等教育指令化的博弈

（一）高等教育市场化的弊端

我国政府曾在《中国教育改革和发展纲要》中明确提出，20世纪90年代教育改革的目标和任务是：建立与社会主义市场经济体制、政治体制和科技体制相适应的新教育体制。显然，教育改革尤其是高等教育改革必须走向市场，适应市场经济的发展，才能与市场经济相得益彰，从而得到有效、快速的发展。然而，随着市场化改革的不断深入，一系列的问题也逐渐显现。

第一，高等教育市场化运作的结果可能直接导致大学教育功能的淡化。由于市场化的准则是价值规律与等价交换原则，因此在高等教育市场化过程中，如果过分强调学校与学生的交换关系势必会破坏大学的教育功能。

第二，高等教育市场化会导致学校在办学过程中出现功利主义倾向。这种功利主义倾向一方面在高校教学活动中主要表现为课程的设置越来越实用化，像历史、文学等文科课程一度受到了冷落；另一方面大学的功利主义倾向还表现在科学研究活动中，为了追求经济利益，尽快实现经济价值，改变大学科研领域内各类研究资源的配备比例，对应用科学研究的投入力度不断加大，而缩减对基础科学领域研究的投入比例。

第三，高等教育市场化影响教育公平。世界各国在高等教育市场化过程中，都采取收取学费的措施，这意味着高等教育再也不是免费或低费用的福利，要想接受高等教育的服务必须有支付相应费用的能力。这就会造成经济条件好的学生有机会选择好的大学、热门的专业，而对于经济状况差的学生来说，能否接受高等教育和能够接受一个什么成本的高等教育就成为一个现实问题。此外，高等教育的市场化使越来越多的优秀教育资源主要集中于经济较发达地区，对于贫困地区高等教育的发展是不利的，会导致高等教育区域发展的不平衡。

（二）高等教育指令化的局限

近年来高等教育面临前所未有的挑战。这未必是因为国家的作用受到了新古典主义经济学家的普遍怀疑，高等教育本身就具有三重矛盾。

第一，随着入学机会的大众化和普及化，高等教育对公共经费的需求不断增加。同时，随着向知识社会的迅猛发展，公众对大学在研究和教育两方面的期望也大大提高。另外，人口老龄化加重了公共经费的负担，因此政府不得不提高税率，但在激烈的全球竞争下，高税收政策常给经济发展带来负面影响。在此背景下，大学经费需求与政府经费提供能力之间的差距越来越大，经费竞争使得政府对大学的绩效评估日益重要。

第二，随着知识经济的盛行，就业对知识和技能的需求更加显著，需求的变化也更加迅速。同时，人们在生活和工作中面临着更多选择，社会对研究的需求也更加多样。传统观点认为现代国家的基本前提是政府能预测出社会对教育和研究的需要，并将其转化为政府行为，包括规划和支持高等教育体制,所以政府预算本应是在此前提下的逻辑体现。但在现实生活中,这种观点已经受到了很大质疑。

第三,随着高等教育与社会的联系日益密切,这种联系必然经历根本性的变化。传统观念认为大学包含外行人所无法理解的学术追求,因此大学的治理应该取决于大学内部。过去社会尊重权威并且将大学的活动委托给专家,然而,随着大学的运营成本日益提高以及大学产出对社会福利的作用日益增强,过去那种对大学自治的信任也发生了动摇,甚至有人认为学者所享有的那些特权是种自我放任的社会不公。于是有呼声要求学术生产也应成为一种公平交易,即通过在供求两方都引入竞争机制来保证供求交易有一个公平的价格,交易的报酬是效率的合理体现,最终的目的是实现社会资源的优化配置。①

(三) 正确认识高等教育市场化与指令化之间的关系

高等教育市场化不是完全的市场化、极端的市场化,而是在高等教育领域中有限的市场的介入。有限的市场介入有利于教育资源的优化配置,有利于激励社会和个人的教育投资热情,有利于教育质量和效益的提高。而完全的市场化不但不会取得良好的效果,反而会过犹不及,造成严重的后果。如高校可以不考虑社会公平、不承担社会责任;资源配置完全建立在市场基础上,而不再享受必须的公共财政保障。市场由于存在信息严重不对称、监管体制与规制的不完善、市场竞争不完全,教育处于垄断地位,消费者权力没有足够保障会导致消费者处在被宰割的弱势地位。

总之,高等教育资源配置的市场化,并不意味着排除政府的调控作用,并不意味着市场拥有绝对的力量。完全的市场化和完全的指令化都会使得高等教育发展走入歧途,在市场化的条件下进行适度的政府干预将有助于我国高等教育事业更好更快地发展。

---

① 金子元久:《高等教育市场化:趋势、问题与前景》,《清华大学教育研究》2006年第3期。

第四节　实现大学资产保值增值的制度突破

制度经济学告诉我们制度对经济行为和经济发展会产生重要影响，能否树立我国高校法人资产的经营理念，从而实现大学资产的保值增值归根结底是制度的问题。一切不合理的现象与问题的存在是由于制度设计存在缺陷，因此，实现我国高校资产的保值增值关键要从制度上进行突破。大学通过科学合理的制度安排来解决发展中出现的问题，优化资源配置，提高办学效益是可行的，也是必须的。

一　坚定市场在资源配置中的决定性地位以及政府在监管调控中的主导地位

市场经济体制为经济发展带来了更多的机遇，同时也为教育发展带来了新的机会，但市场经济不是万能的，"市场失灵"的情况下就需要政府采取恰当有效的措施，以保证教育的良性发展，推动教育改革的顺利进行。尤其是在高等教育领域，首先要坚定的是市场在教育资源配置中的决定性地位，同时政府应加强监管与调控。

教育产品是不同于一般商品的特殊产品，教育产业也不同于一般的生产行业，在市场经济条件下，教育不可能完全产业化，完全按照市场规律办事，政府的作用是无法替代的。政府对教育的普及，教育质量的监控以及资源配置效率的提升有着不可推卸的责任，作为高等教育的主要资助者和管理者，它的地位始终未变，绝不能出现市场力量积极介入的同时政府责任缺失的现象。这种国家控制模式向国家监督模式的转变，对国家高等教育管理部门的挑战是空前的。在高等教育市场化过程中政府责任应转变为尊重、恪守市场规律，在有利于充分发挥市场机制作用的前提下，制定高等教育战略规划，确定高等教育的发展方向和目标，建立高等教育质量控制、监管体系，保持高等教育投入的稳定增长，弥补和矫治市场缺陷，实现市场配置与政府宏观调控的最佳组合。也就是说政府要从传统的事无巨细的指令性计划工作转为统筹抉择在哪里做以及由谁来做这项工作。

二 明确高校资产经营的相关机制

(一) 形成以院 (系) 为中心的运转机制

随着高等院校办学规模的逐步扩大,在组织形式上,一般大学实行的是三级建制、两级管理。运转机制是以职能部门为中心,这种机制不利于教学资源的优化配置,在很大程度上束缚了院、系办学的活力和动力。应建立和完善以院、系为管理中心的运转机制,做到权责对等,进行适度的分权和授权,实行目标管理责任制。这样,各院、系明确了工作目标并拥有了相应资源的配置权之后,使得目标、压力、权力、利益形成了良性的有机循环,可以分担学校的办学压力。同时,增强了院、系的办学活力,能够深度挖掘和发挥院、系的办学潜能,充分激活和调动教职工的工作积极性,更有利于办学资源的优化配置,使院、系的成本和效益意识得到增强,形成院、系自主办学的良好局面。

(二) 建立合作共享机制

目前,高校与外界合作的形式主要有校研合作、校地合作、校校合作、校企合作及国际合作等。这些合作形式多以自我为中心,希望外界力量能够为自己服务,缺乏共享意识。应构建、实行合作共享机制,树立互利互惠、以共享求共建的利益观念,这样方能使合作双方都有积极性,也会使合作更具持久性。同时,以共享心态求发展,也会在学校内部形成良好的文化氛围,在外部有利于学校树立良好的形象,增强学校的美誉度。

(三) 构建和完善资源配置制度

各院校应结合自身的实际情况,构建和完善资源配置制度,同时辅以激励和监管机制,使各种办学资源利用合理化、最大化。举例来说,在实验室的管理方面,要将实验室分类(专业及研究实验室、专业基础实验室、公共基础实验室),进行分层管理和开放式管理;在资金分配方面，结合工作的目标和任务，要与工作绩效挂钩。

三 进一步完善大学法人财产制度

我国对于高校资产的所有权以及处置权等问题的规定可以追溯到1979年。1979年9月20日我国颁布了《教育部所属高等学校固定资产管理办法（试行）》，这是最早从行政管理角度对大学资产管理做出明确规定。该办法中第1条规定："学校的固定资产是国家财产，是保证教学、科研、生产顺利进行和师生员工学习、生活的物质条件。"第17条进一步提出："固定资产的变动，系指固定资产的对外调拨、出借及报废、报损、丢失、变价等。这些变动都必须经过批准。"从这些规定中我们可以很清楚地看到：第一，高校的固定资产是归国家所有的；第二，高校固定资产的用途是满足教学、科研、生产需要以及满足师生学习生活需要；第三，高校固定资产的变动必须经过国家批准。也就是说，高校是不能擅自处置高校的固定资产等。这就从高校财产的形成、用途、处置等方面明确了政府的作用及高校的地位。但《教育部所属高等学校固定资产管理办法（试行）》并没有对高校固定资产的来源进行区分，高校的固定资产有国家划拨的，也有高校通过其他途径自行获得的。对于高校其他途径获得的资产归属问题没有说明。

此后，我国于1995年又颁布了《行政事业单位国有资产管理办法》，其中对行政事业资产做出了明确的界定。"行政事业资产是指由行政事业单位占有、使用的、在法律上确认为国家所有、能以货币计量的各种经济资源的总和。包括国家拨给行政事业单位的资产，行政事业单位按照国家政策规定运用国有资产组织收入形成的资产，以及接受捐赠和其他经法律确认为国家所有的资产。"高校属于行政事业单位，因此对于高校资产的界定应遵守上述规定。《教育部所属高等学校固定资产管理办法（试行）》中未做出的关于高校其他途径获得的资产归属问题也给出了答案，即全部归国家所有。同时，《行政事业单位国有资产管理办法》还提出："国家对行政事业资产的管理，坚持所有权和使用权相分离的原则,实行国家统一所有,政府分级监管,单位占有、使用的管理体制。"也就是说,高校资产的所有权归国家,高校只有占有权和使用权。

1995年我国还颁布了《教育法》,其中第61条明确规定:"国家财政性教育经费、社会组织和个人对教育的捐赠,必须用于教育,不得挪用、克扣。"《行政事业单位国有资产管理办法》规定了不同来源的高校经费都归国家所有,《教育法》则进一步规定了归国家所有的资产的用途,只能用于教育。但是《教育法》中所列出的归国家所有的资产是指"国家财政性教育经费、社会组织和个人对教育的捐赠",但没有提到"运用国有资产组织收入形成的资产",因此,《教育法》对于高校通过资产经营获得的收入的所有权问题未作出明确解释。

1998年我国颁布了《高等教育法》,其中第38条规定:"学校对举办者提供的财产、国家财政性资助、受捐赠财产依法自主管理和使用。高等学校不得将用于教学和科学研究活动的财产挪作他用。"从该条规定可以看出,《高等教育法》只规定高校对于"举办者提供的财产、国家财政性资助、受捐赠财产"拥有管理权和使用权,并未提及所有权,同时明确了这些资产的使用范围只能用于教学和科研活动。另外,《高等教育法》还对学费收入以及校办企业收入、知识产权收入等作出规定。其中,第63条规定"高等学校所办产业或者转让知识产权以及其他科学技术成果获得的收益,用于高等学校办学"。第64条规定"高等学校收取的学费应当按照国家有关规定管理和使用,其他任何组织和个人不得挪用"。但是这些规定仅涉及资产的用途,也没有对资产的所有权进行严格界定。

从以上法律法规可以看出,高校在资源配置中始终处于从属或被动地位,无论财产来源,政府都可以实行严厉的管制和行政审批制度,使高校财产来源的空间受到了限制。因此,我国高校作为法人究竟是否拥有独立的财产权利,是否拥有对法人财产独立处置权的问题一直存在争议。

1999年4月，教育部发布施行了《高等学校知识产权保护管理规定》，其中第三章规定：高等学校对以高等学校名义申请注册的商标、校标以及高等学校的其他服务性标记依法享有专用权。同时对发明创造等专利、著作权、秘密技术等知识产权的归属问题做了详细规定。《高等学校知识产权保护管理规定》赋予了高校对于高校知识产权的所有权。

2007年，我国出台了《中华人民共和国物权法》（以下简称《物权法》）。但是令人失望的是，《物权法》仍然没有对公法人财产权做出回应和明确的解释。在《物权法》制定过程中，与对私权利的高度关注和确认相对应，对"公权利"尤其是公法人所有权却没有给予系统性的说明，该法对于事业单位等类型法人的财产权利性质问题选择了回避的办法，刻意绕开了高等学校等公法人的财产权利问题而未加以明确规定。《物权法》第54条规定："国家举办的事业单位对其直接支配的不动产和动产，享有占有、使用以及依照法律和国务院的有关规定收益、处分的权利。"根据此规定，高等学校对其直接支配的财产，可以享有占有和使用权，但是这种权利的使用和落实却有明确的附加条件，即需要其他法律和国务院规定来辅助界定。

以上可见，延续至今的立法和其他文件的制度建构对公立高等学校法人财产的独立性并未给予司法意义上的确认，从而从根本上导致高等学校法人地位无法真正实现，事实上也使得高等学校还不可能成为真正的面向社会自主办学的独立的法人实体。显然这是一个历史遗留问题，虽然结论至今不明，但许多人已越发清楚地意识到未来中国高等教育深化改革，要使一部分高校跻身世界一流高校，不在此问题上有突破性进展是绝不可能实现的。因此，迫切需要国家出台明确的法律法规，对高校资产的所有权归属，以及处置权和管理权做出细致明确规定，高校没有"所有权"的处置和管理，就相当于"管家"在帮着"主人"照看财产，由此衍生出来的问题可想而知！

四 建立协调多元利益主体的现代大学制度

协调中国公立高校多元利益主体的现代大学制度模式①包括：以党委会为主导的大学委员会决策体制，以校长为枢纽的专业委员会执行体制，以政府、高校和社会相结合的监督反馈体制。这里所说的"体制"是机构与相应规范的统一体，故高等教育体制就是高等教育机构与相应规范的结合体或统一体。

（一）以党委会为主导的大学委员会决策体制

1. 大学委员会决策体制的内涵

大学委员会决策体制是以公立高校党委会为主导，多元利益主体代表参加组成大学委员会，在公立高校发展建设决策方面总揽全局、把握方向，从而发挥领导和协调作用的体制。公立高校决策体制的关键问题是解决多元利益主体的参与问题。在西方，无论是集权制国家还是分权制国家，其大学决策体制的共同点之一就是决策是由一个委员会集体做出，而执行工作则交由校长个人负责。我国《高等教育法》规定，中国共产党高等学校基层委员会按照中国共产党章程和有关规定，统一领导学校工作。由于公立高校是政府举办的，这样规定是有根据的。但面对高校利益格局的变化，大学不再完全从属于政府，故应该吸纳多元利益主体代表共同组成委员会负责高校决策。

2. 大学委员会的人员构成

首先，依据《高等教育法》和《中国共产党章程》的相关条款选举出的党委会成员，他们应成为大学委员会的当然成员。大学委员会主席是一个关键职位，他是大学委员会的领导人、召集人，根据我国公立高校的领导体制，这一职务应由党委书记担任。同时，为保证党委会在大学委员会中发挥主导作用，党委会成员的人数要占大学委员会成员的半数以上，但不超过三分之二。常委会成员应进入大学委员

---

① 关于此内容笔者在《深化我国公立高校内部治理结构改革的现实性选择——基于多元利益主体生成的视角》一文中有专门论述，载于《教育研究》2012年第6期。

会，这样，公立高校基层党委会在大学委员会中的主导作用便通过组织形式和人员构成等得到落实与体现。

其次，政府委派相关职能部门的干部与人员参与到大学委员会。政府相关职能部门的干部代表政府参与公立高校决策，可以很好地体现政府及社会的意志。同时，为了提高决策过程及结果的科学性和广泛的代表性，政府也可以根据需要委派教育专家、管理专家 社会名流、工商企业界人士和校友等参与到大学委员会中来，他们可以为公立高校的决策提出实质性的意见和建议，使高校的专业设置以及学生培养等与社会各行业发展形成有效的衔接。这是在新形势下政府管理高校的重要途径。

再次，大学委员会要有教师代表、学生代表以及合作者代表参加。大学决策吸收教师代表参加，能比较好地解决聘约制给教师与大学关系造成的问题，使他们找到"主人"的感觉，调动其积极性。学生由于缴费上学和自主择业，在高校决策中也应该具有发言权；合作办学者因投资使自己的利益与学校的发展状况联系在一起，参与决策也是其应当享有的权利。上述几方面人员参与决策也是发达国家大学管理的通行做法。

3. 大学委员会的职能

要准确、合理地界定大学委员会的职能，首先必须清楚我国现行法律与政策对公立高校内部管理体制的有关规定。《高等教育法》第三十九条对党委会的领导职责做出了一些规定，而第四十一条则对校长的职权做了一定规定；另外，《中国共产党普通高等学校基层组织工作条例》对于党委会的职责有所规定。但总体而言，在现行大学制度中，党委与校长的工作界定得比较笼统，多为原则性的，实践中不好操作。特别是在决策与执行方面上都存在一定的交叉，这是目前中国公立高校内部管理体制存在的非常严重的问题，是导致党委与校长权责不清、产生摩擦、管理效率低下的主要原因。故应从科学管理的角度、从运行机制上进行理顺，把决策与执行尽可能分开，消除制度性摩擦。在我国现行政治体制不变的情况下，应将大学委员会的职能尽量定位在决策层面，而把执行的任务尽量交由校长负责。目前，以党委会为主导的大学委员会的主要职责是：（1）执行中国共产党的路线、方针、政策，确保社会主义办学方向；（2）制定大学章程；（3）制定高校中、长期发展规划与目标，把握高校发展方向；（4）筹措高校办学经费并审核经费的预算与决算；（5）决定高校的机构设置与人员编制；（6）参与大学校长、副校长的遴选工作；（7）审核并通过校长提名的学校各部门及机构的干部人选；（8）听取并审议校长年度工作计划及总结；（9）支持并监督评价校长工作；（10）维护高校利益，协调高校对外关系；（11）裁定高校内部纠纷与争议；（12）其他涉及学校全局的重要工作。

4. 大学委员会的决策方式

第一，建立例会制度。大学委员会每年至少召开一次全体委员会会议，根据需要也可不定期召开会议。会议的主要内容是对大学委员会主要职能所涉及的项目进行研究并做出决策。

第二，建立提前送达制度。大学委员会在召开会议之前要在征求多方意见的基础上形成会议议题，并在会议召开之前根据议题的重要与复杂程度提前将有关会议内容或者讨论材料送到委员会成员手中，使他们有充分的时间来思考有关问题、发表意见并做出选择。

第三，设立专业性组织作为常设机构。大学委员会在闭会期间可以根据工作需要设立常设组织，每个组织要设秘书长以承担具体任务。作为大学委员会主席的党委书记要负责处理大学委员会的日常工作。

5. 建立大学委员会决策体制的意义

第一，大学委员会决策体制能有效地整合多元利益主体。大学委员会决策体制使各利益主体有机会参与到公立高校发展建设的决策中，以行使其相应的权力，同时，也承担相应的责任，有利于更好地调动其积极性，有利于推进高校改革的不断深化和事业的不断发展。

第二，大学委员会的建立打破了以往公立高校内控型的管理模式。大学委员会由于吸纳了多元利益主体的参与可以改变大学以往封闭管理的状况，改变大学"内部人治理"的局面，使高校与社会之间的结合更加紧密。这不仅可以进一步提高决策的质量，同时也有利于加强政府对高校的管理和引导，进而明确高校的办学方向和思路，使高校与社会建立更紧密的联系，进一步提高办学的质量和效益。

第三，大学委员会决策体制加强和改善了党对公立高校的领导，可以比较好地解决党政职责不清的问题。社会转型时期，中国公立高校改革、发展、建设任务繁重，进一步巩固和加强党的领导对于高校的发展是必要的，但问题是党委如何领导才是积极和有效的。正在运行的公立高校管理制度不仅无法兼顾多元利益主体的要求，而且在运行机制上还存在党委、校长工作的重心和定位交叉重复的问题，这在现实的高校管理实践中往往造成矛盾，影响高校管理的运行效率。这里设计的现代大学制度，将党委置于公立高校的决策层面，而把校长定位在执行层面上，将会避免和缓解这种矛盾与摩擦，同时，也使党委从具体的事务中摆脱出来，集中精力负责高校重大事宜。这样就进一步加强和改善了党的领导，充分落实了党委的领导权和决策权。

（二）以校长为枢纽的专业委员会执行体制

1. 以校长为枢纽的专业委员会执行体制的内涵

以校长为枢纽的专业委员会执行体制是：在大学委员会决策的基础上，校长通过各专业委员会对公立高校具体工作实施组织、指挥、控制与协调的管理体制。以党委会为主导的大学委员会决策体制解决的是"做什么"的问题，以校长为枢纽的专业委员会执行体制解决的则是"怎样做"和"谁来做"的问题。

2. 以校长为枢纽的专业委员会的构成

首先，校长作为公立高校法人代表处于学校执行体制的核心与枢纽位置，是大学委员会决策的首席执行官。大学委员会决策一经做出，由校长负责组织实施。其次，在校长领导下，由相关人员组成专业委员会，负责不同方面的工作。一般根据工作性质，由分管副校长领导，可分别组成不同的专业委员会，下设专门工作机构，处理日常事务。比如：设立教学委员会负责教学工作，学术委员会负责科研工作，学位委员会负责学位授予工作，人事委员会负责师资队伍建设工作，学生工作委员会负责学生工作，财务工作委员会负责财务工作，对外交流与合作委员会负责外事工作，后勤工作委员会负责学校的生活服务工作，等等。

再次，在各个专业委员会组成人员当中，要注意吸收教师、学生、合作办学者参加，特别是在实施后勤社会化的高校中，合作者的参加就显得非常重要。

3. 以校长为枢纽的专业委员会的职能

基于法律规定并结合中国公立高校内部利益主体格局的多元化特点，在本书的制度设计中，以校长为枢纽的专业委员会的职能主要有两部分，即落实大学委员会决策和管理日常行政事务。校长的主要职责是：（1）拟定发展规划、制定具体规章制度和年度工作计划，提交大学委员会审核批准后组织实施；（2）组织教学、科学研究和思想品德教育；（3）在大学委员会授权之下拟订高校内部组织结构的设置方案、推选高校内部组织机构的负责人；（4）拟定聘任教师以及内部其他工作人员的管理制度，提交大学委员会审核，通过后组织落实；（5）拟订高校年度经费预算方案，经由大学委员会审核通过后实施；（6）保护和管理学校财产，维护学校的合法权益；（7）章程规定的其他职权。

4. 建立以校长为枢纽的专业委员会执行体制的意义

第一，确立校长为公立高校执行体制的枢纽，是对《高等教育法》明确的校长为学校法人代表的最好诠释。在新的制度设计中，以校长为代表的行政部门其职责主要是落实大学委员会决策并处理日常行政事务。在这个体制中，校长是执行体制的"枢纽"，这就使校长处于公立高校管理工作的中心地位。这会使党委与校长的职责进一步清晰，克服了制度性摩擦带来的问题，进一步激发校长管理工作的积极性与创造性，使校长的指挥权落到实处，从而提高管理工作的效率。

第二，专业委员会的参与是促使公立高校管理行为专业化与民主化的有益保障，也是对大学自身属性的观照。一方面，专业委员会的介入为公立高校多元利益主体的利益表达提供了组织保障；另一方面，专业委员会执行体制还有利于发扬民主，在处理管理中的一些复杂事务时避免校长一人专断而造成失误。专业委员会的建立与运行实现了高校内部多元利益主体以及不同组织系统的协作，使其具备了一定程度的自我调节功能。

（三）以政府、高校和社会相结合的监督反馈体制

1. 以政府、高校和社会相结合的监督反馈体制的内涵

以政府、高校和社会相结合的监督反馈体制是指由政府、高校和社会共同参与，多中心、多样化，对高校发展建设情况进行观测监察，进而做出客观公正的评价及反馈、咨询改进等服务的体制。

2. 以政府、高校和社会相结合的监督反馈体制的构成与职能

公立高校利益主体的多元化引发了利益诉求和权力形式的差异化，加之公立高校中特殊委托—代理问题的存在，监督成为不容忽视的关键环节。政府和社会要对公立高校的整体运作履行监督职责，公立高校的决策机构要对执行机构履行监督职责，公立高校内部的多元利益主体也要对高校的各项活动履行监督职责。可以说，在多元利益背景下的公立高校监督，是一个全方位、多维度和多元参与的过程，只有以政府、高校和社会相结合的监督体制才能更切实地满足这一需求。

首先，政府监督。主要是通过相关部门及职能中介，对高校的办学方向、目标、学校管理者的工作绩效、经费投入及使用情况等有关方面的考核与监督。

其次，学校内部监督。公立高校内部监督主要是决策机构对执行机构的监督，毕竟执行过程是落实高校决策的关键环节。在美国，董事会不仅有权决定公立高校的大政方针，而且还拥有选择与监督校长

和管理部门工作的权力,那么,中国公立高校的大学委员会也要肩负起监督校长以及专业委员会工作的责任。校长应向大学委员会负责并接受大学委员会的监督,这样有利于大学委员会决策的真正落实。公立高校的教代会、学生会等群众组织也要在大学委员会的协调下发挥相应的监督作用。

再次,社会监督。社会监督主要依靠的是具有专业背景的民间教育中介组织。教育中介组织实际上就是社会中介组织在教育领域中的运作,它不仅要履行中介组织的职能,更要体现教育的特点及规律。目前,教育中介组织依据其性质和人员组成的特点可分为三种类型:官方型、半官方型和民间型,公立高校监督反馈体制中所吸纳的教育中介组织可以包括这三种类型。

3. 以政府、高校和社会相结合的监督反馈体制的运行方式

第一,过程监督与结果监督。以往公立高校监督机构所从事的大多是结果监督,即这种监督所关注的通常是那些已经造成了不良后果的行为。这种监督虽然具有一定的约束力,但这种滞后性也在客观上导致了结果监督的非经济性。因此,新型的公立高校监督体制应更多地注重过程监督,即对公立高校决策和执行的重要环节进行连续跟踪监督,从源头上保证权力的正确行使。

第二,有形监督与无形监督。公立高校的监督工作不应该只注重权力形式的监督,还要注重权力行使的质量和效率监督。利益主体多元化的中国公立高校对于监督也提出了更高的要求,即监督机构不仅要监督权力主体是否履行了自身的职责,还要监督职责的履行是否准确而高效。例如,大学委员会对以校长为枢纽的专业委员会具有监督权,那么,它不仅要关注执行机构是否执行了决策,而且还要关注它的执行力度与最终的效果。因为把事做完和把事做好是两回事,在监督过程中,往往就是这细小的差别决定了监督机构是否能够更深入地发挥其职能效力,决定了决策和执行是否能够具有更高的信度与效度。

第三,内部监督与外部监督。高校是研究高深学问的组织,教职

工是高校具体活动的执行者，以广大教职工自己的组织——教代会为主要载体实行内部监督，符合公立高校的专业性以及管理方面的特性。教代会的组成人员多为高校的教师，他们的专业背景和职业素养决定了他们有能力为公立高校的发展出谋划策，也有资格对公立高校的运行过程实施监督。大学工作的运行方式会在一定程度上对外部影响形成障碍，加强外部监督也要予以充分重视。

4. 以政府、高校和社会相结合的监督反馈体制建立的意义

第一，以政府、高校和社会相结合的监督反馈体制是社会主义民主政治的具体体现。人民当家做主是社会主义民主制度的本质要求，民主的社会氛围有利于平等、和谐局面的长期保持，同时也有利于建立多元利益主体的合理表达机制，创设有效的利益表达途径，进而形成多元利益主体权力相互制约的良好局面。缺乏制约容易导致权力的滥用，而过度制约又会压抑利益的表达，民主的氛围正是权力得以有效行使、利益得以顺畅表达的重要前提。

第二，政府支持并大力发挥教育中介组织的作用，是加强监督的重要渠道。作为源于西方的教育中介组织，其在中国的运用必然要考虑中国的环境特点。其一，教育中介组织在我国的发展刚刚起步，而教育又是事关国家未来发展的基础性事业，政府的介入可以为中介组织创设健康的从业环境，充分体现教育的性质和目标，提升教育中介组织反馈的权威性和影响力。其二，教育资源和政府职能的有限性以及市场经济条件下教育管理活动的日趋专业化、复杂化，这决定了政府必须借助教育中介组织的专业性活动来实施教育管理。其三，随着公立高校法人地位的不断明确，教育中介组织可以站在社会公众的角度，客观而公正地审视教育活动，反映多元利益主体的呼声，实现利益表达功能。

第三，由教育中介组织来承担教育的反馈任务是缓解矛盾、确保教育公正性的有益途径。随着公立高校利益主体多元化的发展，政府作为高等教育监督反馈信息唯一来源的地位受到了冲击。教育中介组织的专业特点和利益表达功能比较容易得到高校多元利益主体的认可

与支持，它不仅能够在一定程度上减轻政府的负担，而且能够利用市场经济规律协调多元利益关系。

第五节　面向市场的未来大学基金会运作

一　中国大学基金会发展概况

（一）大学基金会发展的现状

1. 规模不断扩大

1890 年，耶鲁大学校友基金会成立，这是世界上最早的大学基金会。我国大学基金会兴起于 20 世纪 90 年代，相比于世界上最早的大学基金会晚了整整一百年。我国大陆高校最早一批教育基金会主要包括 1994 年成立的清华大学教育基金会，1994 年成立的浙江大学竺可桢教育基金会，以及 1995 年成立的北京大学教育基金会。而暨南大学 1986 年在香港注册成立了教育基金会。进入 21 世纪，我国高校教育基金会相关法规也有了一定的完善，国务院 2004 年颁布的《基金会管理条例》对基金会做出了明确的界定，基金会是指"利用自然人、法人或者其他组织捐赠的财产，以从事公益事业为目的的非营利性法人"。由此，大学基金会即指高校依法成立的，以募集资金并实现基金保值增值为目的，以服务高校教育及科研为宗旨的非营利性法人组织。2009 年，国家财政部、教育部联合发布了《中央级普通高校捐赠收入财政配比资金管理暂行办法》，此后，我国高校教育基金会数量迅速增长。截至 2014 年，全国已有 406 所高校成立基金会，年均新增 50 家。高校基金会净资产总量已达 219.7 亿元，清华大学、北京大学、浙江大学三所大学成立的基金会净资产规模名列大陆基金会前三位。2014 年，排名第一的清华大学教育基金会总资产已达 32.2 亿元，仅 2014 年接受捐赠收入就达到 14.9 亿元。大学教育基金会的总支出也不断增长，2008—2010 年大学教育基金会用于开展业务活动的支出从 13.8 亿元增长到 21.9 亿元，增长了 58%，其中用于公益支出的份额在

94.4%左右。2014年清华大学教育基金会公益支出达到5.72亿元。①

2. 资金用途集中

高校基金会获赠资金的用途集中于科研及学科建设、基础设施建设和奖助学金，而且指定用途捐赠占比较高，指定用途的捐赠大部分用于基础设施建设。例如，清华大学教育基金会2010年获得捐赠中，捐赠金额较大的主要是一些指定用途捐赠，如上海信兴教育及慈善基金捐蒙民伟音乐厅、蒙民伟科技楼、蒙民伟行政楼和蒙民伟脑科学研究中心7500万元人民币；李兆基基金会捐李兆基科技大楼5000万元；赵伟国学长捐健坤基金4000万元；鸿富锦捐纳米中心3875万元；徐航学长捐"新清华学堂"建设基金1700万元；ROHM公司捐ROHM楼基建款674万美元（约折合4718万元人民币）；池宇峰学长捐"新清华学堂"建设基金626万美元（约折合4382万元人民币），等等。2011年，清华大学教育基金会项目支出5.49亿元，其中学校基础建设支出2.78亿元，占比达到50.6%。北京大学教育基金会2014年度工作报告显示，北京大学教育基金会的捐赠资金使用主要包括三个方面，分别是人才培养、教学科研以及校园建设。具体来看，2014年，捐赠资金用于学生项目占比为7%，用于教师项目占比29%，用于院系项目占比27%，用于基础建设占比4%，留本基金占比26%，其他项目占比7%。浙江大学教育基金会最新公布的2015年度资金使用情况也比较类似。其中，学科建设与院系发展占比最大，其次是奖教学金和人才队伍建设，基础建设虽然占比较低，但是2014年度基本建设支出达到了0.9亿元，占比最大。另据统计，在我国国内公益支出最多的10所高校基金会主要把钱花在了科研及学科建设、设施建设和奖学助学三大方面，分别占47%、33%和14%。②

---

① 《2015—2020年中国高校基金会发展现状分析》，http://www.chyxx.com/industry/201509/344503.html，中国产业信息网。

② 《我国高校基金会净资产总量达158亿元》，http://news.xinhuanet.com/edu/2013-12/26/c_118725648.htm，新华网。

表6-1　　　　浙江大学教育基金会2015年度支出明细　　　　（单位：元）

支出名称	金额
奖教学金	23322749.68
助学补助	6807932.00
国际交流补助	10756177.62
学科建设与院系发展	65710741.59
基础建设	5000000.00
学生活动支出	1190678.50
人才队伍建设	29558694.48
社会公益	7076053.25
营业税金及附加	3131047.50
管理费用	450918.86
汇兑损益	-37370.41
合计	152967623.07

数据来源：《2015年度浙江大学教育基金会支出清单》，http://www.zuef.zju.edu.cn/index.php/webSite/webColumn/index/12.html。

（二）我国高校教育基金会发展中存在的问题

与国外高校基金会相比，我国高校教育基金会在发展规模、管理模式以及资金的运作等方面差距还是较大的。

1. 高校教育基金会地区分布不平衡

我国高校教育基金会数量地区差异较大，其中经济发达省市数量较多，仅以2014年为例，我国高校基金会数量排在前五位的省市分别为江苏、北京、广东、浙江、上海，这五个省市教育基金会的数量占总数的比例达到46.06%，几乎占到半壁江山。有15个省区高校教育基金会数量不足十家，其中，贵州、海南、青海三个省区仅有一家高校教育基金会。

表6-2　　　　　　　2014年我国高校基金会数量

省份	数量（个）	占比（%）
江苏	56	13.79
北京	39	9.61
广东	32	7.88

续表

省份	数量（个）	占比（%）
浙江	31	7.64
上海	29	7.14
湖北	25	6.16
黑龙江	21	5.17
湖南	20	4.93
山东	19	4.68
福建	16	3.94
辽宁	16	3.94
陕西	15	3.69
吉林	14	3.45
四川	13	3.20
天津	10	2.46
安徽	7	1.72
广西	7	1.72
重庆	7	1.72
江西	5	1.23
河南	4	0.99
甘肃	3	0.74
山西	3	0.74
新疆	3	0.74
河北	2	0.49
内蒙古	2	0.49
宁夏	2	0.49
云南	2	0.49
贵州	1	0.25
海南	1	0.25
青海	1	0.25

数据来源：《2015—2020 年中国高校基金会发展现状分析》，http：//www.chyxx.com/industry/201509/344503.html，中国产业信息网。

2. 基金会资产规模较小

如前文所述，欧美发达国家大学教育基金会的资产规模庞大，2007 年度哈佛大学的基金规模就已经达到 346.35 亿美元，比我国所有高校教育基金会资产规模的总和还要高出十倍以上。2014年，我国高校教育基金会资产规模达到10亿元以上的仅有三家，分别是排在前三位的清华大学教育基金会、北京大学教育基金会以及浙江大学教育基金会。

表6-3　　　　2014年前20位高校基金会资产规模　　（单位：亿元）

排名	基金会名称	资产总额
1	清华大学教育基金会	32.2
2	北京大学教育基金会	29.9
3	浙江大学教育基金会	11.9
4	南京大学教育发展基金会	8.2
5	上海交通大学教育发展基金会	6.8
6	北京航空航天大学教育基金会	5.0
7	北京市中国人民大学教育基金会	4.8
8	东南大学教育基金会	4.6
9	北京师范大学教育基金会	4.0
10	厦门大学教育发展基金会	3.1
11	南京航空航天大学教育发展基金会	3.0
12	上海复旦大学教育发展基金会	2.6
13	苏州大学教育发展基金会	2.5
14	南京工程学院教育发展基金会	2.3
15	北京交通大学教育基金会	2.3
16	中国科学技术大学教育基金会	2.2
17	南京审计学院教育发展基金会	2.1
18	南京林业大学教育发展基金会	2.0
19	中南大学教育基金会	2.0
20	南京师范大学教育发展基金会	1.9

数据来源：《2015—2020年中国高校基金会发展现状分析》，http://www.chyxx.com/industry/201509/344503.html，中国产业信息网。

3. 传统行政型管理模式占主导

我国高校基金会的管理模式主要可以分为五种：传统行政管理型、市场化运作型、委员会管理型、海外拓展型和行业依靠型。传统行政管理型是指基金会虽然为独立法人组织，但仍然作为高校的一个职能部门进行管理，工作人员由高校内部人员兼职，薪资由高校发放。我国初建的高校基金会大部分采用此种模式。市场化运作型是指基金会完全按照市场规律运作，基金会工作人员的薪酬根据其获得的捐资运作产生的收益确定，基金会的运作按照市场规律进行。我国清华大学教育基金会、北京大学教育基金会等发展较好、相对比较成熟的基金会都属于此种类型。委员会管理型是在基金会之上成立基金管理委员会，由委员会负责基金会的筹融资，此种类型基金会的功能较为单一，主要倾向于筹资，在基金会资金的投资方面则投入较少。海外拓展型是指基金会的发展重点是海外市场，目的在于充分利用海外税收政策、资金优势等。行业依靠型主要是指高校利用所属行业优势来设立基金会并进行运作。哪种基金会的管理模式更为有效，因高校不同而情况各异，但可以肯定地说，它们都是市场开放的结果，随着市场经济的日益深化，各种基金会的作用也将得到越来越充分的发挥。但目前大多数高校采用的行政型管理模式存在着诸多问题，例如管理方式僵化，市场意识薄弱，推广意识不足，不能充分调动基金会的积极性，有必要向市场化转型。

4. 资产的保值增值能力较弱

高校教育基金会设立的初衷就是帮助学校筹集资金，并有效地使用资金，但与此同时，更重要的是还要实现资金的保值与增值。我国目前大部分高校教育基金会的工作重点仅仅在于接收捐赠资金并安排资金的使用，然而，对于基金的市场化运作却是忽视的。只有极少数的高校基金会聘请了专业人士进行运作，大部分的高校基金会工作人员都是学校内部人员兼职，并且以行政人员为主，这些工作人员缺乏专业的投融资知识和经验，甚至有些人员对于基金的市场化操作是完全不懂的。我国的高校教育基金会一方面缺乏投资的理念和意识，另一方面又缺乏投资的专业知识和技能，带来的直接结果就是高校基金会资产无法实现保值和增值。一份 2010 年有关我国 171 家高校基金会的统计分析表明：在 171 家高校基金会中仅有 55 家进行了除银行储蓄以外的投资活动，而其他接近 70% 的高校教育基金会除了个别进行银行储蓄之外，大部分对于资金没有做任何投资。进行投资的高校基金会也是业绩平平，62%的基金会投资收益为零，仅有16%的基金会投资收益超过了5%。而同期美国的大学教育基金会数量达到800多家，投资回报率平均10%以上。面对这些数据，我们可以想象基金会的后续发展结果会是怎样，捐赠人怎么会将资金交给不会投资、不善运营的基金机构呢？

5. 基金会募集资金能力不足

基金会募集资金能力不足是我国高校教育基金会存在的又一大问题，高校基金会常常处于被动地接收捐赠的状态，缺乏主动募集资金的意愿和能力。首先，募集资金的意识淡薄。这主要是受计划经济体制高校运行的影响，高校以及基金会工作人员仍然保留着"等、要、靠"的老思想，缺乏主动募资的意识。其次，基金会的运作缺乏市场化考核。大部分高校教育基金会工作人员的薪资并没有与基金会资金效益挂钩，对于工作人员缺少绩效考核，工作人员募资的激励机制不完善。再次，缺乏专业的劝募队伍。发达国家高校教育基金会都有一支专业的劝募队伍，主要由校长、校级领导构成，他们凭借自身的威望以及人格魅力进行劝募，同时结合丰富的项目活动，不断扩大筹资范围。而这些都是我国高校教育基金会未来发展中需要解决的问题。对于我国高校教育基金会而言，随着劝募理念由产品导向向市场导向、社会导向的过渡，劝募角色、劝募目的、募捐的对象选择、劝募过程、筹资范围以及募捐后的信息反馈与沟通形式等都将发生深刻的变化。

二　我国大学基金会运作的可行性建议

针对我国大学基金会运作中存在的问题，现阶段，需要从两方面着重改进。首先是宏观层面政策环境的优化，其次是微观层面高校内部的改革。

（一）逐步优化政策环境

1. 为高校基金会的运作提供有利的政策环境。对于捐赠资金的税收优惠问题一直是大众关注的焦点，企业和个人做慈善，应当享受税收优惠，这一点已经达成共识。目前国家有关高校教育基金会的免税政策主要有：(1) 根据《中华人民共和国个人所得税法》及其实施条例的有关规定，对个人用于公益救济性的捐赠，在申报应纳税所得额30%以内的部分，准予在计算个人所得税时实行税前扣除。(2) 2007年3月16日第十届全国人民代表大会第五次会议通过的《中华人民共和国企业所得税法》第二章第九条规定：自2008年1月1日起，企业发生的公益性捐赠支出，在年度利润总额12%以内的部分，准予在计算应纳税所得额时扣除。国内高校教育基金会主要依据上述两项规定提供捐赠免税待遇。但是相比于国外，我国的政策、法律环境尚不完善。首先，虽然我国在个人所得税和企业所得税方面规定可以税前扣除，但是整个操作流程和审批手续相对烦琐。其次，配套法规不完善。美国在遗产税征收方面的法规也促进了捐赠行为的发生。国家需要对税收优惠的条件、税种、税率等做出进一步的具体规定，尤其是对非现金捐赠的税收优惠制定相应的政策，并制定配套法规跟进，使得慈善税收优惠能够落地落实和执行，从而更好地鼓励企业和个人参与到慈善事业中。

2. 从国家层面将大学的融资能力正式纳入高校综合实力评价指标体系当中。同时，对于大学校长的考核指标也应当增加"筹款能力""平衡预算"等内容。

(二) 进一步推进高校内部改革

高校应该清醒地意识到未来高校发展的资金根本不可能完全靠政府，而且政府支持的力度还会逐渐下降，高校要解决资金问题必须要有"自力更生、自主经营"的意识。

1. 改革基金会的管理模式

我国大部分高校基金会采用的传统行政型管理模式不能很好地适应市场经济，而且也不利于高校基金会的可持续发展。大学基金会应采取适合市场经济规律的管理模式，当然也需要结合自身的特点，也许某些高校暂时不具备采取市场化管理模式的条件，但是应该逐步改革，争取在较短的时间内完成转型。在市场经济条件下，充分发挥市场的作用，这样才能更好地促进高校教育基金会的发展。

2. 优化基金会的人员配置

高校教育基金会不应该是临近退休人员的"养老所"，也不是行政人员的"流动站"，高校教育基金会作为高校筹融资的主要组织，必须配备专业专职人员，一方面，要有威信、有感召力、有劝募热情和管理能力的精英长期在该组织中发挥作用，负责筹资工作。另一方面，还要有一批专业人士负责资金运作与投资，实现资产的保值增值。如果高校不具备投资方面的人才优势，也可以选择雇用专门的投资理财机构进行基金运作。

3. 创新捐赠形式

目前，我国高校教育基金会接受捐赠的形式主要以现金为主，各高校教育基金会的官方网站公布的也是一些汇款账户的信息。笔者查阅了国内几家著名的高校教育基金会近几年接受捐赠的情况，几乎全部为现金捐赠。国外对于高校教育基金会的捐赠形式是丰富多样的，例如除了现金以外，捐赠各种有价证券、土地等不动产、无形资产等等。值得一提的是，浙江大学竺可桢教育基金会以及厦门大学教育发展基金会在创新捐赠形式方面开展了有益的尝试，捐赠企业将捐赠资金转化为企业的股权，这样高校可以从企业的发展中获得长期利益，此种做法对我们拓展思路、拓宽捐赠渠道很有启示意义。

第六节　面向社会的多元投资主体的渐进形成

我国高校多元投资主体形成现状

在计划经济体制下，我国高等学校的设立、管理、运行都是由国家主导的，高校办学主体单一。随着计划经济体制向市场经济体制转轨，社会力量开始参与高校运行，但是数量有限，参与度也较低。在国家统一管理下，政府主导的高校缺乏办学自主权，难以适应市场经济的需要。尤其是在资金投入方面，由于国家投资主体单一，众多高校出现资金困难,在我国高等教育规模日益扩大的背景下,面对上千所的公立大学,国家能否做到在详细了解各自需求的情况下,对每一所学校都不断加大投入呢?答案显然是不能!那么如何解决这个难题,根据西方发达国家高等教育发展的规律和经验,实现高等院校投资主体的多元化是有效的解决途径。政府应通过政策引导,吸引社会资本投向高等教育。

(一) 教育投资主体多元化的理论基础

投资主体多元化是经济领域的名词,可以从两个方面来理解。首先,从投资主体的数量来看,主要是从企业的角度,所谓的投资主体多元化是指企业的出资者由一个演变为多个,企业出资者的数量不断增加,企业制度也逐渐发展为三种,即个人业主制企业、合伙制企业和公司制企业。其次,从投资主体的性质来看,投资主体多元化是指投资主体不仅包括国家,而且包括企业,具体表现为国家投资、企业投资以及国家和企业共同投资等形式。因此,所谓教育投资主体多元化主要是从投资主体的性质角度来看,即指教育的资金投入由原来单一的政府投入逐渐转变为多方资金注入。从筹资效率、投资主体、利益主体、责任主体和风险分担的角度分析,无论是企业投资还是教育投资,投资主体多元化都代表一种投资的发展方向。

教育投资主体多元化的理论基础在于教育的准公共物品属性。[①] 从教育的公益性来看,客观上要求政府投资兴办教育,满足全社会成员对于教育的需求,但这种需求应该是分层次的,对于基础教育部分,政府需要承担全部责任。但是高层次的教育则应由政府、社会、个人共同承担,原因在于高层次教育的私人物品属性更强。因为高层次教育在带来社会经济发展的同时,更明显的作用是使受教育者本人能够在社会竞争中获得更多优势,谋求更多的个人利益。因此,教育的投资主体应当包括政府、个人和社会等各方受益者。另外,政府、个人、社会在投资中的比例如何确定,则应根据教育"产品"的公共物品属

---

① 教育的准公共物品属性详见第三章论述。

性和私人物品属性的强弱及其层次、质量的高低而定。

(二) 教育多元投资主体的类别

随着市场经济改革的不断深化,我国高校投资主体多元化趋势明显加强,现有投资主体主要包括两个方面。

1. 政府

计划经济体制下,政府是高校的唯一的投资主体,随着经济体制改革的不断深化,高校的投资主体逐渐多元化,但就现阶段而言,政府在高校教育多元投资主体中仍然占据主要地位。

2. 民间资本

进入21世纪以来,市场经济的大潮助推多种所有制形式迅猛发展。有些民间资本形成后处于闲置状态,迫切寻找安全适宜的投资渠道。社会企业资本进入高校是一个一举两得的选择。《民办教育促进法》和《民办教育促进法实施条例》的实施,更为我国民办教育的发展提供了政策支持。我国民办高校的数量由2003年的173所发展到2014年的728所,增加了320%。在校生人数也由2003年的81万人增加到2014年的587.2万人。我国已经开展的合作办学以及高校后勤社会化改革正是民间资本注入的主要形式。另外,越来越多的个人资本也通过捐赠等形式注入高校。

表6-4　　　　　　　　　我国民办高校规模

年份	民办高校数量(所)	在校生规模(人)
2003	173	81.00万
2004	228	139.75万
2005	252	105.17万
2006	278	133.79万
2007	297	163.07万
2008	640	401.30万
2009	658	446.14万
2010	676	476.68万
2011	698	505.07万
2012	707	533.18万

续表

年份	民办高校数量（所）	在校生规模（人）
2013	718	557.52 万
2014	728	587.20 万

数据来源：《全国教育事业发展统计公报》（2003—2014 年），http：//www.moe.edu.cn/jyb_sjzl_sjzl_fztjgb/中华人民共和国教育部。

二 教育投资主体多元化的趋势

随着社会经济的快速发展，教育事业也在不断进步，人们对教育的需求也在逐渐扩大。知识能够改变命运的思想已经深入人心，知识已成为个人发展的基础。市场经济的发展使得竞争更加激烈，为了在物竞天择的游戏规则中不被淘汰，人们必须不断地充实自己，不断学习新知识，掌握新技能，不断提高自身素质。市场经济的不断发展也同时改变了人们的教育观念，面对日益激烈的竞争，传统的"线式教育形式"（小学—初中—高中—大学）明显不能全面满足人们的教育需求，大多数人都已意识到终身教育势在必行，且已在进行。教育已成为刚需，几乎没有人不会为教育买单，且教育支出的规模也在逐渐增大。2015 年 2 月本课题组在对辽宁省农村 800 户居民进行调查时了解到，有 58.13% 的居民将子女教育的开支列为家庭消费支出的第一位；在对 1500 户城市居民调查时发现，教育支出仅次于食品支出，成为家庭总支出的第二大支出。随着生活水平的逐渐提高，人们比以往更有能力支付教育费用。

接受教育人群的层次不断丰富，教育主体变得多元化。传统观念是主要是尚未工作的年轻人和小孩需要接受教育，现如今教育已被所有人"消费"，无论年龄大小，也不论是就业还是待业。尤其是已经就业的人员，经常主动接受相应的培训教育，以强化自己，为自身职业发展注入活力。

我国的民众教育需求已明显呈现多元化发展，具体表现如下：其一，教育形式需求多元化。政府提供的教育"产品"已无法全面满足人们的教育需求，应对教育的个性需求，形形色色的教育形式应运而生，人们开始寻求新兴且适用的教育形式。如今获得教育的途径更为便捷，寻求教育的内容也更具体、更有针对性，职业教育、非学历教育、网络教育等教育形式已被人们接受和认可，并取得了很好的发展。其二，人们更关注教育质量。无论是接受传统的基础教育，还是参加培训班和辅导班，人们存在择优心理，都希望选择好的学校或办学机构。为了能"高人一头"，越来越多的人在追求优质教育、精英教育。人们的这种择优心理使教育消费产生两种倾向：高收入者选择"贵族学校"和普通大众追求高层次教育机构。其三，服务教育、自愿性教育需求不断扩大。对于学生而言，出于望子成龙、望女成凤的心理，许多家长让孩子参加各种课外辅导班，或者聘请家教。对于就业者而言，为了职业发展更顺畅，为了满足职业的需要，很多人主动购买相关书籍，或者参加网校学习，或者参加各种职业培训。近年来居民不断增加对服务教育和自愿性教育的支出，服务教育和自愿性教育已成为居民教育支出的重要领域。

面对市场经济环境下教育需求的日益多元化，教育投资主体也必然日趋多元化。根据教育市场需求，政府、社会组织和个人分别提供不同的教育资源，维护供需平衡。政府是基础教育的主要投资主体，个人及社会组织主要满足人们对教育的个性需求，提供定制化服务。

面对教育投资主体多元化的发展趋势，各国对于公立学校改革采取的方法是民营化与市场化结合，使公立学校能够更好地满足需求。这是教育发展史上的又一重要阶段，这既具有区域性，又具有全球性。

未来中国高等教育的投资主体除了现有的政府和民间资本（包括个人）以外，外资力量也是不可忽视的。2001年我国正式加入了世界贸易组织，根据世贸组织的《服务贸易总协定》，我国在教育服务贸易领域做出了承诺，高等教育必须对外开放，允许外资进入高等教育领域。许多国外的大企业、基金会在大力向中国经济投资的同时，对于教育投资也有着浓厚的兴趣。我国已相继出台相关的政策、法规，鼓励外资独立办学或者是开展合作办学。外资作为我国高等教育的投资主体规模将会越来越大。中国高等教育将形成政府、民间资本（包括个人）、外资等多元投资主体并存的局面。

还有一点需要说明的是，在我国目前高校的融资体系当中，金融机构的作用是巨大的。在高校外延式扩张阶段，寻求金融机构的贷款已成为诸多高校的融资首选。然而，高校虽然具备了法人资格，毕竟不同于生产企业，所贷资金也不能用于经营牟利，因此，债务负担过重时，很多高校将无法承受还贷压力，为了筹集还贷资金，高校只能"节流"，压缩教育经费支出。在高校大规模扩张引起教育贷款强劲需求的情况下，商业银行的普遍看法是高校还贷是没有问题的，主要因为一方面教育是政府重点扶持的行业，另一方面又有政府的担保和支持。商业银行普遍有学校贷款扩张、政府负责买单的想法，缺乏风险意识。在我国经济进入新常态的背景下，如何进一步深化银校合作，使双方找到最佳契合点，共同抵御控制风险并谋求发展已成为政府、高校、银行共同面对的一个课题。高校在对待商业银行贷款问题上应该做到"有尺度""有能力""有计划"。所谓的"有尺度"是指，高校要进行适度贷款，根据自身的还款能力确定贷款金额，以及贷款结构，不能盲目贪多。所谓"有能力"是指，高校要具备还债能力，建立自我积累、自我约束、自我发展的财务管理制度，实现学校的可持续发展。所谓"有计划"是指，高校应根据自身的贷款情况，制订合理科学的还款计划，开拓新的融资渠道，实现还款目标。

第七节　面向行业企业的产学研一体化的趋势

一　中国大学产学研一体化推进历程及意义

（一）产学研一体化发展历程

所谓产学研一体化是指高等学校、科研院所、企业三方合作，高校与科研院所向企业提供创新技术，企业向学校提供市场需求信息，并将技术转化为生产力。在此过程中，高校和科研院所得到企业提供的发展资金以及学生实践机会，企业获得技术转化为利润，实现了高校、科研院所以及企业的三方共赢。世界闻名的"硅谷"的形成就是缘于斯坦福大学开展的产学研合作，斯坦福大学开辟了工业园，引入高技术公司，这种做法的初衷是满足学校的财务需求，以及为毕业生提供就业机会。一大批世界著名企业入驻斯坦福工业园，创造了"硅谷奇迹"。第三次科技革命以来，技术成为经济发展的重要因素，各国纷纷实施创新驱动战略，高等学校作为知识的"集散地"，其功能已经从单一化的人才培养转变为集人才培养、科研创新、技术开发、社会服务于一体的多功能主体。高校、科研院所以及企业的有机合作已经成为推动经济和整个社会发展的重要力量。

国内的产学研一体化合作起步较晚。1992 年，国家提出了"产学研联合开发工程"，标志着我国产学研合作正式全面展开，然而早期的产学研合作采取的是合约模式，合作方主要以合同为约束，组织形式比较单一，是一种相对松散的合作方式。1994 年，《国家教委、国家科委、国家体改委关于高等学校发展科技产业的若干意见》出台，旨在推动高新技术成果的产业化。1999 年，中共中央、国务院出台了《加强技术创新，发展高科技，实现产业化的决定》，文件提出："要加强企业与高等学校、科研机构的联合协作。根据优势互补、利益共享的原则，建立双边、多边技术协作机制，通过相互兼职、培训等形式，加强不同单位科技人员的交流。企业研究开发经费要有一定比例用于产学研合作。要强化技术引进与消化吸收的有效衔接，提高技术配套和自主开发能力。高等学校要充分发挥自身人才、技术、信息等方面的优势，鼓励教师和科研人员进入高新技术产业开发区从事科技成果商品化、产业化工作。支持发展高等学校科技园区，培育一批知识和智力密集，具有市场竞争优势的高新技术企业和企业集团，使产学研更加紧密地结合。"[①] 次年，教育部为了落实《加强技术创新，发展高科技，实现产业化的决定》，又提出了多项具体的实施意见。

[①] 《中共中央、国务院关于加强技术创新，发展高科技，实现产业化的决定》，http://www.chinalawedu.com/falvfagui/fg22598/5260.shtml，法律教育网。

我国在2006年初召开的全国科学技术大会和随后发布的《国家中长期科学和技术发展规划纲要（2006—2020）》中明确提出，"把建立以企业为主体、产学研结合的技术创新体系作为国家创新体系建设的突破口"。2008年3月5日，国务院总理温家宝在十一届全国人大一次会议上所做的《政府工作报告》中指出，"完善和落实支持自主创新的政策，充分发挥企业作为技术创新主体的作用，鼓励、引导企业增加研发投入。推进产学研结合，培育创新型企业"。

2007年，教育部颁布了《关于进一步深化本科教学改革，全面提高教学质量的若干意见》，提出"要加强产学研密切合作，拓宽大学生校外实践渠道，推进教育教学与生产劳动和社会实践的紧密结合"。党的十八届三中全会《决定》提出"建设国家创新体系"的任务，要求"建立产学研协同机制"。应该说，我国科技事业蓬勃发展，由国家投入的技术创新和尖端产品在世界上已经占有一席之地，然而，我们科技成品的产品化、市场化水平还不高；在创新机制中，产学研的连接、协同与发达国家还有相当大的差距。

（二）高校产学研一体化模式

结合我国的国情以及高等学校的校情，我国目前开展的产学研一体化合作主要包括以下模式。

一是传统的"成果推出"和"成果购买"模式。成果推出主要是指高校和科研院所主动将科研成果推销给企业，成果购买是指企业主动向高校和科研院所购买科技成果。这种传统模式缺乏有效地对接机制，高校的科研成果可能与企业需求不匹配，企业也存在购买不到急需技术的可能性。

二是委托研发模式。这种合作模式具有定向性，目标明确，企业选择合适的高校和科研院所，提供研发资金，按照企业的要求进行科学研究，为企业提供指定的研究成果。

三是校办企业模式。随着高校法人实体地位的确立，高校的法人资产经营问题提到了议事日程，实现高校法人资产保值增值的途径之一就是建立校办企业。校办企业与民间企业由于设立的主体不同,先天优势必然不同。校办企业的建立需要依据高校的优势,利用高校自身的学科、专业优势,开展高校院系与校办企业之间的合作,从而充分发挥高校的学科专业特色,实现高校与校办企业的互利共赢。

据《中国教育年鉴》统计,21世纪以来,我国高校校办企业总收入呈上升趋势,2001年我国高校校办企业总收入为602.98亿元,2011年校办产业总收入已经上升到1868.73亿元,相比2001年增长了209.92%。2002年高校校办企业实现利润总额为45.93亿元,2011年达到99.82亿元,相比2002年增长117.33%。在高校校办企业中,科技型企业收入占总收入比重在70%以上。2003年我国校办企业资产总额为1463.77亿元,据《2012年度中国高等学校校办产业统计报告》披露,截至2012年底,全国489所高校3478个校办企业的资产总额已经超过3000亿元。这既是现代大学学科建设、科研能力和水平的标志,又是诸多高校提升科技成果转化率的必然选择。

表6-5　　　　　　　　　全国高校校办产业收入情况

年份	高校校办产业总收入（亿元）	高校校办产业收入增长率（%）	实现利润总额（亿元）
2001	602.98	N/A	N/A
2002	720.08	19.42	45.93
2003	826.67	14.80	42.98
2004	969.3	17.25	49.93
2005	1071.34	10.53	55.62
2006	1167.31	8.96	59.53
2007	1373.56	17.67	118.53
2008	1233.37	-10.21	71.23
2009	1412.29	14.51	87.35
2010	N/A	N/A	N/A
2011	1868.73	N/A	99.82

注:"N/A"表示数据暂时无法获得。

数据来源:《中国教育年鉴》(2003—2013),http://www.moe.edu.cn/jyb_sjzl/moe_364/zgjynj_2013/。

表 6-6　　　　　　　全国高校校办科技型企业收入情况

年份	高校校办科技型企业总收入（亿元）	占全国高校校办产业收入总额百分比（%）	实现利润总额（亿元）
2002	539.08	74.86	25.37
2003	668.07	80.81	27.61
2004	806.78	83.23	40.98
2005	909.69	84.91	45.23
2006	992.12	84.99	49.02
2007	1180.12	85.92	103.74
2008	911.58	73.91	44.44

数据来源：《中国教育年鉴》（2004—2010），http：//www.moe.edu.cn/jyb_ sjzl/moe_ 364/zgjynj_ 2013/。

表 6-7　　　　　　　全国高校校办企业资产负债情况

年份	资产总额（亿元）	负债总额（亿元）	所有者权益（亿元）
2003	1463.77	842.82	620.95
2004	1517.62	870.00	647.62
2005	1737.47	985.63	751.84
2006	1806.50	1008.52	797.98
2007	1672.24	1072.66	599.58
2008	1652.67	920.16	732.51
2009	1902.37	1086.24	816.13
2011	2691.11	1592.57	1098.54

数据来源：《中国教育年鉴》（2005—2013），http：//www.moe.edu.cn/jyb_ sjzl/moe_ 364/zgjynj_ 2013/。

全国高校校办企业为学校发展提供了资金，为全社会福利进步做出了贡献。据统计，2011 年我国高校校办企业支付学校股利达到 8.88 亿元，向国家缴纳税费合计 140.68 亿元。

表 6-8　　　　　　　全国高校校办企业贡献情况

年份	支付给学校的股利（亿元）	向国家缴纳税费（亿元）
2003	N/A	38.69
2004	N/A	48.66
2005	N/A	48.08

续表

年份	支付给学校的股利（亿元）	向国家缴纳税费（亿元）
2006	7.41	44.73
2007	8.24	57.02
2008	7.96	94.69
2009	9.53	117.59
2011	8.88	140.68

注："N/A"表示数据暂时无法获得。
数据来源：《中国教育年鉴》（2005—2013），http://www.moe.edu.cn/jyb_sjzl/moe_364/zgjynj_2013/。

四是大学科技园模式。1956年美国的乔·曼库索率先提出"孵化器"概念，意指为初创企业提供安全性服务，通过扶持其发展、减少初创期风险，并在其逐步壮大过程中创造更多的就业机会，赢得更多的商业利润。目前的大学科技园正是在这一理念下发展起来的。大学科技园代表了"科技创新、资源集成"的产学研一体化模式。在我国建设和发展大学科技园是党中央、国务院的一项重要战略决策，通过十多年的发展，我国的大学科技园在全国范围内形成了一定的规模，截至2014年共分十批次建成了115个大学科技园。通过大学科技园的建设，高校与市场密切融合，极大地推动了高校科研创新能力的提升。同时，大学科技园在为学生提供创新创业实践方面也发挥了巨大的作用，更是间接地推动了大学生的就业。

表6-9　　　　　　　　我国首批大学科技园建设情况

序号	大学科技园名称	所在地	依托高校
1	清华大学国家大学科技园	北京	清华大学
2	北京大学国家大学科技园	北京	北京大学
3	天津大学国家大学科技园	天津	天津大学
4	东北大学国家大学科技园	沈阳	东北大学
5	哈尔滨工业大学国家大学科技园	哈尔滨	哈尔滨工业大学
6	上海交通大学国家大学科技园	上海	上海交通大学
7	复旦大学国家大学科技园	上海	复旦大学
8	东南大学国家大学科技园	南京	东南大学

续表

序号	大学科技园名称	所在地	依托高校
9	南京大学—鼓楼高校国家大学科技园	南京	南京大学、河海大学、中国医科大学
10	浙江大学国家大学科技园	杭州	浙江大学
11	合肥国家大学科技园	合肥	中国科学技术大学、合肥工业大学、安徽大学
12	山东大学国家大学科技园	济南	山东大学
13	武汉东湖高新区国家大学科技园	武汉	华中科技大学、武汉大学、武汉理工大学、华中农业大学、华中师范大学
14	岳麓山国家大学科技园	长沙	中南大学、湖南大学、国防科学技术大学
15	华南理工大学国家大学科技园	广州	华南理工大学
16	四川大学国家大学科技园	成都	四川大学
17	电子科技大学国家大学科技园	成都	电子科技大学
18	重庆大学国家大学科技园	重庆	重庆大学
19	云南省国家大学科技园	昆明	云南大学、昆明理工大学、云南农业大学
20	西安交通大学国家大学科技园	西安	西安交通大学
21	西北工业大学国家大学科技园	西安	西北工业大学
22	西北农林科技大学国家大学科技园	杨凌	西北农林科技大学

资料来源：中华人民共和国科学技术部。

表6-10 我国大学科技园数量位居前五位（含并列）城市

位次	城市	大学科技园数量	占比（%）
1	北京	15	13.0
2	上海	13	11.3
3	南京	5	4.3
4	哈尔滨	4	3.5
4	杭州	4	3.5
4	成都	4	3.5
5	天津	3	2.6
5	武汉	3	2.6
5	西安	3	2.6

续表

位次	城市	大学科技园数量	占比（%）
5	南昌	3	2.6
5	兰州	3	2.6
5	青岛	3	2.6
小计		63	54.7

资料来源：中华人民共和国科学技术部，数值为笔者计算。

从表6-9、表6-10可以看出，我国大学科技园建设存在分布不平衡的问题，全国仅有北京和上海的大学科技园数量超过10家，其余城市都在5家以下，另外前12个城市拥有的大学科技园数量超过总数的一半以上。大学科技园这种地区分布也体现出了我国高等教育优质资源的分布特点，我国科研实力雄厚的大学主要集中在表6-10所列的城市。这也从另外一个方面告诉我们，推动我国高等教育优质资源平均分布的紧迫性。

（三）产学研一体化的意义

1. 促进企业发展

众多周知，科学技术是第一生产力。现代企业的竞争中技术水平的竞争是其中的重要内容。很多企业花重金设立产品的研发中心，在科技创新方面的投入是巨大的。然而，对于一些中小企业来说，由于资金实力有限，往往难以设立自己的研发中心，而产学研一体化则帮助企业有效地解决了这项难题。高校可以作为企业的研发基地，为企业发展提供各项技术支持，满足了企业在较少资金投入的情况下实现技术进步。从这个角度来说，产学研一体化对于中小型企业来说意义更加重大。

2. 弥补高校资金不足

产学研一体化是实现双赢的有效途径，从高校的角度来说，科研经费主要依靠国家预算拨款和科研项目专项经费，从技术研发的角度来说，经费是不足的。通过产学研一体化，高校可以通过向企业提供技术服务来获得研究经费，这解决了高校资金不足的问题。

3. 提高高校的教育质量

高校师生参加新产品的开发和研制过程，可使教学、科研更加紧密地跟踪学术前沿和国内外市场动态，避免了科研与市场的脱节，有利于提高高校的教学质量，培养出适应社会和企业需要的人才。

4. 有效整合了技术创新链

从大卫·李嘉图的比较优势理论出发，社会各方充分发挥自身的比较优势，并进行合作是对合作方都有利的事情。在产学研一体化模式中，高校和科研机构属于理论研究型单位，高校具有知识创新的优势，科研机构具有应用研究的优势，企业属于实践型单位，具有产品开发和市场开发方面的优势。高校和科研机构缺乏对市场准确把握的能力，企业缺乏科研能力，在这一点上高校、科研机构恰好与企业形成互补。三者的有效结合使市场对技术创新的需求信息能够迅速地传达到研发单位，高校和科研机构的创新成果也能够迅速得到市场的检验，从而形成完整顺畅的技术创新链，实现"以产定研、以研促产"。

5. 促进经济社会发展

产学研一体化帮助高校、科研院所迅速地将科学技术转化为生产力，带来经济效益和社会效益，从全社会范围来看，其为推动整个社会的经济增长贡献了力量。

二 中国大学产学研一体化存在的问题

（一）合作主体的选择存在误区

对于很多企业而言，对高校的学科设置、科研优势并不十分了解，因此在选择合作院校的时候常常盲目追求传统意义上的"985""211"等名头，而对于所需技术在该校是否具有优势并不清楚，这就导致在合作过程中高校提供的技术成果不能满足企业的要求，双方合作失败。另外，高校和科研机构在选择企业合作对象时，也存在盲目的情况，尤其是一些知名度低一些的院校，对自身实力有所怀疑，跟知名企业合作存在顾虑，自信心不足，因此会更倾向于同中小企业合作。高校、科研机构与企业没有形成恰到好处的对接，未能将各自的优势充分发挥。另外，高校之间合作规模也比较小，经常是一所高校对应一个企业，缺少多所高校、企业、科研院所之间的长期确定下来的带有战略意义的协作攻关。

（二）合作模式的选择存在偏差

在前文中已谈到产学研模式在实践中是有不同种类的，具体采用哪种模式应该根据高校、科研机构、企业等合作方的实际情况来定。而且根据合作内容的不同，合作模式也应相应调整。然而，我国的现实情况却是，产学研合作常常是"一种模式定终身"，不会适时调整，而且一旦确定了某一种模式，其他合作也沿用此种模式，缺乏创新。我国高校数量较多，而且不同省份的高校在教育资源、科研水平、生态资源等方面差异较大，一刀切的做法是行不通的。

（三）协同创新能力不足

当前高校产学研合作的协同创新能力还比较有限，缺乏宏观层面的产业集群与学科集群的对接，也很少从国家战略层面建立技术创新联盟，多层次、多高校之间的联合攻关还远达不到目标。尽管国家已经颁布实施"2011计划"，一些高校对自己的优势和定位把握得还不够准确，自己理想的目标层次进不去，能进去合作的又觉得层次不够，进而影响积极性。适合高校自身特点及行业产业需求的专门的协同创新研究中心、创新研究机制等均有待建立。另外，高校更多的是在利用其自身科研优势与企业进行合作，企业出于风险、利润等因素的考虑，更多的是与已有相关技术成果的高校进行合作，很少在有技术需求后，协调高校开展联合攻关。

（四）地方政府倾向于从供给角度发挥作用

在产学研合作主体中，政府也是不容忽视的主体，政府在产学研合作中起着十分重要的作用。但是政府倾向于从供给角度发挥作用，包括政策供给、举办各类综合性和专业性的科技交流与洽谈活动、收集企业的技术需求和高校的技术供给，为产学研合作提供信息服务等。在这些活动中，政府的作用往往是不可替代的，实施起来也相对比较容易,但其边际效益却在不断下降。对于产学研合作过程当中遇到的资金瓶颈、高校的技术供给不能适应市场需求、适宜性科技人才缺乏等现实问题,地方政府发挥的作用还比较少,而这些问题恰是当前产学研合作阶段最为迫切需要解决的。政府如何找准角度,有效地发挥作用,需要有一个探索过程,而最为重要的是要建立一种长效机制。

(五)产学研合作发展不平衡

众多的学者对我国产学研合作情况进行了调研,笔者也收集了一些数据,研究发现,我国产学研合作发展不平衡。

首先,地域分布不平衡。我国高校产学研合作多集中于华东、华北地区,而华南、西北地区的产学研合作规模较低。从全国范围来看,上海市、北京市、江苏省、陕西省、四川省、天津市、浙江省、辽宁省、湖北省等省市的高校产学研合作水平较高,高校获得的委托研究费用超过国家平均水平。

其次,学科分布不均衡。在产学研合作中,工科类与企业合作数量较多,例如机械工程、材料科学、电子通信与自动控制技术等。而理科相对较少,文科类的合作就更是屈指可数了。

(六)"产学研"各主体利益分配不合理

产学研合作的初衷是综合发挥高校、科研机构、企业以及政府的各自优势,实现多方共赢的局面。在产学研合作中,政府的作用是相对比较特别的,政府负责为产学研合作的开展创造良好的制度环境,提供完善的运行与管理机制,并且在合作成熟之后应该主动退出,从而形成高校、科研机构与企业的自我管理体系。政府期待的目标是产学研合作顺利开展从而推动地方经济的发展。

然而在合作过程中,由于各合作方的利益诉求有所区别,各合作方在合作中的地位和作用也不同,因此在利益分配方面,就会产生分歧。首先,合作方的合作出发点不同,在一些产学研合作的项目中,从开发市场、寻求创新的角度出发,企业往往有较高的积极性,而高校和科研机构在技术研发、提供专利、培养学生方面具有较大的热情。其次,在资金问题、合作各方地位、谁是主导者、利益的分配等问题上都很容易产生矛盾。另外，各方对技术研发的认定和技术的市场价值经常存在着不同的认识，对预期的合作效益也有着各自不同的要求和判断。合作各方对合作成果与知识产权归属方面的问题也常常存在认识上的差异，往往对科技成果后续的知识产权问题争议较大。同时，针对产学研人员的奖励政策也不够统一，可以说科研是智力劳动，如果这种劳动得不到应有的回报，其价值就难以得到体现，科研人员研发、创新的积极性就得不到保障。

三 推动产学研一体化发展的建议

（一）"政产学研用"一体化

1. "政产学研"一体化

随着产学研一体化模式逐渐走向成熟，为了更大限度地发挥产学研合作模式的效用，尤其是发挥高校服务社会的功能，政府应有效地融入产学研一体化合作中。我国已有部分高校率先尝试了政产研合作模式。

2014年7月上海财经大学与江西省宜春市人民政府签订战略合作协议，探索政产学研一体化，协同创新共谋发展。战略合作协议签订后，上海财经大学将与宜春市展开科技、经济、教育等多方面的合作，上海财经大学将推进宜春科技服务支撑，在经济建设方面起到政府经济顾问的作用，并在学生就业、互派挂职交流等方面与宜春市展开合作。上海财经大学党委书记丛树海认为，与宜春市政府签订战略合作框架协议，将对学校学科建设、人才培养、科研成果转化等方面起到积极作用。"希望战略合作框架协议的签署能够架起校地合作的桥梁，推动学校和地方共同发展。"宜春市市长蒋斌表示，希望今后双方在科研成果转化、人才交流与培养、大学生实习创业等多方面、全方位开展广泛深入的合作。

上海财经大学建立上海财经大学科技园，成为以现代服务业为特色的国家大学科技园。目前为止，科技园累计注册企业965家，其中财大学生创业企业35家，累计牵头组织产学研活动27个，学术报告会 23 次，为学校科研成果转化服务 30 多次。上海财经大学研究室副主任张锦华介绍，上海财经大学正在探索"智库"+"企业实体"+"人才联合培养"+"大学科技园"的政产学研用一体化道路。一方面，上海财经大学先后培育建设了经济学与中国转型发展协同创新中心、会计改革与发展协同创新中心、中国（上海）自由贸易试验区协同创新中心等一批富有财经特色的协同创新中心，通过培育中国特色财经智库，更好地对接国家重大需求。围绕社会主义市场经济体制完善、经济发展方式转变、民生保障与改善、社会体制改革等重大问题，学校先后成立了中国公共财政研究院、上海国际金融中心研究院、上海发展研究院、上海自由贸易区研究院等十多个校级科研机构和重点研究基地，会聚校内外优秀团队，重点推进财税体制改革、经济结构调整与转型、金融创新与安全、自贸区建设、区域经济协调发展、社会保障体系等重点领域研究，初步形成了一批以重点研究基地为依托、以学者为核心的具有重要影响的高端智库人才和咨政研究团队。另一方面，学校利用自身科研和人才优势与行业企业合作，有利于双方由最初简单的优势互补走向双赢，并使学校真正成为企业发展的智力支撑和人才支撑。同时，学校以协同创新中心建设为契机，探索建立以实践为导向的复合型人才联合培养机制。

通过政产学研协同互动密切了学校与政府、产业界的联系，进一步提升了学校的社会服务能力。同时，政产学研一体化也使学校第一时间了解政府和产业界对高校人才培养和科学研究的需求，有力促进了学校人才培养和科学研究水平的提升。

2. "产学研用"一体化

政产学研一体化是在产学研一体化的基础上增加了合作主体政府，而产学研用一体化则不同，产学研用一体化并没有增加合作主体，这里的"用"强调的是应用。具体来说，主要包括两方面的应用。

首先，产学研用突出了产学研合作的最终目标是满足市场需求，因此，产学研合作应以市场为导向。2009 年，国务院常务会议强调，"要加大改革力度，以企业为主体，促进产学研用紧密结合"。从根本上解决了我国长期以来科技创新与经济发展脱节的难题。以经济社会发展对科技创新的需求为目标是产学研合作成功的保证。我国产学研合作领域的成功案例，如东岳集团与上海交大合作攻关离子膜技术，以及华中科技大学的"数控技术"等都充分地证明了这一点。

其次，从高校的角度来看，产学研用又是一种创新教育形式。高校充分地利用科研院所、企业等资源，创造不同于高校的教学环境和教育资源，开展高校课堂教育与企业、科研院所实践教学相结合的教学模式，学生一方面可以在课堂上获得理论知识，另一方面又可以在科研院所和企业获取实践经验和培养动手能力，真正实现了高等教育教学模式的改革。

综上，未来我国产学研一体化的方向应该是"政产学研用"一体化发展。

（二）建立并完善产学研合作相关的法律法规及政策措施

我国产学研合作规模不断扩大，随之而来的各方利益关系等问题也将增加。市场经济的根本要义在于规则，规则的基本保障则在于法治。因此，解决产学研合作中可能出现的各种矛盾和问题需要有专门的法律安排。在我国现有的法律中，直接涉及产学研合作的仅有新修订的《科技进步法》第三十条和《促进科技成果转化法》第十二条做出了相关规定。其他法律法规中即使有，也只是零散的规定，或者不系统，或者不具有可操作性。因此，完善立法工作势在必行。

在立法方面，发达国家有很有有益的经验值得我们学习和借鉴。1980年美国国会通过的《拜杜法案》旨在促进科研成果的转化，该法案的实施为政府资助科研成果转化为现实生产力提供了制度激励。20世纪90年代以来，日本先后制定《大学等技术转让促进法》《产业技术力强化法》《产学官合作促进税制》等一系列法律法规，极大地推动了产学研合作以及技术转化。我国可以借鉴这些法规并尽快出台适合我国国情的产学研合作促进法规，在协调产学研合作各方风险与收益、划分知识产权归属以及相关政府扶持政策等方面做出立法规定，以充分调动各方开展产学研合作的积极性。

与此同时，各地政府在产学研一体化建设中，应根据高校、科研院所的科研、学科特点、优势以及当地的市场和产业结构的状况，出台与之相配套的政策措施，切实推进产学研合作发展。

（三）各高校应因地制宜，结合自身特点开展产学研合作

各高校应从实际出发，客观分析自身的优势，积极开展产学研合作。在产学研合作模式的选择方面，如果高校具有国内领先的优势学科或掌握先进的产业技术，则创办校办企业将更具有竞争力。如果当地企业资源丰富，可以考虑建设大学科技园。但无论哪种模式，归根到底，还需高校大力提升自身的科研创新能力，发挥高校在产学研合作中独特的优势，通过教育引领、科学发现和技术创新，提升就业者素质，拓展市场容量，缩短产业升级周期，在逐步实现"中国创造"代替"中国制造"、"中国品牌"代替"中国产品"、"中国质量"代替"中国速度"的过程中，使中国高校的作用得到越来越充分的发挥。同时，适应高等教育不断变革的世界性趋势，在中国经济转型的过程中，促进高校法人资产的经营理念、经营行为发生根本性变化。

参考文献

[1] [美] 弗兰克·H. 奥利弗:《象牙塔里的乞丐——美国高等教育筹款史》,许东黎、陈峰(译校),广西师范大学出版社2011年版。

[2] 张万鹏:《高等教育经济学》,广西师范大学出版社2004年版。

[3] [美] 詹姆斯·杜德斯达、弗瑞斯·沃马克:《美国公立大学的未来》,北京大学出版社2006年版。

[4] 于文明、王大超:《中国公立高校合作办学现状、问题与对策研究——以辽宁为例》,人民出版社2013年版。

[5] 冯骥才:《教育的灵魂》,天津大学出版社2008年版。

[6] 韦立平:《高校资产经营公司法人治理结构问题的思考》,《当代经济》2009年第21期。

[7] 王强:《美国私立高校多元化经费来源的借鉴与启示》,《江西科技示范学院学报》2009年第2期。

[8] 刘淑蓉、章新蓉:《国外高校筹资渠道分析与借鉴》,《重庆工商大学学报》(西部论坛)2005年第2期。

[9] 耿同劲:《从欧美大学经费来源格局的历史演变看我国大学的经费筹措》,《教育财会研究》2007年第1期。

[10] 刘宝存:《大学的创新与保守——哈佛大学创建世界一流大学之路》,《比较教育研究》2005年第1期。

[11] 罗道全:《国外高校产学研合作教育的经验与启示》,《北京教育》(高教版)2007年第11期。

[12] 徐瑾、蔡则祥:《国外高校产学研合作模式的比较与借鉴》,《金

融教学与研究》2008年第1期。

[13] 李道先、罗昆：《协同创新视角下地方高校产学研合作的实现途径》，《高校教育管理》2012年第6期。

[14] 郭秀晶：《我国高校教育基金会的现状分析与发展路径选择》，《天津大学学报》（社会科学版）2009年第3期。

[15] 李申申、吕旭峰：《宗教信仰：美国教育捐赠的基本动因》，《比较教育研究》2010年第7期。

[16] 周保利、刘国学：《美国大学教育捐赠制度的特点》，《教育与经济》2009年第1期。

[17] 滕明兰、张继华：《美国大学校友捐赠长盛不衰的组织要素考察》，《比较教育研究》2012年第1期。

[18] 罗公利、杨选良、李怀祖：《社会捐赠与大学发展——中美大学社会捐赠的对比分析》，《高等教育研究》2006年第1期。

[19] 彭宏辉：《"土地置换"化解高校债务危机的策略探讨》，《湖南行政学院学报》2012年第3期。

[20] 严曙光：《高等学校土地置换探析》，《湖南行政学院学报》2006年第6期。

[21] 闵小平、王斌：《高校土地资产置换的探索与实践——以安康学院土地资产置换为例》，《扬州大学学报》（高教研究版）2011年第3期。

[22] 王恒：《浅谈高校的土地置换》，《湖北经济学院学报》2009年第11期。

[23] 顾远飞：《市场化背景下我国公立大学的经费来源及其行为研究》，《高等工程教育研究》（人文社会科学版）2011年第2期。

[24] 王义兴：《依法拓展与延伸高校融资渠道》，《天津大学学报》（社会科学版）2002年第2期。

[25] 许青云：《高校非经营性国有资产管理存在的问题及对策探析》，《经济研究导刊》2009年第22期。

[26] 许志昂、马路达：《高校非经营性国有资产管理的产权分析》，

《山东社会科学》2006 年第 11 期。

[27] 年志远、袁野：《高校非经营性国有资产市场化改革研究——基于制度变迁的视角》，《经济体制改革》2013 年第 3 期。

[28] 邬大光、柯佑祥：《关于高等教育产业属性的理论思考》，《教育研究》2000 年第 6 期。

[29] 张玉：《美国公立高等教育的私营化：原因、影响及对策》，《比较教育研究》2006 年第 12 期。

[30] 杨明、杨建华：《论美国高等学校收费偏高的现状、成因和后果》，《外国教育研究》2006 年第 2 期。

[31] 孙静：《我国高校教育基金会的现状分析与对策研究》，《高校后勤研究》2013 年第 5 期。

[32] 刘向东、张伟、陈英霞：《欧美高等教育机构经费来源及其启示》，《高等教育研究》2005 年第 5 期。

[33] 岳昌君：《中国高等教育财政投入的国际比较研究》，《比较教育研究》2010 年第 1 期。

[34] 宗占国：《美国高等教育投入体制对我国高等学校办学经费来源多样化的启示》，《吉林师范大学学报》（人文社会科学版）2004 年第 6 期。

[35] 朱浩、杨汉麟：《美国私立高等教育办学经费多元化的成因及筹措渠道研究》，《教育与经济》2008 年第 4 期。

[36] 吴国生：《高等教育资源配置的三种力量理论及对我国的现实意义》，《中央财经大学学报》2008 年第 6 期。

[37] 刘茗、王鑫：《建国初期高等教育学习苏联的历史回顾与思考》，《辽宁教育研究》2003 年第 11 期。

[38] 顾明远：《论苏联教育理论对中国教育的影响》，《北京师范大学学报》（社会科学版）2004 年第 1 期。

[39] 胡仁东：《权力与市场：两种高等教育资源配置模式》，《高等工程教育研究》2006 年第 2 期。

[40] 朱同琴：《财产独立是实现公办高校法人地位的前提与保障》，

《教育学术月刊》2014年第1期。
[41] 穆晓霞、马燕：《论依法治校与高校法人地位》，《陕西行政学院学报》2008年第4期。
[42] 申素平：《对学校法人地位的新思考》，《中国高等教育》2005年第12期。
[43] 康宁：《高等教育资源配置：规律与变迁趋势——学术、市场、政府在优化高等教育资源配置中制衡的约束条件》，《教育研究》2004年第2期。
[44] 余宏亮、朱家存：《政府、市场、高校：高等教育资源配置"三位一体"模式探析》，《阜阳师范学院学报》（社会科学版）2007年第5期。
[45] 李剑萍：《20世纪中国的高等教育：通才教育与专才教育的张力》，《山东师范大学学报》（人文社会科学版）2002年第5期。
[46] 陈至立：《在第一次全国普通高等学校教学工作会议上的讲话》，《中国教育报》1998年6月4日。
[47] 焦纪：《1992年以来全国高等教育管理体制改革概况》，《中国教育报》1998年1月19日。
[48] 冉育彭：《〈莫里尔法案〉对美国高等教育的影响》，《四川民族学院学报》2011年第2期。
[49] 张云：《试论高等教育资源的有效配置及实现途径》，《南京师大学报》（社会科学版）2009年第1期。
[50] 史宏协：《公共选择理论视角下的高等教育资源优化配置》，《经济体制改革》2009年第4期。
[51] 许士荣：《公平和效率：我国高等教育资源配置的两难选择》，《高教与经济》2010年第2期。
[52] 曾羽：《我国高等教育资源配置问题研究》，《河南师范大学学报》（哲学社会科学版）2011年第2期。
[53] 朱宏清：《论〈莫里尔法案〉对美国高等教育的积极影响》，《扬州大学学报》（高教研究版）2011年第3期。

[54] 李锐、潘后杰：《美国高等教育思想的源与流》，《四川师范大学学报》1991年第1期。

[55] 史红霞：《美国高等教育史上的里程碑——〈莫里尔法案〉》，《高校社科信息》2004年第1期。

[56] 梁克荫、刘尧：《市场经济与计划经济体制下的高等教育比较研究》，《西北工业大学学报》（社会科学版）1999年第2期。

[57] 田雪莹、邵冲、应建仁：《市场经济条件下我国高校筹资多元化问题探讨》，《高等农业教育》2007年第7期。

[58] 代蕊华：《美国高校的资金筹措及启示》，《全球教育展望》2001年第10期。

[59] 洪成文：《国外大学经费筹措的主要方式》，《高等教育研究》2000年第3期。

[60] 许明、胡晓莺：《当前西方国家教育市场化改革述评》，《教育研究》1998年第3期。

[61] 李盛兵：《高等教育市场化：欧洲观点》，《高等教育研究》2000年第4期。

[62] 丛雪莲：《中国高等教育市场化思考与建构》，《首都师范大学学报》（社会科学版）2012年第5期。

[63] 劳凯声：《教育的两难：国家办还是社会办》，《同舟共进》2011年第4期。

[64] 劳凯声：《世纪之交的中国教育改革走向：教育与市场的关系问题》，《北京大学教育评论》2003年第7期。